A ENCICLOPÉDIA DO VINHO

A ENCICLOPÉDIA DO VINHO

LUIS TOMÁS MELGAR GIL

Tradução
Walter Guerrero Sagardoy
Manoel Dias Martins

Ediouro

AGRADECIMENTOS

A redação e ilustração de um livro com estas características não teriam sido possíveis sem a ajuda prestada por organismos ligados à vitivinicultura em diversos países. Entre eles, as **Embaixadas dos seguintes países: Alemanha, Austrália, Canadá, Estados Unidos, França, Grécia, Itália, Japão e Portugal; organismos nacionais de: África do Sul, Argentina, Áustria, Brasil, Chile, França, Hungria, Israel, Itália, México, Nova Zelândia e Suíça; Denominações de Origem espanholas e empresas vitivinícolas particulares do mundo inteiro**, cujos nomes acompanham muitas ilustrações, além de um nome em particular, o do pintor espanhol David García López, que pudemos contatar graças ao Instituto Andaluz de la Juventud. **Obrigado a todos.**

Diretor executivo: Edaury Cruz
Editora: Cristina Fernandes
Assistente editorial: Marcus Assunção
Coordenadora de produção: Adriane Gozzo
Assistente de produção: Juliana Campoi
Preparação de texto e consultoria: Rosane Albert
Revisão: Tuca Faria
Editora de arte: Ana Dobón

Projeto gráfico: Eva Melgar e Equipe Libsa
Editoração eletrônica: AT Studio
Capa: Equipe Libsa
Documentos e fotografias: Arquivo Libsa

DADOS INTERNACIONAIS DE CATALOGAÇÃO NA PUBLICAÇÃO (CIP)
(CÂMARA BRASILEIRA DO LIVRO, SP, BRASIL)

Melgar Gil, Luis Tomás
A enciclopédia do vinho / Luis Tomás Melgar Gil ; tradução Walter Guerrero Sagardoy e Manoel Dias Martins. – São Paulo : Ediouro, 2009.

Título original: La Enciclopedia del Vino
ISBN 978-85-00-02461-0

1. Vinhos e vinificação 2. Vinhos e vinificação - Enciclopédias 3. Vinhos e vinificação - História 4. Viticultura. I. Título

09-01855 CDD - 641.2203

Índice de catálogo sistemático:
1. VInhos : Enciclopédia 641.2203

Rua Nova Jerusalém, 345 - Bonsucesso
Rio de Janeiro - RJ - Cep 21042-235
Tel.: (21) 3882-8200 Fax: (21) 3882-8212/3882-8313
www.ediouro.com.br

Conteúdo

APRESENTAÇÃO DA OBRA

A enciclopédia do vinho foi estruturada de uma forma clara para cumprir a função de livro de consulta, de modo que o leitor acesse ou procure qualquer dado de maneira rápida e eficaz. Ela foi dividida em cinco grandes blocos que analisam separadamente os cinco continentes, dentro dos quais foram destacados os principais países produtores desta bebida considerada "dos deuses" desde a Antiguidade. Em cada país são analisadas as regiões ou zonas vinícolas, que podem corresponder a áreas geográficas determinadas, federações, departamentos, estados ou comunidades autônomas, conforme a estrutura política do país. Dentro dessas divisões e sobre uma faixa colorida aparecem as denominações de origem, com a descrição de suas características específicas e uma enumeração de seus vinhos mais conhecidos. A seleção de países vitícolas foi possível graças aos amplos conhecimentos do autor.

As páginas deste volume exploram os diferentes tipos de uva, suas características, suas necessidades de sol e chuva etc. São analisados também as cepas que cada Denominação de Origem e cada tipo de vinho requerem, o cultivo das videiras, o processo de elaboração do vinho, sua distribuição no mercado interno ou a outros lugares do mundo, caso seja exportado etc. Também se mencionam alguns dos vinhos e safras mais destacados de cada variedade. Além disso, as fotografias completam as explicações e acrescentam informações.

O livro se estrutura da seguinte forma:

- Continente.
- País.
- Região ou zona vinícola (em alguns casos é o estado de uma federação, uma Comunidade Autônoma, um Departamento ou ainda uma zona vinícola).
- Denominação de origem (destacada com uma faixa colorida).

O VINHO NO MUNDO

O vinho pode ser produzido em todas as regiões temperadas do mundo. Porém, a diversidade dessas áreas – tanto em termos de solo quanto de clima, variedades de uva e métodos de elaboração – tornou a origem geográfica, especialmente na Europa, na forma mais comum de classificar os diferentes tipos de vinho. Esta obra, *A enciclopédia do vinho*, usará essa classificação, apesar de o incremento dos vinhedos em zonas sem tradição vitivinícola nos últimos anos ter tornado o tipo de uva empregado num fator fundamental de diferenciação. Isso ocorre especialmente na produção de vinhos de tipo varietal, ou seja, aqueles obtidos exclusiva ou predominantemente a partir de uma única variedade de uva.

O vinho é o produto agrícola mais rico em matizes e variedades, pois muitos fatores definem o seu caráter: o solo; o clima; o método de cultivo; a variedade; o momento da colheita; a forma, a duração, a temperatura e o lugar de elaboração; a técnica de clarificação empregada; o recipiente ou recipientes nos quais repousou

A orientação adequada dos terrenos permite que as plantas recebam uma melhor insolação, como estas vinhas de Gaillac, na França.

durante o tempo transcorrido a partir da colheita; o lugar em que foi engarrafado e em quais condições de luminosidade e temperatura; as mudanças ocorridas durante a permanência em barrica no caso dos vinhos de guarda ou dos que passam pela solera; a idade do vinho e, sobretudo, a qualidade das uvas obtidas em cada safra. Não se pode esquecer que o cultivo da videira é possível nas zonas temperadas do mundo inteiro entre 25° e 50° de latitude.

O vinho é a bebida alcoólica obtida da fermentação do mosto da uva da videira e, em proporção e importância bem menores, do suco fresco ou concentrado de outras frutas ou polpas.

Em função da quantidade de açúcares desses frutos ou polpas e do modo de elaboração, os vinhos produzidos têm uma graduação alcoólica. A quantidade de álcool do vinho é expressa em geral ou por uma porcentagem por volume, ou então pelo teor em graus. Este, no caso dos vinhos de uvas viníferas, costuma oscilar entre 7° e 16°, embora os vinhos doces e fortificados costumem ter entre 15° e 22°, e os vinhos tranquilos, entre 10° e 14°.

A forma mais comum de se elaborar o vinho consiste em prensar as uvas recém-colhidas para extrair delas o mosto, um líquido rico em açúcares fermentáveis. Este mosto fermenta quando entra em contato com as leveduras que estão presentes no ar da adega ou que foram adicionadas, neste caso tendo sido selecionadas para o tipo de vinho que se deseja obter. Na fermentação, esses açúcares são transformados em álcool etílico (etanol), que se dissolve no resto do mosto, e dióxido de carbono, que passa para o ar em forma de gás. No caso de champanhes, cavas, espumantes e frisantes, ao se interromper a fermentação, o gás fica dissolvido no vinho até a garrafa ser desarrolhada, quando sai, formando as alegres borbulhas que distinguem esses tipos de vinho dos demais. O suco das uvas, inclusive das pretas ou tintas, é em geral incolor. A cor do vinho tinto deve-se à presença de matérias corantes que, assim como os taninos e outros elementos químicos, estão contidos na casca da uva e, em modo diferente e maior proporção, na madeira dos racimos que formam o cacho. Muitas uvas escuras produzem vinho branco se o seu mosto for separado da casca e do pedúnculo antes da fermentação, como se faz no caso das uvas brancas. Isso não acontece no caso oposto: não é possível obter vinho tinto a partir de uvas brancas. Cientistas israelenses descobriram que as cascas das uvas possuem flavonoides, uma substância que combate o colesterol indesejável. Os flavonoides passam para o mosto mesmo que as cascas permaneçam nele por menos horas do que as necessárias para alterar a cor do vinho.

O maior cuidado com o vinho levou à substituição das antigas vasilhas de barro por barricas de madeira para o envelhecimento, especialmente nas denominações controladas de todo o mundo.

Uvas parecidas com esta Tinta del País, uma variedade da Tempranillo cultivada na Ribera del Duero, são criadas na Península Ibérica desde a Pré-História.

Um fator muito importante no processo de fermentação do mosto é a temperatura em que ela ocorre, assim como a temperatura em que ele se conservar quando for vinho. Os vinhos brancos costumam ser lentamente fermentados em baixas temperaturas, entre 9 °C e 17 °C, e para isso se utiliza alguma forma de refrigeração, enquanto o mosto dos vinhos tintos é fermentado em temperaturas mais altas, entre 20 °C e 30 °C.

Para aumentar o teor alcoólico final do vinho, em muitas regiões vinícolas, especialmente as menos ensolaradas, acrescentam-se açúcares ou mostos retificados, enquanto nas regiões expostas a maior insolação e temperaturas mais altas é costume adicionar substâncias ácidas. Às vezes se acrescentam taninos, quando a presença deles é escassa nas cascas; raspas de carvalho, para incrementar o sabor que o vinho adquirirá nos tonéis; e, especialmente nos antigos sistemas, clara de ovo, para completar o processo de clarificação ou filtragem do vinho. Para potencializar a chamada fermentação malolática, de tipo bacteriológico, em muitos vinhos tintos e em alguns brancos também se adicionam bactérias lácticas. Em algumas regiões espanholas, seguindo uma velha tradição, junta-se um presunto ao mosto "para lhe dar força", e tradições similares ocorrem em outras regiões vitivinícolas.

A fermentação do mosto é interrompida — e este deixa de ser mosto para se tornar vinho — quando todos os açúcares fermentáveis se transformaram em álcool e dióxido de carbono, quando a concentração de álcool atinge uma porcentagem que inibe a ação das leveduras, ou quando ela voluntariamente é provocada por

Vinhedos em Phillip Island (Austrália).

meios físicos ou químicos. Esse processo tradicional de fermentação é modificado em muitos casos para se obter vinhos de melhor qualidade, com maior graduação alcoólica ou com características muito específicas.

Os amplos vinhedos de Cafayate (Argentina) ocupam vales situados acima de 1.500 metros de altitude.

Uma vez concluída a fermentação, e mesmo durante esse processo, o recipiente no qual o vinho é armazenado afeta notavelmente o seu sabor, que melhora no caso dos tonéis de carvalho, ou piora no caso de muitos dos antigos recipientes. Os atuais tanques de aço inoxidável não acrescentam nenhum tipo de sabor, e por isso são utilizados hoje quando se pretende conservar intacto o sabor da uva fermentada.

Em geral, quanto menos movimentos e deslocamentos o vinho sofrer, maior será sua qualidade. Porém, não há como evitar que se façam certas manipulações — maceração, filtragens, mudanças, engarrafamentos etc. — que são imprescindíveis para melhorar a cor, o sabor, os taninos e os aromas de frutas, especialmente no caso dos vinhos tintos.

Nos vinhedos de Toro (Zamora, Espanha) cultivam-se as variedades Tinta de Toro (Tempranillo) e Garnacha, básicas para se obter seu vinho tinto característico.

Além do mais, o sabor dos vinhos muda com o tempo. Em muitos casos se deteriora, portanto esse vinho deve ser consumido enquanto está jovem. Mas os melhores vinhos, em especial os tintos, têm suas características aprimoradas com um envelhecimento adequado: em barricas de carvalho, por um período em que se faz o vinho passar de uma para outra barrica a fim de oxigená-lo, num processo chamado trasfego, e depois em garrafas armazenadas em lugares com temperatura adequada (entre 5 °C e 12 °C), úmidos (80%) e escuros. Em todo caso, e para efeitos domésticos, é bom lembrar que o vinho deve ser conservado em lugares distantes de fontes de calor e de luz, especialmente a solar. Contudo, são bem poucos os vinhos que continuam melhorando depois de dez anos; na verdade, são poucos os que não começam a estragar a partir dessa idade.

Em quase todas as Denominações de Origem espanholas, os vinhos crianza devem ficar dois anos em barricas de carvalho com capacidade máxima estabelecida por cada Conselho Regulador, mas que nunca ultrapassa mil litros. Na criação mista, têm de passar pelo menos seis meses no carvalho e o resto em garrafas. Os reserva têm um período maior de guarda, normalmente três anos. Por sua vez, no caso dos gran reserva esse período se amplia para quatro ou cinco anos, parte dos quais são cumpridos em garrafas.

OS VINHOS TINTOS

Para elaborar o vinho tinto, as uvas são maceradas, pisando-as ou prensando-as. O mosto que se extrai delas junta-se às cascas já separadas dos racimos, e inicia-se a fermentação para que os taninos, os corantes e as substâncias aromáticas e gustativas contidas nas cascas se dissolvam no novo vinho. Em muitas ocasiões prolonga-se o contato do novo vinho com as cascas durante a maceração, a fim de intensificar essa transferência, o que pode ocorrer às vezes por meio da batedura. Embora hoje haja um esforço para que os vinhos não fiquem espessos em excesso, quase todos os países vinícolas produziram outrora vinhos tintos muito densos. Talvez os mais famosos desse tipo na Espanha tenham sido produzidos em Toro, Zamora e em algumas zonas galegas.

OS ROSADOS

Os vinhos rosados costumam ser feitos com uvas escuras — tintas e vermelhas em outras terminologias —, cujos mostos só permanecem em contato com as cascas durante um período curto da fermentação. Há também aqueles, especialmente os chamados claretes, que são obtidos com a mescla de vinhos tintos e brancos.

Paisagem com garrafa e copo, de David García, para Patio Joven, do Instituto Andaluz da Juventude.

OS ESPUMANTES

Quando os vinhos contêm dióxido de carbono dissolvido, este é liberado em forma de borbulhas ao se abrir a garrafa. São os chamados vinhos espumantes. Há diversos métodos para conseguir que este vinho engarrafado mantenha o dióxido de carbono dissolvido. Um deles é a simples saturação de gás carbônico, semelhante àquela que se usa para tornar os refrigerantes gasosos. Existe também o método primitivo de engarrafar o mosto antes de concluir sua fermentação, o chamado *méthode rurale* na França. Os atuais sistemas de elaboração submetem o vinho base a uma segunda fermentação em um recipiente hermético por meio da adição de açúcares e leveduras.

O espumante pode ser produzido por diversos sistemas: em um único tanque, com o engarrafamento posterior do vinho sob pressão em uma série de tanques; diretamente na garrafa, para depois transferir o conteúdo até um tanque e filtrá-lo antes do engarrafamento definitivo; ou seguindo o chamado *méthode champenoise*. Este último é o mais caro, mas o que dá melhores resultados. Nele, a segunda fermentação é feita na garrafa, armazenada durante um tempo superior ao da fermentação e com o gargalo voltado para baixo. Assim, os sedimentos se agrupam nele, sendo expelidos quando se passam os gargalos das garrafas por uma solução congeladora. Os champanhes franceses e os cavas espanhóis são elaborados usando esse último método.

O *méthode champenoise* não é um sistema rígido. Na França respeitam-se alguns passos

O bom vinho precisa satisfazer também o sentido da visão; por isso é importante que esteja límpido e que seja servido em finas taças de cristal transparente.

que nem sempre são seguidos por todos os produtores de espumantes que usam esse sistema.

Os vinhos brancos podem ser obtidos de uvas brancas, como estas da Rioja alavesa (Espanha), mas também podem ser feitos com uvas tintas fermentadas sem as cascas.

OS VINHOS DOCES

Em geral, os vinhos doces são elaborados adicionando-se ao mosto parcialmente fermentado um destilado de alta graduação, como uma aguardente, cujo teor alcoólico impede ou interrompe a fermentação. Assim, o novo vinho se torna muito rico em açúcares da uva. É o caso dos vinhos do Porto, nos quais é adicionada uma aguardente obtida com as mesmas uvas usadas no mosto parcialmente fermentado. Em outros casos, junta-se esse destilado ao mosto antes mesmo de se iniciar a fermentação, como no caso das mistelas espanholas, conseguindo assim vinhos muito doces. Em alguns tipos de xerez — os muito secos — adiciona-se a aguardente, conhaque neste caso, a mostos totalmente fermentados.

Na Rioja alavesa (Espanha), como na maior parte das zonas produtoras de vinho, os cachos são agrupados durante a vindima para o traslado à adega, onde são submetidos às diversas fases da vinificação.

Um caso muito especial é a obtenção de vinho doce de grande qualidade baseada na chamada *pourriture noble* (podridão nobre). Ela ocorre na presença do fungo *Botrytis cinerea* e em condições climáticas muito especiais, além de um sistema de elaboração ao qual nos referiremos quando tratarmos dos vinhos de Sauternes.

Em qualquer desses métodos de elaboração, a chave está, fora a qualidade da uva, nos terrenos e no clima, no controle da temperatura, na adequação das mesclas, na adição de produtos naturais, no tipo de depósito onde os vinhos são armazenados e no próprio sistema de armazenagem, especialmente se for por colheitas anuais, como no caso dos reserva, ou de solera, como nos xerez.

SOLO E CLIMA

O solo e o clima desempenham um papel muito importante na qualidade do vinho obtido das uvas ali cultivadas e colhidas. São especialmente desejáveis os solos pobres, pois seu pequeno rendimento favorece a concentração de aromas e sabores, razão pela qual a maior parte das vinhas se encontra em solos de cascalho, areia ou muito pedregosos, ricos em substâncias químicas que darão ao produto de cada vinha uma qualidade peculiar. Por isso, os melhores solos

À direita, vinhas de Terra Alta (Catalunha, Espanha) durante o inverno e um solo pedregoso no qual não se pode cultivar outra coisa que não a videira. Abaixo, um vinhedo de Gaillac (França) no qual o sistema de cultivo eleva as cepas e seus frutos para alguns metros acima do solo.

Da esquerda para a direita, Malvasia branca, Garnacha tinta e Verdeja branca, três variedades de uva muito cultivadas nos vinhedos espanhóis, das quais são obtidos vinhos muito distintos.

são os de tipo rochoso. Os solos ricos em argila dão origem a vinhos tintos muito ricos em taninos e de muito corpo.

Costumam ser especialmente aptos ao cultivo da vinha os terrenos situados em ladeiras ou colinas ensolaradas, sempre que estejam dotados de subsolos que retenham a umidade. As vinhas têm raízes que podem alcançar grandes profundidades, e não é bom que se vejam forçadas a crescer paralelamente ao solo — isso pode fazê-las perecer por excesso de sol e de umidade. O grau de umidade necessário para o desenvolvimento e floração das videiras pode ser proporcionado pela neblina matutina ou pela chuva. É preciso que as vinhas recebam bastante insolação, embora com moderação, pois o excesso de sol, assim como de umidade, pode chegar a ser nocivo para as videiras e deteriorar a qualidade do vinho. As temperaturas ideais são inferiores a 28 °C e não devem ficar abaixo de 10 °C durante a floração, pois as geadas de primavera costumam ser devastadoras. É por isso que muitos agricultores regam as videiras ao pressentirem uma geada, para que o gelo as proteja do frio por um efeito semelhante àquele que torna acolhedores os iglus levantados pelos esquimós. No entanto, há videiras capazes de suportar até 30 °C abaixo de zero no inverno.

CEPAS

Em que pese a indubitável influência de solo e clima, 90% do caráter e da qualidade de um

Acima, vinhedo e adega Pingón, onde se elabora o vinho Carramimbre. A *Vitis vinifera* europeia mutiplicou-se em uma infinidade de variedades com o correr do tempo, as zonas de plantação e as técnicas de cultivo.

vinho depende da variedade ou das variedades de cepas das quais são obtidas as uvas.

A vide – *Vitis vinifera* – é um arbusto caducifólio da família das vitáceas, uma planta lenhosa, de casca rugosa e tronco retorcido, na qual brotam folhas palmiformes muito recortadas. Junto à base, nos talos, brotam as gavinhas, filamentos alongados que se enroscam nos obstáculos com que tropeçam durante o crescimento. Isso ajuda a sustentar o fruto, que, após a época de floração, e se pendura em cachos. As flores, verdes, são pequenas, e seus frutos, isto é, as uvas, são grandes e redondas. A uva está sujeita ao ataque de um grande número de

Acima, cepas elevadas em Cafayate, Argentina. Abaixo, uvas já maduras e prontas para a vindima, que ocorre no início do outono.

insetos parasitas e de doenças, das quais as mais correntes são a podridão negra, o míldio e a filoxera.

Dentre as variedades de uva, as usadas na elaboração do vinho devem ter um grau de acidez relativamente alto e moderada quantidade de açúcares, embora as destinadas à produção de vinhos doces costumem ser mais ricas em açúcares e ter um grau menor de acidez.

As uvas de mesa, destinadas ao consumo como frutas, devem ter um nível de acidez baixo e escassa quantidade de açúcares. As uvas destinadas ao preparo de geleias e similares costumam ter um grau de acidez muito elevado, sabor intenso e moderado teor de açúcares. As destinadas a converterem-se em uvas-passas devem ser, na medida do possível, variedades sem sementes, muito açucaradas e de baixa acidez.

Acredita-se que as vides cultivadas na Europa tiveram origem em uma planta oriunda das margens do mar Cáspio, e sabe-se que na Palestina dos tempos bíblicos já se plantava a videira. Foram os marinheiros fenícios que levaram seu cultivo à costa mediterrânea. Hoje, passam de um milhar as variedades de uva e as cepas que se cultivam para a vinificação de seus frutos, embora as chamadas internacionais estejam se im-pondo em todos os vi-nhedos do mundo, com diferentes nomes e ligeiras variações regionais. Elas

Após o vermelho outonal que cobre esta vinha de Pedrosa de Duero (Burgos, Espanha), as cepas podem dormitar sob a neve, como na Rioja.

À direita, a uva Cabernet. Abaixo, amostras de rolhas de cortiça de garrafas de vinho.

estão fazendo desaparecer muitas variedades autóctones, como acontece na América do Norte.

As quatro mais importantes são: Cabernet Sauvignon, a uva tinta por excelência; a Pinot Noir, de difícil aclimatação; a Chardonnay, a variedade da moda entre as brancas; e a Riesling, originária da Alemanha e que concorre com a Chardonnay. Dentre as variedades espanholas cabe destacar Garnacha Tinta, Cariñena, Tempranillo, Tintorera e Cencíbel, para os vinhos tintos, e Palomino, Macabeo, Malvasia e Garnacha Branca, para os vinhos brancos.

Conforme apresentarmos as diversas regiões vitícolas do mundo e as mais importantes denominações de origem em países como Espanha, França e Itália, veremos como se repetem as variedades de uso mais frequente nos vinhedos dos cinco continentes vitivinícolas.

O VINHO EM CASA

Em todos os países desenvolvidos está ocorrendo um fenômeno similar quanto ao consumo de vinho: decresce o consumo geral de vinho, mas aumenta notavelmente o dos vinhos de qualidade, sejam eles jovens, de guarda (reserva) ou de solera.

Deles, somente os de guarda (na Espanha, crianza, reserva e gran reserva, em ordem crescente) admitem um longo período de armazenamento nos domicílios.

Todos eles devem ser conservados em posição horizontal, para que a umidade do próprio vinho proteja a rolha. Os recintos devem ser escuros, livres de vibrações, com uma umidade relativa próxima aos 80% e uma temperatura, o mais constante possível, entre 5 °C e 12 °C.

Todavia, como a maior parte dos vinhos, inclusive os de qualidade, não melhora com o armazenamento, é aconselhável consumi-los logo. Neste caso, o armazenamento requer apenas duas das condições referidas: distância do calor e da luz do sol.

Os vinhos brancos, para o consumo, são servidos resfriados entre 6 °C e 13 °C, reservando-se as temperaturas mais baixas da escala para os vinhos doces. Já os vinhos tintos devem ser servidos entre 14 °C e 22 °C — de 14°C a 17 °C para os vinhos tintos suaves e leves, aumentando-se a temperatura de serviço quanto maiores forem o corpo e a quantidade de taninos do vinho.

Na medida do possível, o bom vinho deve ser bebido em copos ou taças de cristal fino não entalhado, que não devem ser enchidos além da metade. Desta forma, podem-se apreciar os seus aromas, o que se faz ao cheirá-lo antes de bebê-lo.

Exceto no caso do porto envelhecido, não é preciso decantar um vinho se não aparecem nele muitos sedimentos. Porém, o processo de decantação pode ser benéfico até no caso de vinhos jovens ou brancos, porque o contato com o ar favorece a posterior percepção de suas qualidades no nariz e na boca, o que não ocorre quando o processo se limita a desarrolhar a garrafa com certa antecipação.

ÁFRICA

Os colonos fenícios iniciaram o cultivo da vide na África para a elaboração de vinho há 3.200 anos. No século XII, a conquista árabe fez desaparecer quase por completo as videiras nos países do norte, os de maior tradição nesse cultivo. Os colonizadores holandeses plantaram vinhedos em suas possessões no sul da África em meados do século XVII e, dois séculos mais tarde, os franceses tornaram a introduzir o cultivo da videira em suas colônias do norte.

Atualmente, o continente africano é responsável pela colheita de 5,7% das uvas e pela produção de 4% do vinho elaborado do mundo inteiro.

Desde que os colonos franceses replantaram as vinhas do Magreb, as uvas e os mostos dos vinhedos da Argélia, do Marrocos e da Tunísia foram empregados para aumentar o teor alcoólico de muitos vinhos europeus — com frequência maior do que a confessada. Após a independência, a produção decresceu, e hoje no Magreb cultivam-se apenas 200 mil hectares de vinhedos. Os vinhos do Marrocos e da Argélia continuam sendo destinados quase totalmente à exportação, pois seus habitantes, em sua grande maioria, são muçulmanos e, portanto, proibidos de consumir álcool. Na Tunísia, porém, dada a grande frequência de turistas, a maior parte da produção é consumida dentro do país.

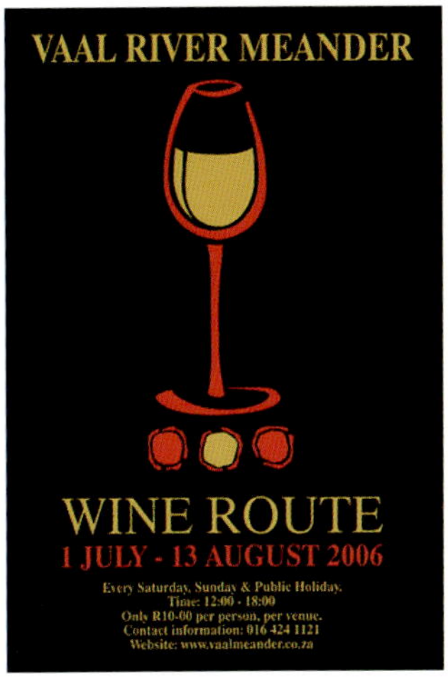

Existem na África outras regiões produtoras de vinho, mesmo que em pequena quantidade e não muito cuidada qualidade. Burkina Faso — antes, Alto Volta —, Senegal, Cabo Verde, Camarões, Etiópia, Quênia, Madagascar e Ilhas Maurício são os principais exemplos. Do total mundial de exportações de vinho, 4,4% têm origem nesse continente.

De algum tempo para cá, quase todas as regiões vitivinícolas desenvolveram uma nova modalidade turística: o enoturismo, com visitas a vinhedos e adegas em circuitos como o anunciado neste cartaz.

ARGÉLIA

Quando a Argélia conquistou a independência em 1962, contava com uma das mais importantes superfícies de vinhedos do mundo e produzia 16 milhões de hectolitros de vinho por ano.

A Argélia hoje cultiva 100 mil hectares de vinhedos, 40 mil dos quais se destinam à vinificação. Produz anualmente cerca de 850 mil hectolitros de vinho, a maior parte dos quais é destinada à exportação. Como esses vinhos possuem alto teor alcoólico devido às condições climáticas dos vinhedos, parte deles era exportada para países europeus com maior pluviometria e menor insolação. O produto argelino era mesclado aos vinhos desses países para reduzir a acidez e elevar o teor alcoólico deles.

As variedades de uva mais cultivadas são Alicante Bouschet, Carignan, Chenin, Cinsaut, Cabernet, Grenache, Sauvignon, Tempranillo e Trebbiano. Além delas, planta-se uma variedade autóctone, a Al Farranah.

Garrafas de Domaine de Djendel, de Medea, e Domaine El Bordj, de Mascara. Antes de 1962, os vinhedos dos grandes proprietários concentravam-se nas encostas de vulcões inativos.

Seguindo o exemplo da França, a Argélia criou para os seus melhores vinhos uma Denominação de Origem Garantida (VAOG), que designou, por ora, sete regiões vinícolas. Quatro delas estão no distrito de Orã, e as três restantes, no de Argel.

Rótulos de vinhos elaborados com uvas colhidas nas encostas de Mascara, das quais são obtidos os melhores vinhos tintos da Argélia. Seus solos são gredosos, ou seja, de calcário e argila, e se situam entre 600 e 900 metros de altitude. O clima é continental.

Os melhores vinhos da Argélia são os tintos elaborados quase exclusivamente com uvas das encostas situadas em Tlemecen, Mascara, Zaccar, Montes de Tessalah, Alto Dahra, Medea e Aïn-Bessem Bouïra. Os principais produtores da Argélia são Coteaux de Tlemecen, Château Mansourah, Domaine de Sebra, Ouzera, Domaine Ouzera, Domaine de Djendel, Château Tellagh, Coteaux de Dahra, Domaine Khadra, Château Tajna, Coteaux de Mascara, Domaine El Bordj, Domaine Selatna, Domaine Mamounia, Château Beni Chougrane, Coteaux de Zaccar, Château Romain, Sidi Brahim, Cuve du President e Gris d'Algerie.

Todos esses vinhos costumam ter alta graduação alcoólica, atingindo até 17%.

MARROCOS

Nos tempos da República e do Império Romano, a Mauritânia Tingitana provia excelentes vinhos a Roma. Suas vinhas foram arrancadas depois da conquista árabe. Em 1912, após o território ter sido dividido em um protetorado francês e um espanhol, foram replantados 60 mil hectares de vinhedos. Em 1956, depois da independência, restaram apenas cerca de 14 mil hectares.

Garrafa do chamado *vin gris*, da denominação Guerrouane, de Abou Nawas, do Marrocos.

Existem três regiões vitícolas: uma situada ao redor de Meknès, outra entre Rabat, Meknès e Fez, e uma terceira ao sul de Casablanca. Nelas se produzem vinhos grises, tintos, brancos e rosados.

O vinho gris é um vinho seco e frutado, especialidade do Marrocos, que é produzido entre o sul de Casablanca e o leste de Marrakesh. São de maior qualidade os dos vinhedos situados em El Jadida, Demnat e Guerrouane. Os vinhos tintos são aromáticos e encorpados, produzidos com as uvas Alicante Bouschet, Cabernet, Carignan, Cinsault e Grenache. Os vinhos brancos são feitos com as uvas Clairette, Grenache Branca, Macabeo e Pedro Ximénez, e devem ser consumidos em seu primeiro ano. Os melhores rosados SAP são elaborados na zona de Berkane, no noroeste do país. São também cultivadas algumas variedades africanas, como a Rasofi ou a Al Farranah. Quase 80% da produção de uva é consumida no país, boa parte como uva de mesa; o resto é exportado para a Europa.

As adegas mais importantes são Guerrouane e Khalif, L'Amazigh, Riad Jamil e Celliers de Meknès.

Os melhores vinhos tintos do Marrocos são produzidos em Mequínez, perto de Rabat, ao norte da cordilheira do Atlas. Destaca-se o Amazigh, no centro.

ÁFRICA DO SUL

A República da África do Sul, *Republick van Suid-Africa em africânder*, produz anualmente 8 milhões de hectolitros de vinho, dos quais exporta 2,8 milhões. Isso a coloca no oitavo lugar tanto na lista de países produtores quanto na de exportadores.

A tradição sul-africana na elaboração de vinhos começou em 1684, quando o então governador do Cabo fez plantar o vinhedo mais célebre do país, a Groot Constantia. Em 1885, a filoxera arrasou as plantações. Em 1978, foi fundada a KWV, uma cooperativa estatal que assumiu a defesa dos cultivadores da vide. Atualmente, são cultivados pouco mais de 100 mil hectares de vinhedos em 14 regiões vitivinícolas que se distribuem entre a zona costeira, o norte da Cidade do Cabo, o Vale de Breede, Klein Karoo e Olifants River.

Garrafa de tinto Bin nº 1-21 elaborado com uvas Merlot e Ruby Cabernet.

Na África do Sul são cultivadas variedades de diversas origens, bem como cruzamentos delas, feitos sobretudo com a Riesling, a cepa dourada do Reno, como Kaape Riesking e Crouchen Blanc. Entre as cepas mais cultivadas estão Cabernet Sauvignon, Cinsaut, Merlot, Pinotage, Pinot Noir, Shiraz e Tinta Barroca, para elaborar vinhos tintos; e Colombard, Chenin Blanc, Palomino de Jerez, Sauvignon Blanc e Stein, para os brancos.

A África do Sul criou em 1973 um Sistema de Denominação de Origem, cuja regulamentação passou por mudanças até 1993. Os vinhos não varietais costumam ter no rótulo a composição detalhada da mescla.

Na África do Sul, além dos vinhos de mesa, elaboram-se alguns espumantes bons, vinhos doces do tipo moscatel, e fortificados tipo xerez ou porto.

Um produtor só pode usar a denominação de adega se elaborar o vinho com uvas cultivadas em sua propriedade. As principais adegas da África do Sul que cumprem essa norma são Costa, Durbanville, Franschhoek, Groot Constantia, Klein Constantia, KwaZulu, KWV, Paarl-Wellington, Robertson, Stellenbosch, Swartland e Walker Bay.

Karoo de Klein

Esta zona vinícola, também chamada Klein Karoo e Kannaland, agrupa as regiões de Worcester, Robertson, Montagu, Oudtshoorem e Ladismith. Começa no maciço de Drakens, a mais de 3.600 metros de altitude, e se prolonga até o monte Swetgerg. Seus vinhedos se situam ao longo das margens dos rios em solos aluviais, muito férteis e ricos em calcário, estão protegidos pelas altas montanhas e submetidos a um clima mais seco do que o de outras regiões vitícolas sul-africanas. Isso permite que as cepas cresçam sadias, dando origem a excelentes vinhos secos, moscatéis fortificados e alguns conhaques apreciáveis. As variedades mais empregadas são Hanepoot, Hermitage, Moscatel, Treendruif e Sultana. Entre os vinhos brancos, que começam a existir em abundância na zona, destaca-se o elaborado com a uva Stein, uma variedade de Chenin Blanc.

Rótulo de vinho de Jouberty-Tradauw, da safra 2004. Syrah é outra forma de denominar a variedade Shiraz.

Os produtores mais importantes da zona são De Krans, Die Berge, Joubert-Tradauw, Montagu, Rietrivier, Vinhedos Meridionais do Cabo e Lagar de Uitvlucht.

Norte del Cabo

Os vinhedos situados ao norte da Cidade do Cabo estão divididos em duas regiões, a de Douglas e a de Lower Orange River. Esses vinhedos, como os demais cultivos da região, crescem graças à irrigação.

Na zona vitivinícola do rio Orange, 800 viticultores abastecem as adegas da região, nas quais se produz uma extensa gama de vinho branco seco, vinho tinto doce e agradáveis vinhos de mesa, consumidos quase totalmente na região.

Os produtos mais importantes da zona são os vinhos verdes de Douglas. Seus melhores vinhos são Cabernet Sauvignon Verde 2003, Merlot Verde 2003 e Pinotage Verde do mesmo ano.

A cooperativa estatal KWV da África do Sul comercializa vinho e conhaque em quase 30 países.

A maior parte dos vinhos da zona do rio Orange são feitos pelas cooperativas locais. A maior delas, e de toda a África do Sul, encontra-se em Upington. Há outras em Keimoes e Kanoneiland.

Olifants River

A zona vitícola de Olifants River encontra-se no sul do rio Orange, próxima e paralela à costa atlântica, cuja brisa marinha é muito favorável ao desenvolvimento dos vinhedos, pois os refresca e umedece. Nela são cultivados de preferência Sauvignon Blanc e Pinot Noir.

A cidade mais importante da região em termos vinícolas é Vredental, centro de uma região semiárida na qual, graças à irrigação, desenvolveram-se grandes vinhedos. Entre os mais importantes encontram-se os de Westcorp, Lutzville e Adegas Klaver.

Na região vinícola do rio de Olifants há doze vinícolas, sendo uma delas a maior da África do Sul, a Westcorp International. A empresa usa mais de 100 mil toneladas de uva por ano para elaborar vinhos, que correspondem a 10% de todo o vinho sul-africano. Ela exporta vinhos para o Reino Unido, Benelux, América e alguns países africanos. Na mesma região encontra-se Luzville, a segunda vinícola em capacidade de todo o país. A menor vinícola do Olifants River Valley é Stoumann, que elabora o excelente vinho Tortue, uma mescla de Shiraz, Pinotage e Cabernet Sauvignon. Outras adegas importantes, embora pequenas, são Viljoens, Wilgenhof Nestled e Klawery Vleiland Wyne.

Vale do Breede

O chamado Vale do rio Breede é um conjunto de pequenos vales abertos entre as montanhas. Lá abundam vinhedos e vinícolas cujos vinhos são exportados para mais de trinta países. Distinguem-se nele três importantes zonas vitivinícolas: Robertson, Swellendam e Worcester.

A região de Robertson, no pé do Langeber, entre Worcester e Karoo de Klein, é uma zona vinícola bastante extensa que produz vi-nhos tintos e brancos excelentes. Em Robertson há 48 adegas, dentre as quais Rietvallei, Robertson, Roolberg, Van Loveren, Weltevrede e Zandvlelt.

Garrafas de vinho branco e tinto da Bergsig produzidos no vale do rio Breede.

Antigamente, a produção de vinho de sobremesa de Constantia era tão pequena e de tal qualidade que a lista de seus clientes parecia um prolongamento do Gotha: membros da casa real britânica, Napoleão Bonaparte, Luís Felipe, da França, Frederico, o Grande, da Prússia, embaixadores e milionários.

A região de Swellendam situa-se entre Karoo de Klein e a costa oriental, a nordeste da Cidade do Cabo. Poucos vitivinicultores produzem vinhos tintos e brancos de alto teor alcoólico e boa qualidade, bem como vinhos fortificados. Ultimamente aumentou na região a produção de vinhos brancos de menor teor, para se ajustar ao gosto europeu continental. Os produtores da zona, dos quais o mais importante é Bergsig, conseguem bons vinhos varietais e de mescla, bem como um conhaque aceitável.

A região de Worcester, além de vinhos brancos e tintos, conquistou fama pela qualidade de seu conhaque. Afirma-se que nessa região é produzido um quarto do vinho sul-africano. Entre seus melhores produtores encontram-se De Doorns, De Wet, Conradie, Overhex, Nuy, Stettyn, Villier Sdorp, Rondebosch, Brandwlei e Aan de Doorns.

Vale de Constantia

Constantia é um vale situado ao sul da Cidade do Cabo, famoso entre os amantes do bom vinho por duas vinícolas míticas: Groot Constantia e Klein Constantia. A elas deve-se acrescentar na atualidade outra muito importante: Buitenverwachting. No Vale de Constantia, 87 dos 166 hectares de vinhedos cultivados estão em altitudes entre 60 e 280 metros acima do nível do mar. É uma das zonas vitivinícolas com maior grau de umidade da África do Sul e uma das poucas que não precisa de irrigação.

As vinícolas de Constantia ficaram famosas há séculos por seus vinhos fortificados e vinhos doces de sobremesa. Hoje produzem, ao lado de excelentes moscatéis, vinhos de qualidade muito diversos, porque são muitas as variedades de uva plantadas nos vinhedos: Sauvignon Blanc/Sémillon, Chardonnay, Gouv Res Chardonnay, Merlot, Cabernet Sauvignon, Shiraz, Pinotage, Rojo de Gluverneurs Res e Blanc de Noir, entre outras. A vindima atrasa em muitos vinhedos até o mês de abril — equivalente a outubro no hemisfério norte —, quando as uvas são atacadas pela *Botrytis cinerea*, causando nelas a chamada podridão nobre, que tão alta qualidade dá aos Sauternes de Bordeaux.

Groot Constantia é a mais antiga vinícola da África do Sul. Atualmente está sob a tutela do Estado como exploração piloto. Groot Constantia produz uma grande variedade de vinhos, dentre os quais se destacam Groot Constantia Gouverneurs Chardonnay, Merlot de Groot Constantia Gouverneurs, Groot Constantia Constance, Groot Constantia Sauvignon Blanc e Groot Constantia Sémillon/Sauvignon Blanc.

Será necessário esperar alguns anos para que os vinhos produzidos por Klein Constantia cheguem ao nível de excelência que alcançaram no século XIX, mas alguns já atingiram muito boa qualidade: Cabernet-Sauvignon/Merlot Marlbrook Constantia, Gouverneurs Reserve Groot Constantia, Riesling Rhine Klein Constantia, Sauvignon Blanc Klein Constantia e Vin de Constance Constantia.

Os melhores vinhos da adega Buitanverwachting são Buitanverwachting Christine, Buitanverwachting Cabernet Sauvignon, Buitanverwachting Chardonnay e Buitanverwachting Sauvignon Blanc.

Seus principais vinhedos encontram-se ao redor de Durbanville, Paarl, Stellenbosch, Tulbagh e as regiões de Swatland, Malmesbury, Franschoek e Walkwer Bay. Esta zona, na qual seria preciso incluir o Vale de Constantia, é a grande região vitivinícola da África do Sul. Essa área situa-se entre 33° e 34° de latitude sul e possui um clima de tipo mediterrâneo. Porém, os ventos frescos procedentes da fria corrente marítima de Benguela fazem que os verões não sejam muito quentes.

A maior parte dos vinhedos encontra-se nas encostas das montanhas, e as safras são sempre boas ou muito boas. Clima, solo e posição geográfica aliam-se para produzir vinhos excelentes e muito variados: secos ou doces, encorpados ou leves, de mesa ou fortificados, estes quase sempre com doses altas demais de álcool e açúcar para o gosto continental europeu. Contudo, 80% dos vinhos produzidos na região são brancos. São obtidos sobretudo de Clairette Blanc, Chardonnay, Colombard e Gewürztraminer.

ZONA COSTEIRA

Bem perto da Cidade do Cabo, na verdade ao redor dela, há uma extensa região vitícola separada de Klein Karoo pelo maciço de Drakensberg.

Neste vale próximo à Cidade do Cabo o vento que sopra à tarde protege as videiras do excesso de umidade. Com isso, as uvas raramente sofrem com mofo ou putrefação.

TUNÍSIA

A República da Tunísia (*Al-Jumhuriya at-Tunusiya*) tem pouco mais de 11 milhões de habitantes e é o Estado mais oriental do Magreb. Tem clima mediterrâneo. Na zona de vinhedos, que fica no norte, as temperaturas oscilam entre 10 °C e 26 °C, com média anual de 600 milímetros de chuva.

Já no século VI antes de Cristo, no tempo de esplendor de Cartago, prosperavam vinhas que tinham sido plantadas antes pelos fenícios. Cartago introduziu um sistema de irrigação que permitiu ampliar muito a zona de vinhedos. A chegada dos árabes obrigou a arrancada de quase todas as vinhas. A partir de 1881, os colonos franceses as replantaram na época do protetorado, mas na década de 1930 a praga filoxera acabou com a maior parte das cepas. Atualmente, são cultivados cerca de 30 mil hectares de vinhedos, dos quais apenas a metade se destina à elaboração de vinho. Situam-se, quase exclusivamente, em duas zonas: o cabo Bon, no leste do golfo da Tunísia, e os vales da Medjerdah e do Miliane. Neles cultivam-se principalmente cepas de origem européia: Alicante Bouschet, Alicante Grenache, Cabernet, Carignan, Clairette, Pedro Ximénez, Pinot Noir, Mouvèdre, Nocera Negro, Sauvignon, Sémillon e Ugni Blanc, além de duas cepas locais: Nocera e Beldi, a primeira para vinho tinto e a segunda para branco.

Dados o clima e as muitas horas de insolação, as uvas costumam ter na Tunísia um alto teor de açúcar. Por isso, não é raro que seus vinhos alcancem 18% de álcool, com 70 gramas de açúcar por litro. A Tunísia produz anualmente 350 mil hectolitros de vinho, dos quais 100 mil são exportados para a França e a Alemanha especialmente, embora também o sejam para Suíça, Bélgica, Estados Unidos, Canadá e alguns países do Leste Europeu. Elaboram-se vinhos brancos, tintos, rosados, de sobremesa, espumantes e fortificados. Os melhores deles são vendidos sob as marcas Coteaux de Útica, Domaine Carthage, Domaine Lansarine, Château Mornag, Teburba e Château Thirbar, e os produtores, Vinalies Internationales GWS e Union des Caves Coop de Tunisie.

Os vinhos mais apreciados da Tunísia são os moscatéis, que podem ter até 18% de álcool e são muito aromáticos, como este do Château Bou-Argoub.

ZIMBÁBUE

A República do Zimbábue, a antiga colônia britânica da Rodésia, situa-se no sul da África e não tem saída para o mar. Seu clima, com invernos excessivamente suaves e verões demasiado quentes, não favorece o cultivo da vide. Apesar disso, há uma indústria vitivinícola, relativamente recente, que se concentra no noroeste, entre a capital Harare e Mutare. Existem quatro regiões vinícolas: Madora, Odzi, Gweru e Bulawayo.

A viticultura teve início no Zimbábue entre as décadas de 1920 e 1940 com uvas pouco usuais: Jacques, Issor e Farrazza. A industrialização, porém, só ocorreu a partir da década de 1980. As cepas mais cultivadas são Cabernet Sauvignon, Cinsaut, Merlot e Pinotage para os vinhos tintos e Colombard, Chenin Blanc, Clairette Blanche e Moscatel de Alexandria para os brancos. Tanto uns como os outros devem ser bebidos em plena juventude. Há cerca de 600 hectares de vinhedos com uma produção média de nove toneladas por hectare. Eles são explorados quase exclusivamente por duas empresas vitivinícolas: Mukuyu e African Distillers. A Mukuyu, da Cairns Holdings, tem vinhedos e adegas em Marondera, a 60 quilômetros de Harare e mais ou menos 1.350 metros acima do mar. Produz 1,5 milhão de litros de vinho numa área de 100 hectares. Seus melhores produtos são o tinto seco Pinotage-Merlot, o rosado Pinotage-Cinsaut e o branco de Sauvignon Blanc.

A African Distillers (Stapleford) entrou para o ramo do vinho em 1966 e produz anualmente em torno de 5 milhões de litros de vinho em 180 hectares de vinhedos, embora use 40% de uvas compradas de agricultores particulares. Seus melhores vinhos são feitos de Colombard, Muscat, Sauvignon Blanc e de um corte de Cabernet Sauvignon e Pinotage.

Aos seus recursos turísticos, como as cataratas Victoria, o Zimbábue acrescentou a viticultura, ampliando assim seus recursos agrícolas.

AMÉRICA

Não houve cultivo de videiras nem produção de vinho na América até a chegada dos espanhóis em 1492. Em 1564 foi dada a ordem para que todos os navios espanhóis que partissem para a América levassem em suas adegas vides para serem plantadas naquelas terras.

As condições climáticas não eram adequadas ao desenvolvimento da *Vitis vinifera*, especialmente nas zonas tórridas do hemisfério sul, e muitas cepas foram plantadas em épocas inadequadas do ano. Além do mais, o resultado do transporte das mudas em vasos foi ruim, por isso aqueles primeiros viticultores americanos optaram pelas sementes de uva, mas as cepas nascidas dessas sementes perdiam as características de cada varietal. O que pareceu um grave inconveniente converteu-se em verdadeira bênção para o futuro da vide: as variedades crioulas que surgiram eram resistentes à filoxera, endêmica na América. Elas salvaram os vinhedos da Europa quando se viram atacados pela terrível praga

No hemisfério sul, entre os paralelos 32 e 38, cultiva-se a vide em países como África do Sul, Argentina, Austrália, Chile e Nova Zelândia.

Na América a vinicultura é uma ciência, uma técnica que conseguiu excelentes resultados. Por outro lado, na Europa pretende continuar sendo uma arte, que só expressa plenamente quem domina o ofício.

que os arrasou. Somente o cruzamento da *Vitis vinifera* europeia com as vides crioulas ou as autóctones americanas salvou a produção de vinho na Europa. Em fins do século XIX a quase totalidade dos vinhedos europeus já contava com enxerto de raízes das cepas americanas nas diversas variedades europeias. Todas as videiras europeias atuais provêm daqueles enxertos.

As vides autóctones americanas apareceram nas eras Terciária e Quaternária na região dos Apalaches. Espécies derivadas delas, como as *Vitis labrusca*, riparia, rupestris, muscadine ou berlandieri são hoje a base da produção de vinho na América do Norte. Outras variedades autóctones, como *Vitis amazonica*, *Vitis caribea* e *Vitis tillofolia*, possibilitaram o cultivo da vide em zonas mais quentes da América, especialmente no México.

Em parte da América do Sul, o úmido e tórrido clima tropical impede o cultivo da videira, que, por isso, refugiou-se nos planaltos. Os espanhóis iniciaram o cultivo da videira nas terras dos atuais Argentina, Chile, Peru e Colômbia, por exemplo, assim como fizeram no México e na Califórnia, na América do Norte. Os portugueses levaram o cultivo ao Brasil. Os franceses e os emigrantes de outros países europeus plantaram cepas de seus países nas terras do continente americano a que chegaram. Hoje, excelentes vinhos são produzidos na América, alguns dos quais podem ser comparados aos melhores europeus.

ARGENTINA

Espanhóis vindos do Chile e do Peru deram início à viticultura na Argentina entre 1550 e 1556. As primeiras plantações, de cepas crioulas, foram feitas em Santiago del Estero. No século XIX, a chegada das estradas de ferro e das primeiras variedades de uvas francesas permitiu o início do cultivo da videira nas duas regiões andinas, Mendoza e San Juan, que produzem atualmente 86% do vinho argentino.

Os vinhos argentinos têm também um valor a mais graças à sua alta capacidade antioxidante.

As variedades francesas levadas do Chile, aptas para o cultivo entre 800 e 1.700 metros de altitude, deram origem a vinhos pouco ácidos, frutados, com bom corpo e ricos em álcool, especialmente os tintos, de melhor qualidade que os brancos. Incorporaram-se também, junto a outras variedades espanholas, as italianas chegadas com os imigrantes piemonteses, vênetos e emilianos. Enquanto isso, continuavam progredindo as variedades crioulas, sobretudo a Cereza, uma uva de casca rosada derivada da chilena País.

Hoje, muitas variedades são cultivadas na Argentina. Entre as tintas, destacam-se Alicante Bouschet, Aspirant Bouschet, Balsamina, Barbera, Bequignol, Bonarda, Cabernet Sauvignon, Canari, Carignan, Cesar, Cinsaut, Dolcetto, Fer, Fintendo, Freisa, Gamay, Graciana, Greco Nero, Labrusca, Malbec, Merlot, Nebbiolo, Pinot Joubertin, Pinot Noir, Raboso Varonés, Ruby Cabernet, Sangiovese, Syrah, Tannat, Tempranillo e Verdot. Entre as brancas, existem Chardonnay, Chenin, Elbling, Gewürztraminer, Gibi, Macabeo, Maticha, Melon Muscadet, Moscatel Amarela, Moscatel de Alexandria, Moscato d'Asti, Palomino, Pedro Ximénez, Pinot Blanc, Prosecco, Riesling, Saint Jeannett, Sauvignon Blanc, Sémillon, Sylvaner, Tocai Friulano, Torrontés Riojano, Ugni Blanc e Viognier. Junto a elas, prospera uma cepa rosa, crioula, da qual são cultivadas as variedades Buonamico, Canela, Cereza, Criolla Chica, Criolla Grande, Ferral, Moscatel Rosado, Traminer e Valency.

Desde 1990, a Argentina conta com Denominações de Origem Controlada. As primeiras foram destinadas às zonas de Luján de Cuyo e San Rafael, respectivamente no norte e no sul da província de Mendoza, e à zona do Alto Vale, no oeste da província de Rio Negro.

Atualmente, a Argentina oscila entre o quinto e o sexto lugar dentre os países produtores de vinho no mundo, com cerca de 16 milhões de hectolitros anuais e quase 208 mil hectares de vinhedos.

Catamarca

O Vale de Catamarca, localizado na região Noroeste, é famoso pelo cultivo de uvas comuns, usadas sobretudo para passas e in natura. As precipitações anuais alcançam aproximadamente 400 milímetros e as temperaturas são elevadas no verão. Uma pequena parte dos 2,8 mil hectares de vinhedos se destina ao cultivo de uvas viníferas de qualidade, como Syrah, Malbec e Cabernet Sauvignon.

A zona vitícola mais importante da região encontra-se na parte ocidental. Os departamentos de Tinogasta, Fiambalá, Belén e Capayán produzem 70% das uvas da província. Seus vinhedos situam-se em alturas que alcançam perto de 1.800 metros. Nesta zona, e especialmente no Vale de Tinogasta, encontra-se a maior parte das vinícolas da província. Em Fiambalá são obtidos vinhos de qualidade com uvas colhidas em 2 mil hectares de vinhedos situados entre 1.200 e 1.750 metros de altitude.

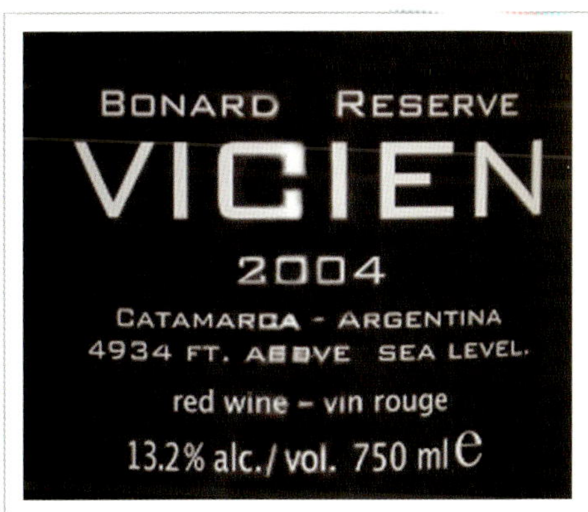

Acima, garrafa de Don Diego. Abaixo, um rótulo de Vicien, de 2004, produzido no Vale de Catamarca.

La Rioja

La Rioja é uma província argentina cuja capital vinícola é Chilecito, um dos lugares mais quentes da Argentina. Também faz parte da região Noroeste. Produz vinhos frutados, de alto teor alcoólico e bom corpo, graças à presença das uvas Alicante Bouschet, Cereza e Criolla, junto às quais se cultivam Torrontés e Barbera.

No oeste, entre o Maciço de Velasco e a montanha nevada de Famatina, encontra-se a zona vitivinícola dos Vales de Famatina, a mais de 1.100 metros de altitude. Seus vinhedos crescem com um baixo índice pluviométrico, alta luminosidade e uma temperatura que, durante o verão, alcança 36 °C de dia e baixa a 17 °C à noite. As cadeias montanhosas impedem que os raios solares do amanhecer e do entardecer atinjam diretamente as videiras.

Mendoza

No hemisfério sul, os melhores vinhedos se situam em torno dos 32° de latitude. Na América, esse paralelo atravessa a província de Mendoza, na região de Cuyo. Essa província produz 63% do total do vinho argentino. Os vinhedos de Mendoza estão situados a 900 metros de altitude e recebem mais

Em Mendoza há mais de mil adegas que elaboram vinho com as uvas produzidas em mais de 150 mil hectares de vinhedos. Essa superfície é maior do que a de qualquer DO espanhola, exceto La Mancha, que é a maior do mundo.

de 300 dias de sol por ano. Eles são irrigados com água rica em minerais num clima continental extremo, que registra 30 °C no verão, 7 °C abaixo de zero no inverno e oscilações de até 15 °C entre o dia e a noite.

Há três zonas vitivinícolas: Primeira Zona, San Rafael e Tupangato. A mais importante das três é a Primeira Zona, com as Denominações de Origem Luján de Cuyo e Maipú. De seus vinhedos, situados entre 800 e 1.200 metros de altitude, produzem excelentes vinhos as vinícolas Bianchi, Suter e Goyenechea.

San Rafael, no sul, tem também sua própria DOC. Tupangato, mais próxima dos Andes e muito fria, tem diante de si um excelente futuro vitivinícola.

Dentre as muitas casas vinícolas de Mendoza, cabe destacar, junto às três citadas, Arizu, Catena, Chandon, Crillon, La Agrícola, Navarro, Norton, Trapiche e Balbi.

Rio Negro e Neuquén

A zona vitivinícola do Rio Negro é um extenso vale que se estende da Cordilheira dos Andes até a conjunção dos rios Neuquén e Limay. Por ser a mais austral e mais fria da Argentina, seus vinhedos são os que se situam em menor altitude em relação ao nível do mar: por volta de 300 metros.

"Temos dedicado nossa vida à conquista do deserto", disse um dos produtores da zona, depois de superar a produção de 6 milhões de litros.

BODEGA
DEL FIN DEL MUNDO
PATAGONIA

A maior parte dos vinhedos da Patagônia está entre os paralelos 39 e 40 do hemisfério sul, mais ou menos tão distante do Equador quanto Madri.

O alto Vale do Rio Negro possui condições climáticas muito boas para obter vinhos-base para espumantes, elaborados com a cepa Sémillon. Na mesma zona, as uvas Pinot Noir e Merlot permitem que se obtenham vinhos de tipo europeu.

Em Neuquén os vinhedos são cultivados em solos de excelente qualidade, com uma diferença térmica superior a 20 °C entre o dia e a noite e um regime de chuvas escassas. Após a inauguração da Bodega del Fin del Mundo e o lançamento de seu selo Patagônia, começaram a ser cultivadas as uvas Malbec, Merlot e Pinot Noir e a ser produzidos vinhos de qualidade, especialmente tintos. Lentamente, os 600 hectares de vinhedo cultivados atualmente estão crescendo.

As melhores vinícolas da zona, além da já mencionada, são Leoncio Arizu, Bianchi, Canale, Cunti Hermanos, Barón de Río Negro, Lagarde, Vintaje e Viña Cobos S.A.

SALTA

Na província de Salta, no noroeste da Argentina, o Vale de Cafayate é a zona vinícola por excelência. Nela se encontram os vinhedos cultivados na maior altitude do mundo, os de Colomé, a 2.300 metros acima do nível do mar. O resto está nos vales Cachaquíes, entre 1.600 e 2.200 metros de altitude.

Em Salta, a videira prospera graças a um microclima subtropical muito seco, aos 300 dias de sol por ano e às águas dos rios Chusca e Lorohuasi. As melhores adegas de Salta são herdeiras daquelas criadas pelo mais importante vinicultor da região: Miguel Torino. A Etchart é também uma das mais importantes. Além dela, podem ser citadas Cafayate, El Recreo e La Rosa.

Os vinhedos da província de Salta, graças a um microclima subtropical muito favorável, produzem excelentes vinhos como este Trapiche de Torrontés de 2005, do Vale de Cafayate. Na Argentina, esta é uma das principais zonas vinícolas.

SAN JUAN

A zona de San Juan, na região de Cuyo, produz 23,6% do vinho argentino. Nela, a maior parte dos vinhedos encontra-se nos vales de Tulum, Zonda e Ullum, nos dois lados do rio San Juan. Em menor quantidade e extensão existem vinhas em outros vales,

como Calingasta, Iglesias, Jáchal ou Pedernal. Alguns vinhedos do Pedernal estão a mais de 1.300 metros acima do nível do mar.

Garrafa de vinho tinto Las Moras. Apesar da qualidade desses vinhos, a exportação de uvas-passas pela província de San Juan chega a 22 milhões de dólares, mais do que obtém com a venda de seus vinhos para o exterior.

Os rios San Juan e Jáchal proporcionam água para a irrigação, que se complementa com águas subterrâneas ou pode ser dosada por meio do gotejamento, como se faz no Pedernal, por exemplo.

O Vale de Tullum, o de maior produção vinícola da zona, situa-se ao sul da província, a 600 metros de altitude, e possui clima seco e temperado. Em San Juan, destacam-se as adegas Graffigna, La Esmeralda, El Parque e López Peláez.

BRASIL

Os portugueses introduziram a *Vitis vinifera* no que hoje é o estado de São Paulo em 1532. Cem anos mais tarde, um jesuíta, o padre Roque González de Santa Cruz, plantou variedades espanholas nas terras do atual estado do Rio Grande do Sul. As duas experiências fracassaram. Por volta de 1875, imigrantes italianos iniciaram o cultivo de variedades de sua terra na Serra Gaúcha. Portugueses chegados das ilhas Açores cultivaram variedades ibéricas perto da atual cidade de Porto Alegre. E outros portugueses comprovaram que a cepa Isabella prosperava adequadamente no Rio Grande do Sul. Já no século XX, a vitivinicultura brasileira alcançou importância econômica como atividade agroindustrial, com a participação de empresas internacionais como Martini, Moët-Chandon e Heublin.

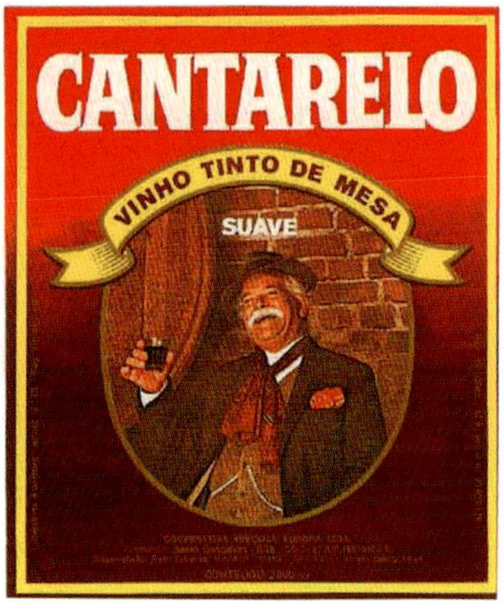

Os cerca de mil prêmios obtidos nos últimos anos em concursos e exposições internacionais provam o crescimento em importância e qualidade dos vinhos brasileiros.

As principais zonas de produção de vinho no Brasil encontram-se no estado do Rio Grande do Sul; porém, uma parte menor dos vinhos é produzida em pequenas regiões vitivinícolas nos estados de Minas Gerais, Paraná, Pernambuco, Santa Catarina e São Paulo, assim como no Vale do São Francisco, entre os esta-

Na última década, o consumo de vinho no Brasil cresceu e já alcança 2,5 litros por pessoa ao ano, quantidade considerável em relação às condições climáticas e socioeconômicas do país.

dos da Bahia e de Pernambuco. Há também cerca de 500 hectares de vinhedos em municípios de Mato Grosso, Mato Grosso do Sul, Paraíba, Ceará, Rondônia, Espírito Santo, Tocantins, Goiás, Piauí e no Distrito Federal, embora na maior parte deles sejam cultivadas apenas as uvas americanas Isabella e Niágara, que dão origem a vinhos de qualidade inferior.

No Rio Grande do Sul e nas melhores regiões vinícolas de outros estados são cultivadas as variedades brancas Chardonnay, Chenin, Gewürztraminer, Pinot Blanc, Riesling Itálica, Sémillon, Malvasia, Palomino, Sylvanet e Colombard, e as tintas Cabernet Franc, Cabernet Sauvignon, Merlot e Pinot Noir. Além delas, destacam-se Alicante, Carménère, Labrusca, Sangiovese e Zinfandel.

No Brasil são elaborados *Vinho brasileiro branco*, *Vinho brasileiro espumante*, *Vinho brasileiro rosé*, *Vinho brasileiro de sobremesa*, *Vinho brasileiro tinto* e *Vinhos brasileiros diversos*, dentre os quais se encontram o *Vinho fortificado* e o *Vinho licoroso*, o qual se obtém mediante a adição de uma bebida de alto teor alcoólico, normalmente conhaque, ao mosto do vinho. Como na maior parte dos países vinícolas, diferencia-se o *Vinho varietal*, elaborado com uma única variedade de uva, do *Vinho de corte*, elaborado com diferentes variedades. Diferencia-se também o *Vinho seco*, que tem menos de 5 gramas de açúcar por litro, do *Vinho demi-sec*, que tem de 5 a 20 gramas, e do *Vinho suave*, com mais de 20 gramas.

Outra classificação mais comercial divide os vinhos em fino, especial e comum. Os vinhos finos são elaborados exclusivamente com os frutos das diversas variedades de *Vitis vinifera*, o que lhes dá boas qualidades organolépticas. Os vinhos especiais são obtidos da mescla de uvas procedentes da *Vitis vinifera* com as de espécies autóctones ou híbridas. Os vinhos comuns são produzidos mesclando-se mostos de variedades autóctones, híbridas ou crioulas.

Uma nova lei brasileira obriga que se especifique a procedência dos vinhos com Denominação de Origem ou com Indicação de Procedência. Para poder usar essas distinções os vinhos têm de se ajustar às condições estabelecidas: as uvas precisam ser colhidas dentro da área geográfica de produção delimitada e proceder de determinadas variedades de *Vitis vinifera*. O vinho deve conter somente produtos vinícolas autorizados, não ter excedido uma certa produção por hectare, ser elaborado, envelhecido e engarrafado nas áreas delimitadas e responder aos padrões de identidade e qualidade exigidos.

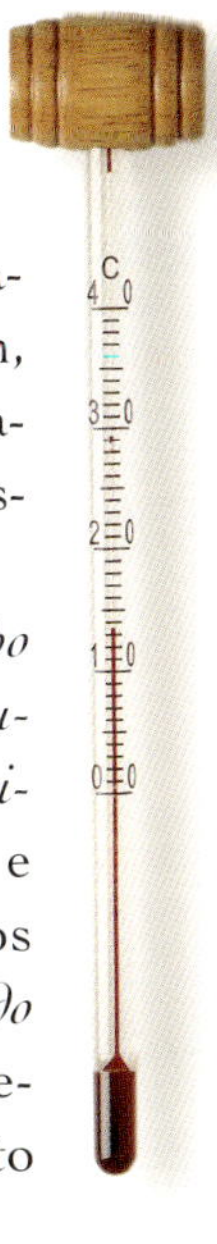

A vitivinicultura brasileira produz anualmente pouco mais de 4,3 milhões de hectolitros a partir de 1,3 milhão de toneladas de uva colhidas por 17,5 mil viticultores em 80 mil hectares de vinhedos.

A vinícola mais importante do Brasil é a Cooperativa Aurora, com cerca de 1,4 mil associados. A Aurora vende quase meio milhão de hectolitros de vinho por ano. Junto a ela, destacam-se a Cooperativa Garibaldi, Forestier, Juan Carrau, Cave Amadeu, Salton, Miolo, Valduga e as que fazem parte de empresas internacionais, como Pedro Domecq, Almadén, De Lantier e Chandon.

Os vinhos brasileiros dos anos 2002 e 2004 foram excelentes e ainda podem ser guardados; os de 1999 e 2000 foram excelentes, mas devem ser bebidos já; os de 1991 foram excelentes, mas passaram da validade; os de 2001, simplesmente bons, devem ser bebidos já; e os anteriores a 1998 estão vencidos.

A extensão do território brasileiro e uma população superior a 180 milhões de habitantes levaram algumas grandes empresas vitivinicultoras européias a se estabelecer naquelas terras.

A região vinícola de Minas Gerais, no sudeste do Brasil, produz um vinho moderadamente aromático, de coloração forte e sabor agradável, cujas vendas começam a aumentar.

Minas Gerais

Minas Gerais é um estado situado no Sudeste do Brasil. Durante muitos anos foi uma das regiões mais importantes do país na produção de vinho. Até 1860 predominavam na zona variedades europeias, como Moscatel Branco, Moscatel Tinto, Moscatel de Jesus, Malvasia Branca, Bastardo, Dedo de Dama, Ferral e Fernão Pires. Por volta desse ano ampliou-se a extensão dos vinhedos, e foram importadas da América do Norte cepas como Isabella e outras derivadas das variedades *labrusca, aestivalis, cinerea, rupestris e vinifera*: Folha de Figo Bordô, Concord, Martha, Catawba, Union Village, Lindley, Niagara, Folha de Figo, Black July, Jacques, Herbemont, Rulander, Cunningham, Delaware e Cynthiana.

O cultivo da videira teve início nas zonas mais altas e mais adequadas a ele: Caldas, Andradas e Santa Rita de Caldas. Por volta de 1960, a viticultura do

Vista geral de Ouro Preto em Minas Gerais, em cujo entorno são cultivados os vinhedos da zona.

sul de Minas entrou em decadência e, na atualidade, restam apenas 300 hectares de vinhedo dos 2 mil anteriores. Muitas dessas *parreiras* são velhas, de baixa qualidade e estão doentes. Os organismos oficiais estão apoiando novas plantações, pois veem possibilidades comerciais nos vinhos de Minas Gerais por causa de seu alto teor alcoólico.

Em 1893 foi promovido na cidade de Ouro Preto um primeiro concurso vitivinícola, do qual participaram dez viticultores da região. Seis deles cultivavam pouco mais de 20 mil videiras, e um deles tinha 42 mil em 160 hectares de vinha. Em Minas há 32 empresas vinícolas, dentre as quais se destacam a Companhia do Vinho, a Fazenda Vale Verde e Metier Adegas.

PARANÁ

O estado do Paraná situa-se no Sul do Brasil e é uma das regiões de maior desenvolvimento agrícola do país. Boa parte de seu território encontra-se a mais de 600 metros de altitude e é formada por grandes superfícies planas situadas entre montanhas elevadas.

No norte do Paraná abundam vinhedos dedicados à produção de uvas de mesa, que seus produtores oferecem a preços tão competitivos como os de Pernambuco, dono desse mercado no Brasil. A maior parte dessas uvas é derivada da *Vitis labrusca*.

Tanto para esse tipo de consumo quanto para a elaboração de vinho, é comum o uso no Paraná de enxertos de climas temperados ou autóctones, especialmente adequados para as terras quentes, e de variedades americanas e híbridas. Entre as cultivadas para a vinificação predomina a Bordô, chamada Terci no Paraná.

Entre as empresas vinícolas destacam-se Vinhos Colombo, Vinhos Paraná, Vinhos Campo Largo e Vinhos Santa Felicidade.

As variedades derivadas da *Vitis labrusca* são bem apropriadas para a produção de uvas de mesa, especialmente nas regiões quentes do Paraná. Por isso, o Paraná se tornou um competidor de Pernambuco na produção de uvas de mesa, embora ainda a muita distância.

Pernambuco

O estado de Pernambuco encontra-se no extremo oriental do país, no Nordeste, no Vale do São Francisco. Está dividido nas regiões: Litoral-Zona da Mata, Agreste e Sertão. A última ocupa dois terços do território estadual, tem um clima tropical semiárido, secas muito prolongadas e 600 milímetros anuais de chuva, quase toda no verão.

Pernambuco colhe 95% das uvas de mesa que são consumidas no Brasil e elabora anualmente mais de 5 milhões de litros de vinho, com os quais supre 15% do mercado vitivinícola nacional e dá emprego direto a cerca de 30 mil pessoas.

A zona vinícola concentra-se especialmente no sertão do rio São Francisco, uma das poucas regiões do mundo que produz duas colheitas por ano. O setor vitivinícola cresce cerca de 30% ao ano, e a produção vinícola está próxima de alcançar 20 milhões de litros anuais em uma superfície de vinhedos de quase 1 milhão de hectares. A capital vitivinícola da região é Santa Maria da Boa Vista, no Vale do São Francisco.

O Vale do São Francisco produz anualmente 5 milhões de litros de vinagre.

Em 2002, esse vale produzia cerca de 6 milhões de litros de vinho, parte dos quais era exportada para Dinamarca, Alemanha e Estados Unidos, e essa cifra continuou crescendo desde então.

As empresas vinícolas mais importantes do Vale do São Francisco são Vale do São Francisco, Adega Bianchetti-Tedesco, Lagoa Grande, Santa Maria e Miolo.

Rio Grande do Sul

O Rio Grande do Sul é o estado de maior e melhor produção vinícola do Brasil. Seus vinhedos situam-se nas montanhas do nordeste, na região da Serra Gaúcha, destacando-se por volume e qualidade os cultivados ao redor dos municípios de Bento Gonçalves, Caxias do Sul e Garibaldi. Na Serra Gaúcha encontram-se as primeiras Denominações de Origem Controlada do Brasil.

Em Pernambuco há 800 hectares de vinhedos, alguns dos quais ainda não alcançaram a idade de produção.

No Rio Grande do Sul são produzidas anualmente quase 600 mil toneladas de uva em cerca de 34 mil hectares de vinhedo. Delas se obtêm em torno de 280 milhões de litros de vinho.

Os imigrantes italianos introduziram os vinhedos em Bento Gonçalves, onde se encontram as mais prestigiosas empresas vinícolas do país. O Vale dos Vinhedos, situado na parte sul do município, é um verdadeiro festival para os sentidos, especialmente na época de vindima.

Caxias do Sul tem vinhedos de qualidade em terrenos próximos ao município. Destacam-se as adegas de Remy-Lacave, um enorme castelo de estilo medieval europeu, Juan Carrau, que obtém vinhos de boa qualidade, e a vinícola Zanrosso.

Garibaldi é uma cidade da Serra Gaúcha muito conhecida por seus *vinhos espumantes*, possivelmente os melhores do Brasil. Empresas como De Lantier e Chandon produzem também alguns dos melhores vinhos tranquilos (não espumantes) do Brasil.

Outros municípios da zona elaboram pequenas quantidades de vinhos finos e vinhos de mesa, os chamados *vinhos coloniais*.

Fora da Serra Gaúcha há outros municípios vinícolas no Rio Grande do Sul, como Erechim, Jaguari, Viamão, São Jerônimo, Bagé, Dom Pedrito, Pinheiro Machado e, sobretudo, Santana do Livramento.

No Rio Grande do Sul concentra-se mais de 90% da produção vinícola do país.

CANADÁ

O Canadá produz pouco mais de 1 milhão de hectolitros de vinho obtidos de quase 20 mil hectares de vinhedos. Oitenta por cento deles estão na província de Ontário, pois a maior parte do território canadense é muito fria para o cultivo da *Vitis vinifera*. Por isso, há apenas vinhedos nas zonas mais meridionais, especialmente na península de Niágara, às margens do lago Erie, na ilha Pelee, no condado do Príncipe Eduardo, em Fraser, Similkameen e na ilha de Vancouver. Há também poucos hectares nas províncias de Quebec e Nova Escócia.

Quando há duzentos anos os colonos tentaram cultivar a *Vitis vinifera* no Canadá, fracassaram. Tiveram êxito com a cepa nativa Riparia, da *Vitis labrusca*, e híbridos de outras variedades de *Vitis americana*. Mas os vinhos produzidos, de gosto muito particular, tiveram pouca saída comercial. Por isso, entre 1927 e 1974 não foram concedidas licenças para a abertura de novas vinícolas no Canadá, embora se tivesse demonstrado nestes anos que a *Vitis vinifera* podia desenvolver-se com sucesso em algumas regiões do país.

O produto vinícola mais conhecido do Canadá é o chamado vinho de gelo, *icewine*. O vinho de gelo é um vinho doce que se obtém de uvas colhidas e prensadas enquanto estão congeladas, o que provoca uma grande concentração de açúcar no mosto. No Canadá a produção de vinho de gelo começou em 1973, mas o país é atualmente o maior produtor desse tipo de vinho no mundo, sobretudo desde que, em 1983, duas adegas da região de Niágara, Hillebrand Estates e Inniskillin, começaram a elaborá-lo com a variedade Vidal.

Graças ao rigor dos invernos canadenses e às estritas normas legais que regulam a elaboração, sempre natural, os produtores estão obtendo um vinho de gelo de grande qualidade, frutado, com-

O Canadá conta com sete Denominações de Origem de vinho. Suas áreas de produção situam-se entre 41° e 50° de latitude.

A vindima para a elaboração de vinho de gelo deve ocorrer a -8 °C, pois as normas que regulam sua produção proíbem o congelamento artificial das uvas.

plexo, dourado ou âmbar escuro, e com um perfeito equilíbrio entre doçura e acidez. Graças a isso, o icewine está sendo muito apreciado em todo o mundo. Em 1989, a Inniskillin obteve o grande prêmio de honra na Vinexpo de Bordeaux. Hoje também são usadas para a elaboração de vinho de gelo canadense as variedades Riesling, Gewürztraminer e Cabernet Franc.

Existem mais de trezentas vinícolas licenciadas no Canadá, cujas exportações para os Estados Unidos ultrapassam os 5 milhões de dólares.

O icewine canadense é muito vendido na Europa desde que fabricantes canadenses, alemães e austríacos de vinho de gelo fixaram um regulamento para a vinificação.

RUSH CREEK WINES LTD.

Colúmbia Britânica

O padre jesuíta Charles Pandosy plantou as primeiras cepas na Colúmbia Britânica em 1859, em uma missão próxima a Kelowa. Setenta anos mais tarde, teve início a produção comercial de vinhos, mas até 1990 os viticultores da zona não haviam substituído a *Vitis labrusca* por variedades de *Vitis vinifera* capazes de produzir vinhos de qualidade. Em 2004, cerca de 90 vinícolas elaboravam seus vinhos com uvas colhidas por 252 viticultores em mais de mil hectares de vinhedos, a maior parte deles situados no Vale de Okanagan. Dois desses produtores, Creek Winery e Pinot Cellars, venderam respectivamente nesse ano um total de 5 e 3 milhões de dólares canadenses em vinho. Em 2005, as vendas de vinhos VQA (*Vintner's Quality Alliance*) superaram 120 milhões de dólares. Grande parte da produção vinícola nesta província é do tipo vinho de gelo.

Hoje, 411 proprietários de vinhedos cultivam cerca de 60 variedades diferentes, dentre as quais se destacam as brancas Chardonnay, Pinot Gris, Gewürztraminer, Pinot Blanc, Riesling e Sauvignon Blanc, e as tintas Merlot, Pinot Noir, Cabernet Sauvignon, Cabernet Franc e Syrah.

A Comissão Europeia aprovou recentemente a importação de vinho de gelo canadense e o uso da palavra *icewine* para designá-lo.

Existem cinco regiões vinícolas no Canadá: Okanagam, Similkameen, Fraser Alley, Ilha de Vancouver e Ilhas do Golfo.

Existem 133 vinícolas, às quais logo se somarão outras 24 que dependem de licença. As Major elaboram seus vinhos com uvas das mais diversas procedências, exceto os vinhos classificados como Estate. Esses são feitos com ao menos 50% de uvas colhidas nos vinhedos da empresa e o resto em outros da Colúmbia Britânica. As Farm, menos comuns, devem elaborar seus vinhos com pelo menos 75% de uvas de colheita própria. Dentre as vinícolas mais importantes da Colúmbia Britânica, cabe citar nomes como Mission Hill, Calona Vineyards, Cedar Creek, Gray Monk, Hester Creek, Langley e Jackson Triggs.

Ontário

A província de Ontário encontra-se na região centro-oriental, fabrica 80% do vinho canadense e já conta com três VQA designadas a suas três principais áreas de produção: a península de Niágara, o lago Erie e a ilha de Pelee, situadas nas proximidades dos Grandes Lagos.

Às variedades procedentes das americanas *Vitis labrusca* e *Vitis concord*, resistentes ao frio e às doenças endêmicas como a filoxera, juntaram-se há tempos variedades europeias como Chardonnay, Riesling, Pinot Blanc ou Gewürztraminer (brancas), e Cabernet Sauvignon, Pinot Noir, Merlot ou Gamay (tintas). Essas cepas são hoje cultivadas com variedades híbridas como Marechal Foch, Baco Noir, Syval Blanc e Vidal, e também com outras consideradas autóctones no Canadá, como Niágara, Elvira, Delaware e Veeport.

As regiões vinícolas de Ontário estão submetidas a um clima quente no verão, mas extremamente frio no inverno. Por isso, os vinhedos se encontram em zonas meridionais da província e próximos às grandes massas de água de lagos, que suavizam as temperaturas.

Quatro quintos dos vinhedos da província encontram-se na península de Niágara, no lago Ontário, que se une ao lago Erie, outra zona de cultivo de videiras, pelo rio Niágara. Tantas

O Ministério de Agricultura dá o nome de "Vineland" à estação de pesquisa de vinhos de Ontário, o mesmo nome que velhas lendas do norte da Europa dão às costas canadenses.

massas de água e a defesa das montanhas criam nesta zona um microclima muito adequado à viticultura. A província de Ontário é a maior produtora canadense de vinho de gelo (*icewine*), que nas proximidades do rio Niágara é elaborado especialmente com a híbrida Ugni Blanc.

Talvez a empresa vinícola mais importante da província e do país seja a TG Bright and Co., que também elabora esplêndidos espumantes. Além dela, destacam-se também Inniskillin, Pillitteri, Château-Gai, Erie Shore e San Miguel Cellars.

Quebec

Com temperaturas de até -40 °C, as terras de Quebec são muito pouco adequadas para o cultivo da vide. Porém, Quebec é a província canadense de língua francesa e era inevitável que um grupo de amantes do vinho fizesse prosperar algumas vinhas, depois de idealizar sistemas para proteger as cepas dos rigores do clima: podá-las bem baixas e antes da primeira geada cobri-las com terra, que é retirada quando chega a primavera. O vinho que esses heroicos vitivinicultores produzem tem um preço proporcional ao esforço empregado, mas não à sua discreta qualidade.

Em Quebec há uma centena de hectares de vinhedos, quase todos na região de Dunham, divisando a fronteira estadunidense. A maior parte dos vinhos de Quebec é do tipo icewine; eles costumam ser brancos, secos e levemente frutados.

Acima, uma garrafa de *icewine*. Quebec desfruta apenas de 1,2 mil horas de sol por ano. Apesar disso, produz vinhos de qualidade como este.

CHILE

O verdadeiro introdutor do vinho no Chile foi Francisco de Carabantes, um frade que levou estacas do Peru até o porto de Talcahuano. Apesar de o clima tropical e a presença endêmica de uma variedade da filoxera terem impedido que a *Vitis vinifera* prosperasse nos solos chilenos, em 1594 já era produzido 1,6 bilhão de litros de vinho por ano. Essa cifra cresceu tanto que em 1794 a Coroa espanhola proibiu a exportação de vinhos chilenos para as colônias de Nova Espanha e Nova Granada, a fim de proteger a venda de vinhos peninsulares.

Há duas décadas descobriu-se que no Chile continua sendo cultivada uma variedade desaparecida dos vinhedos europeus por causa da filoxera, a Carménère, que dá origem a vinhos como este tinto Albamar.

A incorporação de novas técnicas de cultivo e vinificação permitiram que a indústria vinícola chilena iniciasse o século XX com 40 mil hectares de vinhedos, nos quais predominava a cepa Carménère. Em 1938, já chegavam a 108 mil os hectares cultivados. Em 2004, o Chile ocupou o nono lugar mundial em produção de vinhos, com 6.479.000 hectolitros. No ano seguinte alcançou a cifra de 7.885.510 hectolitros. Exporta vinho para mais de cem países, 55% do total para a Europa, sobretudo para a Grã-Bretanha, e 25% para os Estados Unidos.

Os melhores vinhedos concentram-se em vales situados no centro do país: os de Casablanca, Maipo, Maule, Curicó e Rapel. Os vinhos tintos são feitos principalmente com as variedades Ca-

Atualmente, os melhores vinhedos concentram-se em vales do centro do país: Casablanca, Maipo, Maule, Curicó e Rapel. Neles é frequente o cultivo elevado das cepas, para distanciar as uvas do solo e aproveitar melhor os raios solares.

bernet Sauvignon, Merlot e Carménère, embora alguns o façam em *coupage* com Cabernet Franc, Syrah, Malbec e Pinot Noir. Os vinhos brancos são produzidos com as uvas Chardonnay e Sauvignon Blanc, com crescente presença de Colombard.

Os vinhos varietais chilenos, elaborados com a variedade indicada no rótulo, são baratos, mas de boa qualidade.

Os vinhos de guarda, feitos com cepas nobres e envelhecidos em madeira de seis a 24 meses, conforme se trate de vinhos de crianza, reserva ou gran reserva, são vendidos em garrafas de 750 centilitros. São os vinhos destinados à exportação ou ao consumo interno de maior preço e qualidade. Os vinhos do dia a dia, de qualidade média, são elaborados com cepas de menor qualidade e correspondem a vinhos do ano. Os vinhos de consumo em massa, feitos com cepas correntes, comercializam-se em garrafas, garrafões e em tetrapacks.

Casablanca

O Vale de Casablanca, na província de Valparaíso, da V Região, encontra-se entre Santiago do Chile e Valparaíso.

No Vale de Casablanca cultivam-se pouco mais de mil hectares de vinhedos que, graças à proximidade do mar, desfrutam de umidade e temperatura média anuais muito adequadas ao cultivo da videira, em especial das variedades brancas. Talvez por isso a predominante seja a Chardonnay, com 80% do total, seguida de Sauvignon Blanc e Gewürztraminer, o que faz os vinhos brancos serem os mais abundantes e melhores da região. Percebe-se uma incipiente presença das uvas tintas Pinot Noir e Merlot. Os principais produtores (chamados viñas) da região são: Casablanca, Casas del Bosque, ou Indómita Wine, Veramonte, Villard Estate, Viña Mar e William Cole.

No Vale de Casablanca produzem-se vinhos brancos de boa qualidade, como este Chardonnay.

Curicó

A província de Curicó — kureko significa água preta — faz parte da Região do Maule, no Vale Central do Chile. No Vale de Curicó distinguem-se claramente as zonas vinícolas de Teno e Lontué e as áreas de Molina e Sagrada Família. Curicó tem um clima de tipo mediterrâneo, relativamente quente, com verões secos, invernos úmidos e pluviometria média de 856 milímetros por ano. Isso possibilita o cultivo de variedades europeias como Cabernet Sauvignon, Pinot Noir e Sauvignon Blanc. A maior parte dos vinhedos está plantada em solos de fundo do vale,

O Caballo Loco, da Viña Valdivieso, é obtido ao mesclar-se o vinho do ano com 50% de vinho do ano anterior, ambos procedentes de variedades europeias.

A maior parte das vinícolas do Chile está no Vale do Maipo. Algumas delas foram construídas no século XX, como Cousiño Macul, Concha y Toro, Undurraga e Santa Rita.

pedregosos e com muita matéria orgânica, o que permite que os Cabernet tenham muitos taninos e os Pinot Noir se tornem vinhos muito complexos.

Em Curicó, as uvas Moscatel Rosé, Alexandrina Moscatel e Moscatel Australiana são usadas para produzir a bebida típica do país: o pisco, uma aguardente destilada de uvas moscatel. A elaboração do pisco segue um processo que inclui a fermentação, a destilação e um período de repouso em barricas de madeira.

Há uma "Rota do Vinho de Curicó" que permite conhecer o processo de elaboração do vinho doce de colheita tardia característico da região.

O pisco chileno é diferente do pisco do Peru. Nele, os produtores podem acrescentar água desmineralizada para ajustar o teor alcoólico desejado: 30°, 33° ou 40°.

Maipo

Maipo é a zona vitivinícola mais antiga do país. O Vale do Maipo — uma série de vales — desce da cordilheira dos Andes acompanhando o curso de rios que rumam para o Pacífico, como o Maipo. Seu clima é de tipo mediterrâneo: dias quentes, insolação adequada e noites frias. Esse clima e um índice pluviométrico de 600 milímetros anuais concentrados no inverno possibilitam o cultivo de uvas de qualidade em quase 3 mil hectares. Esses vinhedos estão distribuídos em subzonas de características bem diferentes: Santiago, Peñalolen, La Florida, Pirque, Talagante, Peñaflor, El Monte e Melipilla. Em cada uma delas os vinhedos estão em diferentes orientação e altitude, o que dá origem a tipos de uva e de vinho bem diversos, mesmo quando procedem de uma mesma variedade.

Cultivam-se 1,6 mil hectares de cepas tintas e 1,3 mil de brancas, predominando Cabernet Sauvignon, Merlot, Chardonnay, Carménère e Sauvignon Blanc.

Nos dias 28, 29 e 30 de abril de 2006 comemorou-se pela primeira vez em Maipo a Festa do Vinho, completada por muitas outras festividades regionais.

Uma garrafa de Cabernet Sauvignon da região de Maipo, no Vale Central, que tem uma grande tradição vinícola.

Os vinhos chilenos são produzidos majoritariamente no grande Vale Central, que segue paralelo aos Andes.

As principais viñas deste vale são: Almaviva, Aquitania, B. Philippe de Rothschild, Canepa, Casa Rivas, Casal de Gorchs, Chocolán, Concha y Toro, De Martino, Doña Javiera, Haras de Pirque, Huelkén, Manquehue, Pargua, Pérez Cruz, Portal de Alto, Quebrada de Macul, Santa Alicia, Santa Carolina, Santa Ema, Santa Rita, Starry Night, Tarapacá, Terraandina, Terramater, Tres Palacios, Undurraga, Ventisquero, Viñedo Chadwick, William Févre e Cavas del Maipo.

Maule

A região do Maule, limitada a oeste pelo Oceano Pacífico e a leste pela República Argentina, é a VII das treze regiões em que o Chile é dividido. Compõe-se de quatro províncias: Cauquenes, Curicó, Linares e Talca, na qual se inicia a zona do vinho, para se prolongar até perto de Constitución, a uns 60 quilômetros.

Dadas a particular orografia e a situação geográfica da região, os vinhedos estão expostos a uma grande variedade de microclimas e de solos. Isto faz com que sejam cultivadas diferentes cepas. A região produz um amplo leque de tipos de vinhos, sempre em escasso volume, mas de qualidade apreciável.

A maior parte dos vinhedos destina-se à produção de vinhos tintos, com as variedades Carménère, Cabernet Sauvignon, Merlot e Malbec. Os vinhos brancos são obtidos especialmente das cepas Chardonnay e Sauvignon Blanc.

Para os enoturistas, foram criados em Maule três circuitos: Circuito do vinho do Vale de Maule, Circuito da cordilheira dos Andes e Circuito em direção ao Oceano Pacífico.

As *viñas* mais importantes da região, com produção bastante variada, são: Balduzzi, Calina, Carpe Diem, Domaine Oriental, El Aromo, Hugo Casanova, J. Bouchón, Segú, Tabontinaja e Terranoble.

Rapel

Rapel é um povoado, uma região e um rio situados na parte central do Chile. Este vale encontra-se no limite das regiões V e VI, a uns 180 quilômetros ao sul de Santiago. A região abrange os vales de Colchagua e Cachapoal, que possuem uns 8,3 mil hectares de vinhedo, 5,1 mil dedicados a cepas tintas e 3,2 mil a brancas.

O Vale de Cachapoal encontra-se na VI Região. Há nele zonas vinícolas com condições climáticas muito diferentes. A mais notável delas é o tórrido setor de Las Cabras, onde

Acima, garrafa de Los Vascos, da Lafite Rothschild, de 1995. Abaixo, Cono Sur, que é uma das melhores *viñas* da região de Rapel.

No Vale de Colchagua, a *viña* Lapostolle elabora excelentes vinhos tintos com cepas de origem europeia e híbridas americanas.

se cultiva com êxito a Carménère: é aqui que são obtidos os melhores vinhos do Chile dessa cepa. Em outras zonas do vale são cultivados, além de Carménère, Cabernet Sauvignon, Merlot, Malbec, Sauvignon Blanc, Chardonnay, Riesling, Pinot Noir e Sémillon. Os solos são férteis e a temperatura média anual é de cerca de 15 °C.

No Vale de Cachapoal uma rota de enoturismo permite visitar, entre outras, a adega Château Los Boldos, a mais antiga da zona, construída em adobe.

Suas melhores *viñas* (produtores) são: Altair, Anakena, Camino Real, Château Los Boldos, De Larose, Gracia, Isidro, La Ronciere, La Rosa, Lagar de Bezana, Misiones de Rengo, Morandé, Porta, Santa Mónica, Torreón de Paredes e Tuniche.

No Vale de Colchagua, núcleo da tradição huasa do Chile, são especialmente cultivadas as variedades Cabernet Sauvignon, Merlot, Chardonnay, Carménère, Syrah e Malbec. Os solos são de natureza distinta, pobres e escassos ou profundos e férteis, com pluviometria relativamente baixa. Os vinhos tintos desse vale têm conquistado fama entre os aficionados do bom vinho.

Na língua indígena, Colchagua significa "vale com pequenas lagoas". Nele, os missionários jesuítas fizeram as primeiras plantações de vide no Chile.

Suas melhores viñas são: Bisquerrt, Caliterra, Casa Lapostolle, Cono Sur, El Huique, J&F Lurton, Los Vascos, Montes, MontGras, Pueblo Antiguo, Ravanal, San Diego de Puquillay, Santa Emiliana, Santa Helena, Santa Laura, Salentia, Terra Vid e Viu Manent.

Vale do Aconcágua

Desde 1870 existem vinhedos na área de Panquehue, na região de Aconcágua. Nos solos que foram leitos de rios, pouco férteis e expostos a altas temperaturas, são cultivadas Cabernet Sauvignon, Syrah e Carménère. Essas uvas dão origem a vinhos intensos com forte sabor tânico. Nas terras do vale, menos quentes,

Nesta *viña* da Errázuriz, as variedades europeias produzem excelentes vinhos brancos, além de tintos feitos com a Carménère.

cultivam-se também Merlot e Chardonnay. As melhores viñas são Errázuriz, San Esteban, Sánchez de Loria, Seña, Vinícola Almendral e Von Siebental.

Vale de Bio Bio e Malleco

São dois vales onde se encontram os vinhedos mais austrais do Chile. Neles são cultivadas as cepas País, Moscatel de Alexandria, Pinot Noir e Cabernet Sauvignon. As principais *viñas* são: Canata, Gracia, Guilisasti e Sol de Sol.

Vale de Coquimbo

Em 1549, o conquistador castelhano Francisco de Aguirre transportou e plantou as primeiras cepas de videiras vindas da Espanha nos vales de Coquimbo. A cepa espanhola aclimatou-se bem, pois ali o clima é do tipo mediterrâneo, excelente para seu cultivo: chuva escassa, compensada por bom sistema de irrigação, excelentes condições climáticas e solos férteis. Cultivam-se principalmente Chardonnay, Cabernet Franc, Cabernet Sauvignon e Merlot em cerca de 9 mil hectares de vinhedos.

Em Coquimbo se produz um excelente pisco empregando três variedades de Moscatel: Rosa, de Alexandria e Australiano.

Os melhores produtores do vale são Benítez, Los Robles, Miguel Torres, La Fortuna, Valdivieso, Pirazzoli, Torrealba, Osvaldo Astaburuaga Correa, Correa Alvano, Inés Escobar, San Pedro, Echeverría, Aresti, San Rafael e Cavas Schroder y Hanke.

As uvas Moscatel produzem um vinho do qual se destila o pisco, a bebida típica de Elqui.

Vale de Elqui

No Vale de Elqui se produz a bebida mais popular do Chile: o pisco sour. Neste vale colhem-se uvas moscatel com altíssimo teor de açúcar, ideais para destilação. O principal centro de elaboração do pisco sour é o município de Pisco Elqui, a antiga localidade de La Unión. O nome da cidade foi mudado pelo presidente González Videla para que o Peru não pudesse impedir os chilenos de chamar de pisco aquela que ambos os países consideram a bebida nacional. No vale cultivam-se também Cabernet Sauvignon, Merlot, Carménère e Chardonnay. As principais vinícolas do vale são Falernia e Vitivinícola Elqui.

Vale de Itata

A história vitivinícola do Vale de Itata tem mais de 400 anos. Nele se cultivam

Em Itata a maior parte dos vinhedos é destinada ao consumo familiar, embora algumas viñas vendam sua produção na região.

Moscatel de Alexandria, País, Cabernet Sauvignon e Chardonnay. Embora a maior parte da produção seja de caráter artesanal, não faltam vinícolas de certa importância, como Casas de Giner, Del Alba, Tierra y Fuego, Valle del Itata, Viñedos de Larqui e Viñedos del Sur.

Vale de Limarí

A brisa costeira que penetra no Vale de Limarí o refresca e possibilita o cultivo de cepas de qualidade, como Cabernet Sauvignon, Merlot, Carménère, Chardonnay e Syrah.

Na região de Limarí são produzidos vinhos finos, especialmente brancos de coupage.

As principais vinícolas da região são: Agua Tierra, Casa Tamaya, Francisco de Aguirre, Luis Soler, Ocho Tierras e Tabalí.

Vale de San Antonio

Neste vale, soma de outros menores, encontra-se a zona vitivinícola mais próxima ao mar do Chile, pois os vinhedos são cultivados em pequenos vales formados dentro da cordilheira costeira. No Vale de San Antonio uvas como Chardonnay e Sauvignon Blanc conseguem o lento amadurecimento requerido para produzir vinhos brancos de certa qualidade. Cultiva-se também a variedade tinta Pinot Noir.

O clima suave do Vale de San Antonio permite o lento amadurecimento das uvas e, por isso, a obtenção de excelentes vinhos.

As principais viñas do vale são: Casa Marín, Garcés, Leyda e Matetic.

COLÔMBIA

Até 1920 quase não houve vinhedos na Colômbia. Nesse ano algumas parcelas importantes do Valle del Cauca foram dedicadas ao cultivo da vide. Desde então as parreiras se estenderam às regiões de Santander, Santa Marta e Antioquia. Atualmente há na Colômbia pouco mais de 1,5 mil hectares de vinhedo situados em terras úmidas e quentes. Por isso, os vinhos obtidos de suas uvas são de baixo teor alcoólico e costumam ser usados na fabricação de espumantes, vinhos doces e conhaques.

Após séculos de proibição do cultivo da videira pela Espanha, em 1982 foram feitas importantes plantações nas colinas de Puntalarga, no Valle del Sol. Elas deram origem aos vinhos de Marqués de Puntalarga, feitos com as variedades Geisenheim, Riesling, Pinot Noir e híbridos de Riesling e Silvaner. Delas, enriquecidas em açúcar devido à baixa umidade, são elaborados vinhos brancos e tintos de claro caráter varietal, com aromas de frutas e flores da zona.

O Pinot Noir 2000 do Marqués de Puntalarga é um bom vinho tinto, no qual os raios ultravioleta que banharam as uvas fazem destacar um incomparável fundo de cedro andino.

São cepas cultivadas a 2.600 metros de altitude e colhidas duas vezes por ano graças ao clima quase sem variações térmicas, com temperatura média de 17 °C e noites frescas, sem geadas. Bons vinhos são também elaborados nos vinhedos de Villa de Leyva e Sutamarchán, plantados com cepas Cabernet Sauvignon, Chardonnay e Sauvignon Blanc, especialmente. A produção anual desses vinhedos, junto aos de Puntalarga, dão origem a cerca de 120 mil garrafas. Na Colômbia estão começando a ser explorados os fermentados de lulo (laranjinha), um fruto de sabor levemente ácido e tamanho semelhante ao de um tomate pequeno e alongado.

Destacam-se as vinícolas de Casa Grajales — com cerca de 750 hectares de vinhedos —, Pedro Domecq, Andaluzas, Casa Vinícola del Quindío, Venecianas, Añejas, de Mosela, del Rhin e Colombo Eslava.

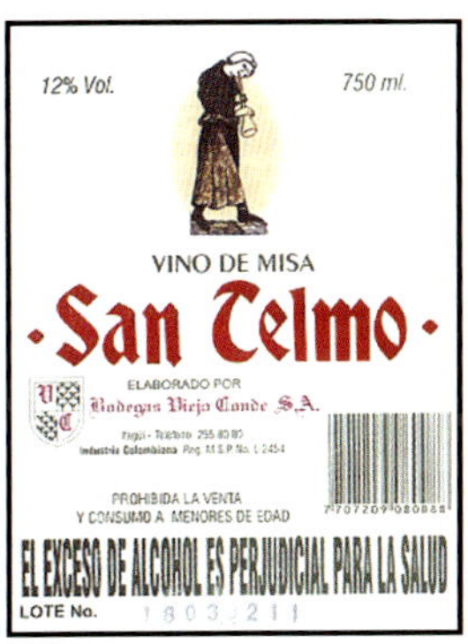

Há indícios da origem em 1974 dos vinhos da Bodega Grajales devido à fermentação em piscina das uvas restantes de uma colheita. À esquerda, rótulo de San Telmo.

EQUADOR

Como em outros países da zona, a maior parte das uvas colhidas destina-se ao consumo como uvas de mesa ou para destilação. Neste capítulo destaca-se a *viña* Don César, próxima à costa.

A viticultura começou no Equador quando ele fazia parte do Vice-Reinado do Peru. Por causa do caráter extremamente tropical de muitas das primeiras terras colonizadas, as plantações originais de videira não deram fruto. Mas, quando os colonizadores começaram a cultivar as serras do interior, os vinhedos prosperaram até que, em 1582, já eram cultivadas mais de 60 mil cepas nas margens do rio Mira.

Esse elevado nível de cultivo e a consequente produção de uva baixaram devido aos acordos firmados entre Cuzco e Quito sobre produção de vinhos. Os grandes vinhedos existentes no que hoje é o Equador desapareceram, e restaram somente os destinados ao consumo familiar

Após os primeiros anos, quase todos os vinhedos desapareceram do Equador, até que em 1982 instaurou-se de novo o cultivo da videira no vale de Patate, na província de Tungurahua. Atualmente há cerca de 200 hectares de vinhedo nas montanhas do interior, e outros 50 na província de Manabi, na costa, onde são obtidas duas ou três colheitas por ano. Os vinhos equatorianos são feitos das variedades autóctones Nacional Branca e Nacional Negra, das crioulas Isabella, Niágara e Concord, e de algumas variedades europeias, como Barbera, Cabernet, Merlot, Moscatel, Povarella e Sangiovese.

Talvez os melhores vinhos produzidos no Equador sejam os moscatéis Castell Real, das Bodegas de la Unión Vinícola Internacional, e os Mesón branco e tinto das Bodegas Predeconsa.

Estes são alguns dos vinhos elaborados pelas Bodegas Predeconsa.

ESTADOS UNIDOS

No começo do século XVI, Hernán Cortés fez plantar enormes vinhedos nas terras do México. Porém, quando a Coroa espanhola mandou que se arrancassem as vinhas de suas colônias, essa ordem foi acatada apenas na longínqua Baixa Califórnia.

Apesar disso, considera-se que foram os calvinistas franceses, fugidos de seu país, que iniciaram a produção de vinho no atual território dos Estados Unidos. Em 1562, eles usaram uma variedade da *Vitis rotundifolia*, a que os indígenas da terra chamavam *scuppernong*, para elaborar a bebida. A péssima qualidade desse vinho pôde ser comprovada em 1623 pelos viajantes do navio *Mayflower*. Em fins do século XVIII, um antigo jardineiro inglês, John Alexander, tentou, sem sucesso, cultivar em solo americano a *Vitis vinifera*. Mas a sorte quis que ele conseguisse um cruzamento com uma variedade local e dessa nova cepa obtivesse o Alexander, o primeiro vinho norte-americano que se podia beber sem receio.

O agricultor e colhedor de uvas como estas, o viticultor, recebe nos Estados Unidos o nome de grower, que não deve ser confundido com o winemaker, o adegueiro.

Meio século depois, os primeiros viticultores californianos enxertaram a *Vitis vinifera* na cepa americana *Vitis labrusca*, o que criou a base dos maravilhosos vinhos norte-americanos atuais. Ao mesmo tempo, foi uma solução para que os vinhedos europeus tornassem a dar frutos após a terrível praga de filoxera que os arrasou pouco depois.

Diversas wineries colocam à disposição do enoturista instalações e jardins para saborear exclusivamente as bebidas que a casa produz.

Em meados do século XIX, já se vendia um vinho norte-americano de qualidade regular: o Catawba. A tribo *catawba*, no atual estado da Carolina do Sul, deu nome a um rio, esse rio a uma cepa e essa cepa a um vinho que, nos últimos anos, foi produzido em maior quantidade no estado de Nova York do que na originária Carolina do Sul.

Terminadas a lei seca e a depressão, a produção de vinho nos Estados Unidos foi aumentando. Até 1960, os vinhos norte-americanos eram adocicados e indigestos, fortes e de tão escassa qualidade que nem sequer alcançavam a categoria de vinhos de mesa, exceto para as classes economicamente menos favorecidas. A maior parte deles, como agora, era produzida na Califórnia, e naquele tempo nas chamadas Fábricas Gallo. Atualmente, pelo menos 42 dos 50 estados da União produzem vinho de maior ou menor qualidade e em maior ou menor volume. Destacam-se Califórnia, Oregon, Washington e Nova York.

Hoje os Estados Unidos, com 21 milhões de hectolitros e 7,6% da produção mundial, é o quarto produtor de vinho do mundo, e só a Califórnia exporta mais de 2 milhões de hectolitros anuais.

As leis federais permitem que os vinhos de determinada zona vitivinícola se amparem em uma denominação de origem, AVA (Área Vinícola Americana), quando elaborados com no mínimo 85% de uvas dessa zona. Há 130 Áreas Vinícolas Americanas, 60 delas na Califórnia, e até agora sem restrições de cepas nem de rendimento. Vendem-se

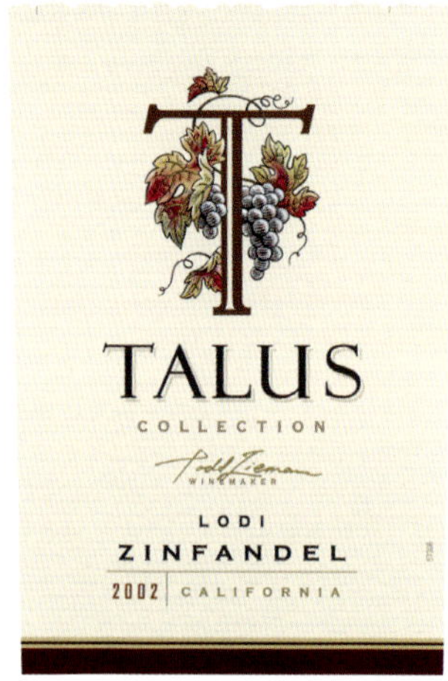

Os rótulos dos vinhos vendidos dentro dos Estados Unidos devem trazer observações sobre os perigos do álcool e o nome dos aditivos que possam conter.

também vinhos com Denominações de Condado e Denominações de Estado: em ambos os casos, devem ter um mínimo de 75% de uvas do condado ou estado a que façam referência.

Nos rótulos de vinhos reconhecidos por uma denominação de origem devem figurar o nome da variedade de uva predominante — os varietais devem ser feitos com pelo menos 75% dessa uva —, da região de origem e da vinícola

As cepas de uvas brancas mais utilizadas nos Estados Unidos são Chardonnay, Chenin Blanc, Sauvignon, Gewürztraminer e Riesling. Entre as tintas, Cabernet Sauvignon, Merlot, Pinot Noir, Petit Syrah, Gamay, Beaujolais e Zinfandel. Estão se somando a estas as cepas híbridas obtidas em laboratório, como Rubired e Ruby Cabernet (tintas), e Flora e Emerald Riesling (brancas).

Este vinhedo, que está em tempo de vindima, mostra uma das formas de cultivo preferidas na Califórnia, onde existem mais de 160 mil hectares de vinhedo.

CALIFÓRNIA

É bem possível que em poucos anos as vinhas ocupem a sexta parte da superfície agrícola da Califórnia. O vinho gera muitos milhões de dólares, e entraram no negócio empresas tão fortes quanto Nestlé, Seagram ou Heublein.

O cultivo da vide foi iniciado na Califórnia por um jesuíta em 1697, ao plantar ao redor da missão de São Francisco Xavier uma cepa de origem europeia à qual ainda chamam Mission. Quase um século depois, um franciscano plantou Mission em San Diego de Alcalá e obteve um vinho tão bom que esta uva passou a ser cultivada em mais de 30 zonas ao longo da costa do Pacífico em princípios do século XIX.

Recuperada da praga da filoxera, que assolou seus vinhedos na década de 1980, a Califórnia conta hoje com cerca de mil vinícolas. Elas processam as uvas produzidas em mais de 160 mil hectares de vinhedo.

Junto à Zinfandel, as variedades mais utilizadas são: Chardonnay, Colombard, Chenin Blanc, Sauvignon Blanc, Riesling, Gewürztraminer, Pinot Blanc e Viognier, entre as brancas; e Cabernet Sauvignon, Pinot Noir, Merlot, Barbera, Sangiovese, Shiraz e Grenache, entre as tintas. Nos Estados Unidos algumas variedades europeias recebem outro nome.

Entre as melhores wineries da Califórnia, muitas possuem nome espanhol, como Adobe Guadalupe, Bodegas Valle de Guadalupe, Bodegas de Santo Tomás, Casa de Piedra, Cavas Valmar, Domecq, La Casa de Doña Lupe, Vinos Albarolo, Monte Xanicé, Vinícola Don Juan, Vinos Sueños, Vinícola La Farga, Vinisterra, Vinos Tanama, Viña de Liceaga, Viñas Pijoan, Vitivinícola Tres Valles, Vides y Vinos Californianos.

No Vale do Napa, com capital em Santa Helena, as uvas prosperam em um clima muito seco, apesar de estarem perto da costa.

As cinco grandes Áreas Vinícolas Americanas, as AVA da Califórnia, abrigam as seguintes denominações de origem:

- Costa Norte: ao norte de São Francisco: *Napa Valley, Sonoma Valley*, Los Carneros, Russian River, Knights Valley, Guenoc Valley, Alexander Valley, Dry Creek Valley, Clear Lake, Mc Dowell Valley, Mendocino, Colo Ranch, Anderson Valley e Potter Valley.
- Central Valley: ao sul de Sacramento e ao norte de Napa: Solano Country Green Valley e Suisun Valley.
- Ao sul de Sacramento: Lodi e Clarksburg.
- Contrafortes da serra: ao leste de Sacramento: California Shenandoah Valley, Fiddletown e El Dorado.
- Costa central: entre São Francisco e Santa Bárbara: *Livermore Valley*, Santa Clara Valley, Santa Cruz Mountains, Mount Harlan, Chalone, Santa Lucía Highlands, Carmel Valley, Arroyo Seco, San Lucas, York Mountains, Paso Robles, Edna Valley, Arroyo Grande, Santa María Valley e Santa Ynez Valley.

MENDOCINO

O Condado de Mendocino é a zona vinícola mais setentrional da Califórnia e é composto por múltiplos pequenos vales. Os de Anderson, Redwood e Ukiah são os mais importantes do ponto de vista vinícola, com 6 mil hectares de vinhedo e 19 adegas.

Cultivam-se principalmente Merlot, nas zonas mais quentes, e Chardonnay, Pinot Noir e Gewürztraminer, nas mais frias.

As condições climatológicas e a distância entre os vales fazem o solo agrícola de Mendocino ser bem mais barato que os de Napa ou Sonoma.

Em Mendocino encontra-se uma empresa vinícola, Cresta Blanca Winery, que foi fundada em 1882. Outros produtores importantes são Parducci, Fetzer Vineyards, Navarro, Milano, Roederer e Yorkville Cellars.

Como em outras zonas vitivinícolas não europeias, em Mendocino se dá pouca importância às safras, por isso elas não costumam figurar nos rótulos de seus vinhos. Tem-se comentado bastante os efeitos dos fenômenos meteorológicos conhecidos como "El Niño" e "La Niña" no cultivo da videira.

A maior parte dos vinhedos de Mendocino pertence à Redwood Valley AVA.

VALE CENTRAL

No Central Valley, que se estende de ponta a ponta da Califórnia, acham-se os condados vinícolas de Alameda, San Benito, Monterrey, Santa Clara, Santa Cruz, San Mateo, Santa Bárbara, San Luis Obispo, San Diego, San Bernardino, Riverside e Temecula. Os três primeiros são os mais importantes.

A maioria dos vinhedos do condado de Alameda está no Vale de Livermore, ocupando cerca de 800 hectares. Seus melhores vinhos são os brancos doces, embora a Weibel Vineyard, primeiro produtor de espumantes dos Estados Unidos, elabore um agradável champanha.

No Condado de San Benito cultivam-se cerca de 7 mil hectares de vinhedo, boa parte deles pertencentes à Almadén Vineyards.

No Condado de Monterrey há tantos vinhedos quanto nos de Napa e Sonoma. Só no Vale de Salinas existem mais de 12 mil hectares de vinhedos.

As variedades de uva mais empregadas no Central Valley são French Colombard, Chenin Blanc, Barbera, Zinfandel e White Zinfandel.

Os melhores produtores são R.H. Philips, Sebastiani Vineyard, Weibel Vineyard, Wente Bros., Paul Mason Vineyard, Ridge Vineyard, Woodbridge e Monterrey Vineyard, da Coca Cola.

O Vale Central possui metade da superfície de vinhedos da Califórnia e produz 70% de todo o vinho, 99% do conhaque e quase toda a uva de mesa do estado.

VALE DO NAPA

Napa, em língua indígena, significa terra de abundância e é um vale de 56 quilômetros de comprimento por quatro

Com estas uvas elabora-se o que talvez seja o melhor vinho tinto dos Estados Unidos: o Georges de Latour, uma reserva privada que leva o nome do fundador de Beaulieu Vineyard.

Rótulo de um Merlot da Clos du Val. Muitas fazendas integram-se em cooperativas para dispor de melhores meios para produzir vinho, em vinícolas como esta.

quilômetros de largura. Há nele cerca de 400 adegas nas quais se processam as uvas cultivadas em 15 mil hectares de vinhedos, divididos entre o próprio vale, as encostas das colinas que o circundam e as margens do rio que o atravessa. Elas produzem o melhor vinho do estado da Califórnia e um dos melhores do mundo. Em seus vinhedos são cultivadas especialmente as variedades Cabernet Sauvignon e Merlot. Em Carneros, ao norte da cidade de Napa, são cultivadas com êxito a Chardonnay e um pouco de Sauvignon Blanc.

Os melhores produtores da zona são Atlas Pink, Beaulieu Vineyard, Beringer Brothers, Cakebread, Caymus, Château Montelena, Clos Pegase, Clos du Val, Christian Brothers — os irmãos de La Salle —, Domaine Chandon, Domaine Mumm, Dominus, Robert Mondavi Winery, Silverado, Charles Krug Winery e Villa Mt. Eden. As melhores safras do Vale do Napa foram as de 1984, 1986, 1987, 1989, 1990, 1991, 1994, 1997, 2002, 2003 e 2005.

A vinícola de Robert Mondavi, no Vale do Napa, foi criada em 1966.

VALE DE SONOMA

O Vale de Sonoma, situado ao norte da baía de São Francisco, era chamado pelos indígenas de "Vale das Sete Luas", por causa das sete colinas que, ao atravessar seu território longo e estreito, ocultam sete vezes a lua.

Foram os franciscanos que plantaram na zona as primeiras vinhas, em meados do século XIX. Quando o México secularizou as terras da Igreja, foi Mariano Vallejo o primeiro vinicultor de Sonoma, antes da anexação da Califórnia pelos Estados Unidos.

O sul de Sonoma sobrepõe-se a outra AVA, Carneros, por isso os produtores dessa zona usam indistintamente ambas as denominações de origem.

Vinhos como este Schug são produzidos na região mais quente de Sonoma, a central.

Rótulo de um Cabernet Franc do Château St. Jean.

Em Sonoma há mais de 70 produtores de vinho. Dentre eles, cabe destacar Sebastiani Vineyards, Alexander Valley Vineyards, Arrowood, Château St. Jean, David Bynum, Carmenet, Chalk Hill, Clos du Bois, De Loach, Foppiano, Laurel Green, Glen Ellen, Kenwood e, por sua importância histórica, Buena Vista Winery & Vineyards. Os melhores anos foram 1984, 1985, 1986, 1987, 1990, 1991, 1995, 1997, 1998, 2002, 2003 e 2004.

Os vinhos de Sonoma são de muito boa qualidade e mais econômicos do que os produzidos no famoso Vale do Napa. Os imigrantes checos Irmãos Korbel elaboraram o primeiro espumante da zona, e hoje a F. Korbel & Bros. produz 70% dos espumantes de Sonoma.

O Nordeste

A maior parte dos vinhedos do Nordeste dos Estados Unidos situa-se entre Detroit e Buffalo, mas também há muitos perto de Nova York, nas margens do rio Hudson, nas proximidades de Boston, e até no vale do rio Ohio e no de Shenandoah, ao sul de Washington.

Em Hudson Valley, ao norte de Nova York, 400 hectares de vinhedo permitem elaborar um bom vinho tinto. Em Long Island, com duas AVA, 600 hectares de vinhedo produzem excelentes vinhos, especialmente com a cepa Chardonnay.

No nordeste cultivava-se a *Vitis labrusca*, que produz um vinho de aroma pouco agradável, mas na década de 1940 foram introduzidas variedades híbridas europeias. Por volta de 1970 começou a ser plantada a *Vitis vinifera*, que levou ao atual auge da indústria vinícola na zona. Só no estado de Nova York há cerca de 12 mil hectares de vinhedo plantados com Concord, Catawba e Baco Negro, híbridas da *Vitis labrusca*. Além delas, são cultivadas Isabella, Niágara, Ives, Delaware, e também Cabernet Sauvignon,

Merlot, Pinot Noir, Chanceller, Marechal Foch, Chardonnay, Riesling, Seyval Branco e Gewürztraminer.

Os melhores produtores são Baldwin, Bedell Cellers, Benmarl, Casa Larga, Cascade Mountain, Clinton Vineyard, Cristina Vineyard, Fox Rum, Hargrave, Heron Hill, Knapp, Lamoreaux Landing, Lenz Winery, Lucas, Magnanini, Milbrook, McGregor, Palmer, Paumanoki, Peconic, Standing Store, Wagner Vineyards e Walker Valley.

Rótulo de Domaine Serena, um Pinot Noir, e de Elk Cave, um Pinot Gris, ambos produzidos e engarrafados em Willamette Valley, em Oregon.

O Noroeste

No Noroeste estadunidense há dois estados vinícolas: Washington e Oregon. Suas vinhas estão localizadas nas zonas de influência de dois grandes rios, o Colúmbia e o Snake.

A maioria dos vinhedos do estado de Washington está em uma zona desértica e prospera graças à irrigação. Existem três regiões vinícolas: Columbia Valley, Yakima Valley e Walla Walla Valley. Foram obtidos ótimos resultados com a variedade alemã Lemberger, mas seus vinhos de maior qualidade são os Merlot. Os melhores produtores são Columbia Crest, Château St. Michelle, Blackwood Canyon e Gordon Cellers Brothers.

O estado de Oregon, ao norte da Califórnia, tem maior quantidade de chuvas e é menos quente. Produz bons vinhos com Pinot Noir e Pinot Gris. A zona vinícola mais importante deste estado é o Vale de Willamette, e os condados que produzem mais e melhor vinho são Yamhill, Polk e Washington. Outras zonas importantes são Umqua e o Vale do Rio Rogue. Seus melhores produtores são King Estate e Tualatin.

Três garrafas de vinho branco e uma de tinto, todas do King Estate, de Oregon. Estes vinhos conservam-se bem até cerca de dez anos. Devem ser servidos em temperaturas entre 12 °C e 14 °C quando jovens, e entre 14 °C e 16 °C quando forem de guarda.

O Sul e o Meio-Oeste

Tanto o chamado Meio-Oeste quanto o Sul são duas zonas norte-america-

Grande parte do vinho que se produz nos estados do Sul e do Meio-Oeste dos Estados Unidos da América é apropriada para o envelhecimento. Por isso, muitos são vendidos ao resto do país.

nas pouco adequadas ao cultivo da videira, com exceção de algumas regiões do Texas. Lá, os espanhóis introduziram os parreirais ao mesmo tempo que no Novo México, apesar de o clima e a seca das zonas do norte não serem muito adequados.

No entanto, como era inevitável em um território tão amplo e com agricultores tão agressivos e obstinados, foram surgindo vinhedos em pontos concretos de Denver, Columbia, Missouri, Geórgia, das Carolinas, de Arkansas, Iowa, Mississípi, Colorado, Luisiana e Flórida, especialmente graças ao uso de híbridos gerados entre as variedades autóctones e a *Vitis vinifera*.

A variedade indígena Scuppernong produz um vinho muito aromático, semelhante ao moscatel europeu.

Algumas dessas localidades têm seus próprios AVA, como Texas, Bell Mountain, Hill Country, Escondido de Texas, Missouri, Virgínia e Novo México. Nelas, além da cepa indígena Scuppernong, prosperam as uvas brancas Chardonnay, Sauvignon Blanc, Riesling, Trebbiano, Chenin Blanc, e as tintas Cabernet Sauvignon, Cabernet Franc, Merlot e Zinfandel.

À esquerda, explosão de cores com a chegada do outono nos vinhedos. Acima, um rótulo de Westbend, vinho elaborado com a uva Riesling.

MÉXICO

Embora os habitantes do México desconhecessem o vinho antes da chegada dos espanhóis, em suas terras já havia cepas de vide. As videiras selvagens — *Vitis rupestris*, *Vitis labrusca* e *Vitis berlandieri* — estavam carregadas de cachos, mas a acidez das uvas não as tornava apropriadas para a produção de vinho. Apesar disso, os indígenas as usavam para fazer uma bebida à qual acrescentavam mel e frutas. Os missionários espanhóis conseguiram enxertar as variedades autóctones na *Vitis vinifera* europeia. A mais importante delas foi uma variedade chamada, por sua origem, Missión, e que hoje se conhece como Criolla.

Hernán Cortés, governador da Nova Espanha no século XVI, ordenou em 20 de março de 1524 que cada colono plantasse mil pés de videira para cada cem indígenas que habitassem suas terras. Os vinhedos da Nova Espanha estenderam-se da cidade do México até as regiões setentrionais de Querétaro, Guanajuato e San Luis de Potosí, e posteriormente até o Vale de Parras, a Baixa Califórnia, Sonora e Puebla. A produção de vinho atingiu tais cifras tão rapidamente que Felipe II proibiu a produção de vinho naquelas terras para evitar que competissem com os vinhos peninsulares. Foi a primeira das muitas causas do decréscimo na produção vinícola mexicana entre o século XVI e boa parte do século XX.

O ressurgimento dos vinhos mexicanos começou em 1920, embora com vinhos de nenhuma qualidade, aos quais faltava ou sobrava doçura e acidez. A partir de 1940, os avanços técnicos elevaram notavelmente a qualidade do vinho mexicano, e a produção aumentou, especialmente porque muitos agricultores converteram em vinhedos os campos de algodão. Em 1948 foi criada a Associação Nacional de Vitivinicultores. Entre 1970 e 1980, a produção se multiplicou por três. Atualmente, o México tem 70 mil hectares de vinhedos, dos quais se obtêm pouco mais de 45 milhões de litros de vinho. Cerca de 80% das uvas mexicanas destinam-se à destilação. Ainda assim, são produzidos em torno de 200 tipos diferentes de vinho no México.

Os vinhos mexicanos, mais sensuais que finos, têm uma leve acidez e são redondos na boca.

A concorrência interna da tequila e do mescal, e a externa da Califórnia, da Argentina e do Chile, principalmente, não impediram o incremento na produção de vinhos de mesa de qualidade. Muitos deles são exportados, especialmente para os Estados Unidos da América e os países do Golfo do México.

Duas garrafas de L.A. Cetto. A da direita é de Fumé Blanc e a da esquerda é de Cabernet Sauvignon.

AGUASCALIENTES

O estado de Aguascalientes, um dos menos extensos do país, está situado na parte sul do planalto mexicano. Duas cadeias montanhosas o atravessam e formam no centro um amplo vale de clima temperado nas zonas inferiores, a 2 mil metros de altitude, e frio nas superiores. O vale todo, no entanto, está submetido a um forte regime de chuvas durante o verão. Os solos têm textura leve, são pobres em matéria orgânica e ricos em sais solúveis.

Em cerca de 7 mil hectares de vinhedos cultivam-se principalmente as variedades brancas Chardonnay, Muscat Blanc e French Colombard, e as tintas Cabernet Sauvignon, Merlot e Ruby Cabernet.

Em Aguascalientes existem três zonas vitivinícolas: Calvillo, Paredón e Los Romos. Cada uma dessas zonas vitícolas se situa ao redor de uma das três áreas mais populosas do estado: Pabellón de Arteaga, Rincón de Romos e Calvillo. Em Aguascalientes são cultivados pouco mais de 7 mil hectares de vinhedos.

As mais importantes vinícolas da região são: Compañía Vinícola de Aguascalientes, Álamo, Dinastia, La Bordaleza, L.A. Cetto, Los Pioneros, Productos de Uva de Aguascalientes e San Marcos. A maior parte delas também produz conhaque.

Graças a sua qualidade, o vinho de Aguascalientes tem conquistado parcelas do mercado, apesar da dura concorrência das importantes destilarias de aguardente.

Baixa Califórnia

O estado da Baixa Califórnia se situa no noroeste do México, na semidesértica península de mesmo nome, na qual só brota vegetação nos vales graças à umidade das neblinas matinais e das brisas marinhas. O clima é de tipo mediterrâneo, com invernos úmidos e verões secos e temperados.

Garrafa de vinho Ícaro. A Bodega Santo Tomás, a mais antiga e conhecida da zona da Baixa Califórnia, elabora um bom tinto Cabernet Sauvignon e um promissor Chardonnay branco.

Tradicionalmente, a vide tem sido cultivada em cinco vales da Baixa Califórnia: Guadalupe — com seu Vale de Calafia —, Santo Tomás, Rancho Viejo, Redondo e Tamaña. Neles são cultivados 17 mil hectares de vinhedo. Nos últimos anos acrescentou-se a esta relação o município de Ensenada, onde são elaborados vinhos importantes como o Liceaga ou o Vino de Piedra.

Afirma-se que no coração do Vale de Guadalupe, no Vale de Calafia, a cerca de 330 metros sobre o nível do mar, encontram-se as melhores variedades de uva do mundo.

As variedades brancas mais cultivadas nesta zona são Riesling, Chardonnay, Chenin Blanc, Muscat e Gewürztraminer. Entre as variedades tintas predominam Cabernet Sauvignon, Merlot, Pinot Noir e Zinfandel. Nos últimos anos cresce a presença de Barbera, Grenache, Chenin Blanc, Malbec, Nebbiolo, Petit Verdot, Sauvignon Blanc, Tempranillo, Syrah, Petite Syrah e Zinfandel.

Os vinhos da Baixa Califórnia, varietais ou não, são exportados para cerca de 20 países e são vendidos em toda a República do México.

As vinícolas mais importantes da zona são Santo Tomás, Pedro Domecq, Liceaga, San Antonio, Valle de Guadalupe, Casa Bibayoff, Casa de Piedra, Château Camou, Monte Xanic, Mogor Badan, Vinícola L.A. Cetto e Vinícola Tecate.

Coahuila

O território do estado de Coahuila, atravessado por uma cadeia de montanhas e pequenos rios, tem um clima desértico. No verão caem poucas chuvas, de 100 a 200 milímetros, sobretudo nas serras. Nas zonas de cultivo da videira, Parras, Arteaga e Saltillo, a temperatura média anual é de cerca de 20 °C e caem entre vinte e quarenta geadas matinais todos os anos.

As variedades brancas predominantes são Chardonnay, Chenin Blanc, Sémillon e Colombard. Entre as tintas destacam-se Cabernet Sauvignon, Merlot, Syrah, Tempranillo, Uva Lenoir e Rosa del Perú.

Na zona de La Laguna, pertencente a Coahuila e Durango, são cultivados cerca de 500 hectares de vinhedos, a maioria deles dedicada às cepas brancas.

As empresas vinícolas mais importantes da zona são Domecq, Casa Vitivinícola Madero, Casa Ferriño e Vinícola Vitali.

Montanhas da serra de Arteaga: é provável que os primeiros vinhos produzidos no México, pouco depois de 1520, fossem elaborados com uvas colhidas no atual estado de Coahuila de Zaragoza, no nordeste do planalto mexicano.

Durango

Durango é um estado montanhoso com cumes muito elevados, no qual só há terras planas nas zonas norte e central, situadas no planalto mexicano, com algumas planícies. Nelas o clima é muito seco e bastante quente, condições que se suavizam subindo pelas serras, que são frias nos cumes. O chamado Bolsón de Mapimí, no planalto mexicano, tem clima mais quente e menos apropriado ao cultivo da videira.

Na chamada Comarca Lagunera, que pertence aos estados de Coahuila e Durango, cultivam-se cerca de 5 mil hectares de vinhedo ao redor dos municípios de Gómez Palacios, Lerdo e Tlahualillo. Lá o clima é quente, a pluviometria adequada e o solo alcalino, o que favorece a produção de vinhos doces e fortificados. Predominam as variedades Rosa del Perú, Málaga Roja — consumida fresca —, Grenage, Ribier, Carignan, Merseguerra, Rubired, Bola Dulce e Cardinal.

A empresa vinícola mais importante é a Compañía Vinícola del Vergel, nas cercanias de Gómez Palacios, na Comarca Lagunera. Ela produz vinhos como Viña de Santiago, excelente tinto, Verdizo Seco, bom branco, Noblejo, Corina Seco e Vergel Demi Sec. Apesar de alguns vinhos tintos serem produzidos na região, 75% de suas uvas destinam-se a destilados e 12% ao consumo como uva de mesa.

Querétaro

O estado de Querétaro, na parte central do México e próximo à capital, está situado nas vertentes da Sierra Madre Oriental. Seu território, de origem vulcânica, é montanhoso e rico em bacias hidrográficas, lagunas e mananciais. O clima é semiárido, embora as chuvas aumentem com a altitude e no verão.

Os vinhedos ocupam pouco mais de 3 mil hectares. A maioria dos parreirais está localizada na zona de San Juan del Río, que abrange os territórios da capital do estado, San Juan del Río e Tequisquiapán.

Neles cultivam-se as brancas St. Emilion, Chenin, Sauvignon Blanc e Macabeo, e as tintas Cabernet Sauvignon, Pinot Noir, Gamay, Pinot Gris e Malbec.

A Bodegas Hidalgo foi fundada por Francisco Domenech, um imigrante espanhol, e uma de suas velhas adegas leva o nome de La Gitana.

A Finca Doña Dolores, da Freixenet de México, produz vinho espumante em algumas caves no estado de Querétaro que são muito visitadas pelos turistas nacionais.

As produtoras mais importantes são Freixenet de México, Cavas Atonelli, Cavas San Juan, Bodegas Hidalgo, Bodegas Sofimar e Martell.

Sonora

O estado de Sonora localiza-se ao noroeste do México, acima da parte norte da Sierra Madre Occidental e da planície próxima ao golfo da Califórnia. Seu clima varia entre seco e árido nas encostas das montanhas e nas planícies costeiras, e temperado e mais úmido nas cercanias dos cumes.

A zona vitivinícola mais importante é a de Hermosillo. Em 1957 começou-se a cultivar nela a Thompson Seedless, vinda da Baixa Califórnia e de enorme rendimento em climas quentes e muito secos. Graças a ela, em Hermosillo são produzidos vinhos leves e pouco ácidos, muito bons para a elaboração de conhaque. Outras zonas vitivinícolas importantes são Caborca, Bahía Kino e Pesquería. Há em Sonora 28 mil hectares de vinhedos. Os produtores mais importantes são Casa Pedro Domecq e Martell, uma vinícola especializada em aguardentes. Muitas das uvas de Sonora destinam-se à venda como passas por serem pouco ácidas e, em sua maioria, de variedades sem sementes.

Zacatecas

O estado de Zacatecas encontra-se no norte da região central do México. Ele divide o planalto mexicano e possui cumes que superam 3 mil metros de altitude. Quase todo o território goza de clima temperado e semiárido, exceto o nordeste, que é muito seco.

O desenvolvimento da viticultura em Zacatecas é muito recente. Apesar disso, as melhores variedades europeias prosperam adequadamente graças às condições climáticas de sua zona meridional. Muitas horas de insolação e umidade baixa tornam as uvas colhidas na região muito ricas em açúcar, enquanto a temperatura, sempre temperada, as faz amadurecer rapidamente.

Os 6,5 mil hectares de vinhedos de Zacatecas estão situados na parte meridional da meseta do norte, a cerca de 2 mil metros de altitude.

Há no estado duas importantes zonas de cultivo da videira: Ojo Caliente e Valle de la Macarena. Nelas são usadas, sobretudo, as variedades brancas French Colombard, Chenin Blanc, Ugni Blanc, Traminer, Gray Riesling, Sémillon, Sylvaner, Chardonnay, Sauvignon Blanc e Málaga, e as tintas Ruby Cabernet, Petite Syrah, Cabernet Sauvignon, Gamay, Pinot Noir, Malbec e Merlot.

Os principais produtores são Bodegas del Altiplano, Unión Vinícola Zacatecana, Bodegas Puerta de Hierro, Bodegas Antonio Fernández e Casa Hermanos Pisón y Cachola, que elabora um bom tinto Ruby Cabernet e dois brancos, Chenin Blanc e French Colombard.

Embora a região de Zacatecas não tenha uma tradição muito extensa no cultivo da vide, existem atualmente 6,5 mil hectares de vinhedos.

URUGUAI

Em que pese sua reduzida superfície, 176.220 km², o Uruguai produz 90 mil hectolitros de vinho por ano em 10 mil hectares de vinhedos. Seus Tannats, variedade de uva do qual é o maior produtor mundial, gozam de grande prestígio internacional. Na década de 1950 foi chamado de pequeno gigante americano, porque seus vinhedos chegaram a somar 19 mil hectares, nos quais se produziam quase 2 milhões de hectolitros de vinho. Os atuais 10 mil hectares de vinhedos do Uruguai são explorados por mais ou menos 270 viticultores. Deles, 86% possuem menos de cinco hectares de parreirais e apenas 8% contam com mais de 50 hectares.

A indústria vitivinícola uruguaia teve início em meados do século XVII, com cepas Moscatel chegadas da Espanha. Aqueles primeiros moscatéis, cultivados em cercados, foram vendidos como uvas de mesa e serviram para a elaboração de vinhos de consumo familiar. Essa situação se prolongou durante o século XVIII.

Em 1870 um imigrante basco, Don Pascual Harriague, plantou 200 hectares com a variedade francesa Tannat, hoje também chamada Harriague em sua homenagem. Naqueles mesmos

Além de um bom vinho branco para ser bebido jovem, elabora-se no Uruguai um tinto apreciável. Diz-se que as uvas tintas uruguaias são as de maior poder antioxidante do mundo devido à sua composição fenólica.

Este foi um cartaz publicitário do Instituto Nacional do Vinho do Uruguai.

As empresas vinícolas uruguaias são em sua maioria propriedade de famílias italianas ou espanholas que imigraram para o país há gerações. Esses vinicultores pretendem produzir vinhos de qualidade em superfícies de cultivo pequenas, o que lhes valeu o reconhecimento internacional.

anos começaram a ser plantadas outras variedades europeias no Sul do país, como Folle Noire, que foi chamada Peñarol e hoje é chamada Vidiella. Esse nome foi dado em homenagem ao agricultor que, em 1883, obteve a primeira colheita de Folle Noire, em um vinhedo de 36 hectares cujo terreno hoje faz parte de Montevidéu.

O cultivo da vide ocorre no Uruguai em clima temperado, com média anual de 18 °C, 1.055 milímetros de precipitação, elevada insolação, invernos frios e chuvosos, verões quentes e secos, e noites frescas.

Distinguem-se nove regiões vinícolas no Uruguai: Norte, Litoral Norte, Nordeste, Litoral Sul, zona Central, Centro-Leste, Sudoeste, Sul e Sudeste. Nelas, as zonas mais importantes são Canelón, com 60% da produção, San José, Colonia del Sacramento e Artigas. Na zona Sul estão concentrados 90% dos vinhedos, submetidos a uma grande influência marítima.

Afirma-se dos vinhos tintos uruguaios que são os de maior poder antioxidante do mundo devido a sua composição fenólica. Os polifenóis do vinho tinto inibem a oxidação das lipoproteínas de baixa densidade, isto é, o colesterol ruim.

Atualmente predominam as cepas Isabella, Tannat-Harriague e Tannat-Merlot, além de Cabernet Sauvignon, Carignan, Grenache, Cinsault, Pinot Noir, Pinot Blanc, Sémillon, Ugni Blanc, Chardonnay, Syrah, Gamay, Barbera, Trebbiano, Nebbiolo, Riesling e Alicante. Metade da produção é de vinhos tintos, especialmente Tannat; o resto reparte-se entre vinhos brancos (25%), claretes (15%) e rosados (10%).

As principais vinícolas uruguaias são: Ariano, Bella Unión, Beretta, Bouza, Calvinor, Carlos Pizzorno, Carrau, Castillo Viejo, Cerros de San Juan, Farailt Hermanos, Irutia, J. Falcone, Juanicó, Plaza Vidiella, Rincón de Carrasco, Santa Rosa, Stagnari, Toscanini, Uvical, Villa Varela Zarranz, Vinos Finos, Juan Carrau e Viña Catamayor.

O Don Próspero é elaborado na região de Canelón, uma das mais importantes do país.

A UVA TANNAT

Em cerca de 3 mil hectares, quase 30% da superfície de vinhedos do Uruguai, cultiva-se a variedade francesa Tannat. Isso faz do Uruguai o único país do mundo em que se planta essa variedade em grande escala.

Os vinhos Tannat varietais têm uma forte personalidade, mas em cuvés com outras variedades produz vinhos de grande diversidade: Tannat-Cabernet Sauvignon, Tannat-Merlot e Tannat-Cabernet Franc.

O Tannat Reserva é um vinho bem estruturado e balanceado, brilhante, de cor vermelho-escura intensa com tonalidades violáceas, muito aromático, com odores frutosos e muito especiados. Ele tem de passar um ano em barricas novas de carvalho americano após quinze dias de fermentação alcoólica a uma temperatura entre 22 °C e 28 °C e oito dias de pós-fermentação.

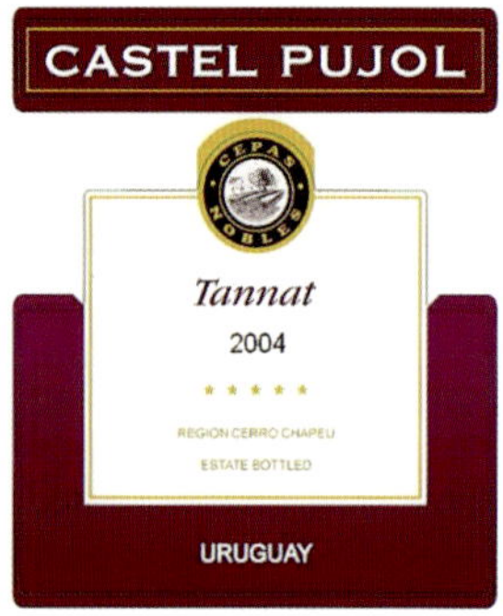

Embora a cepa seja uma variedade originária do Sul da França, o Tannat é considerado o vinho uruguaio por excelência.

As principais empresas produtoras da variedade Tannat são Juanicó, Toscanini, Viña Varela Zarranz, Viña Catamayor, Vinos Finos, Juan Carrau e J. Falcone.

As melhores vinícolas do país usam uva Tannat, como na elaboração do vinho Solar del Paso.

VENEZUELA

A *Vitis vinifera* chegou às terras da atual Venezuela levada pelos jesuítas espanhóis, que plantaram as primeiras cepas em Cumaná, em 1523. Elas se desenvolverem mal, porque o clima excessivamente úmido e quente da Venezuela e as terras ricas em matéria orgânica eram muito pouco adequados ao cultivo de videiras.

Nos últimos anos foram plantados novos vinhedos em zonas como Altagracia, Lagunillas e Barquisimeto.

Na zona de Altagracia, que conta com 365 dias de sol durante o ano, solos pouco férteis e ciclos fixos de chuva e seca, é possível obter até duas ou três colheitas por ano, o que a transforma em capital vinícola da Venezuela. Das 22 variedades diferentes que foram plantadas inicialmente, somente oito se adaptaram ao terreno e apenas três prosperaram adequadamente: Chenin Blanc, Syrah e Tempranillo. Em Humocaro, a região de maior altitude em relação ao nível do mar, a Sauvignon Blanc adaptou-se bem.

A empresa vinícola mais importante de Altagracia, e talvez da Venezuela, é a Pomar. Seus melhores vinhos são o Pomar Reserva Chenin Blanc, um vinho branco seco, o Pomar Tempranillo Varietal, um tinto cor de te-lha, o Pomar Reserva Blanco, elaborado com uvas Sauvignon e Sémillon, e o Pomar Reserva Tinto, de uvas Syrah, Cabernet Sauvignon e Tempranillo.

Em Altagracia estão as vinhas da empresa Pomar, provavelmente a mais importante da Venezuela. A elas pertencem estes vinhedos e uvas.

ÁSIA

A Ásia, com uma superfície próxima a 45 milhões de km² – um terço das terras emersas –, é o maior dos continentes da Terra. Nele vive bem mais da metade dos habitantes que a povoam, cerca de 3,7 bilhões. Em uma cidade desse continente, a turca Catalhuyuk, no centro da península da Anatólia, foram encontrados os restos mais antigos de objetos relacionados ao vinho: tinas que o contiveram há 9.500 anos.

A península de Shandong é a região vitícola mais importante da China.

No entanto, não se dedica uma página sequer à Ásia na maior parte dos livros sobre o vinho. Talvez esqueçam que a China é o quinto país do mundo em superfície de vinhedo, atrás da Turquia, que, com grande parte de seu território na Ásia, tem 570 mil hectares de vinhedos. Ou que o Irã supera também em superfície de vinhedo países como Portugal e Argentina; ou que os vinhedos asiáticos representam 19% do total mundial, ante os 12% da América; ou que países como o Japão, a Índia, a Indonésia, o Líbano e Israel, fora os citados, cultivam importantes superfícies de vinhedos. Em que pese essa enorme superfície de vinhedos, a Ásia produz apenas 5% do vinho mundial, porque a maior parte da produção de suas vinhas,

Duas garrafas de vinho japonês Gin Huang Dao, o principal produtor e distribuidor de vinho na Ásia. As afirmações de muitos cientistas sobre as vantagens sanitárias do consumo moderado da bebida estão influindo favoravelmente nos setores mais jovens ou de melhor situação social e cultural.

especialmente as do Irã, da Turquia e da China, destina-se à venda como uvas de mesa ou passas.

Na Ásia há países como a Indonésia, cujo clima permite obter até três colheitas anuais, mas onde as uvas têm difícil vinificação. Apesar disso, em Hatten, um enólogo francês está conseguindo elaborar excelentes vinhos para um produtor indonésio. Do mesmo modo, na Tailândia e outros países do Sudeste Asiático, a vinicultura enfrenta condições climáticas muito difíceis, e por isso alguns anos ainda vão passar até que suas experiências com distintas variedades de *Vitis vinifera* e híbridas alcancem o resultado desejado.

O tempo de esplendor da vinicultura asiática parece próximo, sobretudo porque aumenta ano após ano o consumo per capita entre seus habitantes. Por enquanto nos ocuparemos separadamente dos cinco países desse continente que merecem um capítulo próprio: China, Índia, Israel, Japão e Líbano.

CHINA

Duas delicadas formas de proteger uma garrafa de vinho na China.

Na China há 500 mil hectares dedicados ao cultivo da videira, o que a faz ser o quinto país do mundo em superfície de cultivo, atrás de Espanha, França, Itália e Turquia. Há poucos anos foram descobertos no leste da China, nas ruínas do templo de Yuchi, vasos usados há 5 mil anos — em pleno Neolítico — para beber vinho. Os inúmeros recipientes encontrados parecem indicar que o consumo de vinho era uma prática muito popular então na região. Mas era vinho de uva? A palavra chinesa jiu designa não só o vinho, mas todas as bebidas alcoólicas derivadas de frutas ou cereais. O surgimento desses objetos só demonstra que os chineses de então dominavam a prática da fermentação de sucos de fruta.

Um rosado da Dynasty, a mais importante produtora de vinho na China. Os consumidores de vinho na China costumam ser homens de 25 a 35 anos, com cargos executivos e frequentes contatos com estrangeiros.

O consumo tradicional de vinho de uva quase inexistiu na China. Hoje, seu consumo está aumentando rapidamente, em especial nas cidades, desde que ficou provado que os habitantes de países como França, Itália ou Espanha, consumidores de vinho, sofrem menos problemas cardiovasculares do que os da China. O consumo de vinho é até uma tendência da moda entre os jovens. O governo chinês calcula que em 2010 a China consumirá mais de 26 milhões de hectolitros de vinho, isto é, a metade da produção espanhola. Talvez por isso os 2 mil hectolitros de vinho que a China produzia por ano durante séculos tenham aumentado para 100 mil em 1966, 500 mil em 1980, 1 milhão em 1981, 1,5 milhão em 1984, 2,5 milhões em 1993, 3 milhões em 1995 e 13 milhões em 2006, com um crescimento anual mantido acima de 10%. Dessa importante produção, seis vitivinicultores, dos 500 que há no país, produzem 54,6%. O primeiro deles e o mais importante é a Dynasty, que produz vinho tinto de Cabernet Sauvignon, dois tipos de vinho branco — seco e muito seco —, de Muscat, Riesling e Carignan, e conhaque. Foi fundada em 1980 e conquistou mais de uma dúzia de prêmios em concursos e exposições internacionais de vinicultura.

ÍNDIA

As 39 vinícolas da Índia produzem anualmente pouco mais de 6,5 milhões de litros de vinho consumidos pelos seus habitantes. Mais 2 milhões de litros são importados, 500 mil dos quais são de vinhos espumantes. O consumo de Mumbai, Delhi, Bangalore e Goa representa 80% do total de um país que tem mais de 1 bilhão de habitantes que apenas consomem 0,07 litro por pessoa/ano.

Como esta garrafa de Vinhedos de Grover, na Índia são elaborados vinhos de todo tipo: de consumo, de mesa, espumantes, fortificados, tipo xerez ou porto, aromáticos etc.

Em seus mais de 3 milhões de km² de superfície, a Índia cultiva atualmente cerca de 600 mil hectares de vinhedo, dos quais obtém anualmente 1,6 milhão de toneladas de uva, grande parte delas dedicadas ao consumo como uva de mesa ou passas, apesar de a elaboração do vinho ser conhecida na Índia há 5 mil anos.

Uma vinícola, Château Indage, no Vale Alto de Sahyadri do Maharashtra ocidental, começou a fabricar vinho em 1980 usando cepas francesas, produzindo, por exemplo, um bom vinho branco com a Chardonnay. Mais tarde, sem abandonar a produção de vinhos de mesa, iniciou a produção de espumantes. A adega vende por ano 3 milhões de garrafas, a maior parte delas destinada à exportação. Além dela, destacam-se Vinhedos de Grover e Vinhedos de Sula na produção de vinhos de qualidade. Outros de menor importância completam a atual produção anual de vinho na Índia: mais de 65 milhões de hectolitros.

Grover, em Dodballapur e em Bangalore, tem 200 hectares de vinhedo e produz bons vinhos, os melhores dos quais destinados também à exportação.

Sula, em Nashik, elabora vinhos muito bons com a Chenin Blanc, mas foi o seu Sula Sauvignon Blanc 2004 o primeiro vinho indiano a merecer honras em concursos estrangeiros. Os Sula brut, Sula seco e Sauvignon Blanc foram suas últimas contribuições ao mercado.

Rani Gold é o nome que tem na Índia um vinho importado de Gerona e que figura nos anúncios como perfeito para acompanhar comidas com curry.

A Vinhos de Flemingo elabora bons tintos com Shiraz e Sauvignon Blanc.

Uma região da Índia que apresenta um bom futuro vinícola é Sangli (no Oeste do país), mas sua complicada orografia e seu clima variado estão forçando os viticultores a experimentar muitas cepas diferentes antes de conseguir vinhos de autêntica qualidade.

As variedades destinadas à vinificação mais plantadas nos vinhedos indianos são Shiraz, Cabernet Sauvignon, Pinot Noir e Merlot, para os tintos, e Chenin Blanc, Sauvignon Blanc, Ugni Blanc, Viognier, Chardonnay e Riesling, para os brancos.

ISRAEL

Não há contradição alguma entre as leis kosher e o consumo de vinho fino. Para que um vinho israelense seja certificado como kosher, ele deve se ajustar a vários requisitos, especialmente quanto à idade das cepas e ao método de lavradio. Estas garrafas contêm vinho kosher.

As tribos nabateias cultivavam a vide e produziam vinho para vendê-lo às caravanas que atravessavam o Oriente Próximo naquilo que hoje é o deserto de Neguev, um vale rochoso abrasado pelo sol. Após mais de 1.500 anos sem cultivo e graças à tenacidade de um grupo de viticultores israelenses, hoje prosperam em Israel, junto à rodovia nacional 40, cepas de Merlot, Cabernet Sauvignon, Pinot Noir e Chardonnay. Isso é possível pela irrigação por gotejamento controlado por computador, pela fertilização e por velhas técnicas nabateias para fixar a areia do deserto. O vinhedo requer menos água que outros cultivos e uma condição que ocorre no deserto: grande diferença de temperaturas entre o dia e a noite. A vinha do deserto, com apenas 10 hectares plantados a 500 metros de altitude, produziu a primeira safra importante no ano 2000. Hoje, vinhos enriquecidos com os mostos provenientes de uvas do deserto são vendidos a bom preço nos Estados Unidos e na Europa.

Em Israel são consumidos pouco mais de quatro litros por pessoa ao ano. O vinho preferido é o Riesling Esmeralda, um branco semisseco, mas o consumo de vinhos secos e de boa qualidade está aumentando. Também são cultivados Cabernet Sauvignon, Merlot, Sauvignon Blanc e Chardonnay. Dessas e de outras uvas cultivam-se pouco mais de 3 mil hectares de vinhedos, que produzem cerca de 50 mil toneladas de uva por ano.

O país está dividido em cinco regiões vitivinícolas, cujos nomes devem

Acima, os vinhedos situados em zonas montanhosas recebem algumas nevadas benéficas. Abaixo, rótulo do vinho Yarden da Galileia elaborado a partir do cepa Syrah.

aparecer nos rótulos dos vinhos destinados à exportação: Galil — com as colinas de Golã —, Colinas da Judeia, especializada em vinhos kosher doces, Shimahon, Negev e Shomron, perto da costa mediterrânea, com vinícolas importantes, como Binyamina e Zichron Ya'acov. O mercado de vinhos kosher, apesar de sua contínua expansão, conta com menos exportações de Israel desde que se passou a elaborá-los em países como Espanha, Argentina ou Estados Unidos.

Há mais de 200 produtores de vinho em Israel. Os mais importantes são Vinícola de Alon, Vinhedo de Amphorae, Vinícola de Barkan, Vinícolas de Carmel Mizrachi, Domaine de Castel, Vinícola das Colinas de Golã, Vinícola de Saslove e Vinhos de Tzora, nas colinas de Sansão.

JAPÃO

Cerca de 130 milhões de habitantes, que consomem 2 litros de vinho por habitante ao ano, povoam as mais de mil ilhas do Japão. Distribuídas numa faixa de 17° de latitude, elas estão submetidas a condições climáticas muito diversas, tanto de chuvas quanto de temperatura média anual.

O Japão produz tradicionalmente bebidas alcoólicas, como os vinhos feitos de arroz ou ameixa. Nos últimos anos, o vinho de uvas, basicamente o produzido na prefeitura de Yamanashi, está ganhando adeptos nas grandes cidades. A produção em massa de vinho de uva iniciou-se no Japão há apenas 50 anos, mas não ganhou importância industrial até 1990, quando se consolidaram as 50 empresas vinícolas existentes no país.

Há no Japão cerca de 30 mil hectares de vinhedos dos quais são obtidos anualmente 250 mil hectolitros de vinho de pouca qualidade a partir de cepas europeias, asiáticas e americanas. A variedade mais cultivada no país é a uva branca Koshu, de origem europeia, mas que, atualmente, só se encontra no Japão, onde foi introduzida há 900 anos.

Certificado de prêmio que um vinho italiano ganhou no Japão; sinal do interesse crescente do país oriental pela bebida.

Os vitivinicultores japoneses enfrentam graves inconvenientes: umidade muito alta, precipitações abundantes durante a estação de crescimento da uva, solos ácidos e férteis, além de pouca e

Os vinhedos japoneses conquistam espaço em um país onde o solo agrícola tem um preço altíssimo.

muito cara superfície dedicada ao cultivo. As tentativas de aclimatar variedades espanholas, como Albariño e Tempranillo, por exemplo, fracassaram por causa da alta temperatura ambiente e das longas temporadas de chuva durante os meses de junho e julho. Mas Chardonnay, Sémillon, Riesling, Cabernet Sauvignon, Merlot, Muller-Thurgau, Red Millenium e Kerner estão se adaptando de modo aceitável, sempre que sejam cultivadas em pérgolas ou espaldeiras para protegê-las do excesso de chuva. No entanto, as variedades mais cultivadas continuam sendo Delaware, Campbell Early e Muscat Bailey, depois da Koshu.

A adega mais antiga do Japão talvez seja a de Kizan, criada há 60 anos por antepassados dos proprietários de hoje. Das 230 restantes, as mais importantes são Mercian, Suntory e Sapporo.

LÍBANO

Com população de cerca de 4 milhões de habitantes e superfície de pouco mais de 10 mil km², a República do Líbano está situada na costa leste do Mediterrâneo, no Crescente Fértil. O país é uma ponte cultural e culinária entre o Oriente e o Ocidente, tendo exercido sempre uma influência desproporcional à sua reduzida extensão territorial.

O Líbano foi talvez a primeira região produtora de vinho do mundo. A Bíblia afirma que foi ali onde Noé produziu e bebeu o primeiro vinho de uva da histó-

Imagem de vinhedos no inverno. Das velhas cepas do Líbano procedem algumas das mais conhecidas variedades europeias, como Chardonnay e Sémillon, derivadas, respectivamente, de duas variedades libanesas, Obeideh e Merwah, levadas à França pelos cruzados.

ria. Dali o cultivo se estendeu para a Babilônia, a Anatólia e o Egito Superior antes de chegar à Grécia, Israel e outros países mediterrâneos. Foram famosos os vinhos doces libaneses, transportados em ânforas por todo o Mediterrâneo e tão apreciados que o mais grandioso templo de Baalbeck era dedicado ao culto de Baco-Dioniso, o deus do vinho.

Foi no Líbano que Cristo converteu a água em vinho, nas bodas de Canaã, e ali surgiu a tradição de rodear os mosteiros cristãos de vinhedos. Com essa cultura vitivinícola milenar (e com tal influência da França que o francês é uma das línguas oficiais), não é de estranhar que haja vinhedos distribuídos por todo o Líbano. Suas duas zonas de cultivo mais importantes são o vale de Bekaa (onde se encontram Ksara, Château Kefraya e Massaya) e a região de Monte Líbano (com os Châteaux Fakra e Musar).

As adegas de Ksara (kasar significa fortaleza) foram propriedade dos francos nos tempos das Cruzadas e, em 1857, adquiridas pelos jesuítas, quando o vinho elaborado nelas já era famoso. A atual vinícola conta com 20 hectares de vinhedo em Ksara e 240 em Tanail; neles, as cepas mais abundantes são Cabernet Sauvignon, Syrah, Sémillon, Grenache, Sauvignon Blanc, Cinsault e Merlot.

No vale de Bekaa, os vinhedos do Château Kefraya ocupam 300 hectares que se prolongam até o pé do monte Líbano, numa sucessão de terraços e colinas situados a mil metros de altitude aproximadamente. Uma tecnologia muito avançada e condições climáticas excepcionais permitem a obtenção de vinhos especiais e de verdadeira qualidade com as uvas Carignan, Syrah, Mourvèdre, Grenache, Cinsault, Cabernet Sauvignon, Clairette e Chardonnay.

Rótulo do vinho de Musar, a primeira vinícola libanesa a tornar-se membro do Ofício Internacional da Vinha e do Vinho. O Château Musar só comercializa seus vinhos quando eles têm no mínimo sete anos de guarda. Então, vende um terço da produção dessa colheita.

Outras vinícolas importantes são Massaya, em Tanail (uma empresa franco-libanesa que obteve sua primeira colheita em 1999), Château Fakra, Caves Nakad (um pequeno vinhedo plantado durante o protetorado francês de 1921 a 1934), Clos St. Thomas e, sobretudo, Château Musar, que produz excelentes vinhos tintos e brancos de estilo francês. Seus 180 hectares de vinhedos estão situados a 1 mil metros de altitude, nas encostas do monte Hermon.

EUROPA

Embora a evidência mais antiga do cultivo da *Vitis vinifera* remonte a 4 mil anos antes de Cristo nas atuais terras da Síria e do Egito, sabe-se que, há mais de 7 mil anos, os homens que habitavam as terras da bacia mediterrânea descobriram a força que se encerrava no fruto da vide. Desde então, o vinho tem sido bebida, alimento, euforizante, consolo e laço de amizade entre os povoadores das terras mediterrâneas: Atenas e Roma associaram o vinho aos deuses Dioniso e Baco; as Antigas Escrituras, ao patriarca Noé e à alegria do fim do Dilúvio; e o Novo Testamento, a Cristo nas Bodas de Canaã e na Santa Ceia. Não é de se estranhar que egípcios, cartagineses, gregos, romanos e cristãos tenham povoado de vinhas as terras que bordejavam o Mare Nostrum. Roma as difundiu por todas as terras de seu Império, e a Igreja cristã converteu o vinho em parte tão essencial da cultura do Ocidente que hoje é possível usar cultura mediterrânea e cultura da vide como termos equivalentes.

A Europa, na zona temperada, conta com clima e terras especialmente adequados ao plantio da videira: bastante insolação, temperaturas muito variáveis e solos favoráveis ao cultivo da parreira. Os solos são siliciosos ou calcários, mas sempre pouco ricos em matéria orgânica, levemente alcalinos, bem drenados e com níveis baixos, embora apreciáveis, de magnésio, potássio e fósforo.

Na Europa cultivam-se inúmeras variedades de uva procedentes da *Vitis vinifera*. Após a epidemia de filoxera que arrasou os vinhedos europeus, as vinhas começaram a ser enxertadas em raízes de cepas americanas, resistentes a essa praga.

Fruto disso e após séculos de cultivo, com pouco mais de 3,5 milhões de hectares dedicados às videiras, hoje se elabora na Europa mais de 90% do vinho que se produz no mundo. Os vinhedos existem especialmente na Espanha, na França e na Itália, seguidas de Portugal, Grécia, Alemanha, Suíça, Áustria e Hungria, além de cultivos de alguma importância na Bulgária, Rússia, Bélgica, Grã-Bretanha, Holanda, Croácia, Eslovênia, República Tcheca, Romênia, Geórgia e Luxemburgo. Fora Espanha, França e Itália, cujos vinhos são conhecidos no mundo inteiro, é justo relatar que a Alemanha se destaca por seus vinhos brancos muito delicados e frutados, e Portugal por dois grandes vinhos doces, o porto e o madeira.

Nos últimos anos, Estados Unidos, Argentina, Chile, Austrália, África do Sul, México, Brasil, Nova Zelândia e outros países não europeus começaram a conquistar os mercados vinícolas em detrimento do Velho Continente, especialmente porque em breve os Estados Unidos serão o país líder no consumo mundial de vinho, acima de quem o foi durante séculos, a França.

Nos últimos anos a França consolidou-se como o principal país produtor de vinho do mundo, com 53 milhões de hectolitros, à frente da Itália, com 51, e da Espanha, com 31.

ALEMANHA

É bem possível que as primeiras plantações de *Vitis vinifera* na Alemanha tenham sido feitas pelos romanos nas bacias do Reno e do Mosela. No século XIX, Rheingau, no distrito do Reno, produzia o vinho mais caro do mundo na época com a Riesling, uma variedade que ocupa um lugar privilegiado nos melhores vinhedos do mundo, talvez a mais nobre das variedades brancas.

A Alemanha cultiva mais de 111 mil hectares de vinhedos e produz 103 milhões de hectolitros de vinho por ano, 90 milhões deles na categoria Qualitätswein, a melhor na classificação de vinhos alemães. Destacam-se as seguintes

- *Deutscher Tafelwein,* vinhos de mesa.
- *Deutscher Landwein,* vinhos da terra.
- *Qualitätswein bestimmter Anbaugebiete* (QbA), vinhos com denominação de origem.
- *Qualitätswein mit Prädikat* (QmP), vinhos de qualidade superior. Estes últimos, por sua vez, subdividem-se em *Kabinett, Spätlese, Auslese, Beerenauslese, Trockenbeerenauslese* y *Eiswein* (vinho de gelo), citados em qualidade crescente.

Apesar de serem cultivadas na Alemanha 140 variedades de uva (40 usadas em vinhos tintos e 100 em brancos), 20,2% da superfície de vinhedo está ocupada pela Riesling, seguida da Müller-Thurgau, com 14,7%, e das uvas tintas Blauer Spätburgunder, com 11,1%, e

Neste vinhedo em Saale-Unstrut, entre fileira e fileira de cepas, um corta-vento suaviza a dureza do clima da região, adiantando o tempo da vindima.

Dornfelder, com 8%. Cultivam-se também em proporções consideráveis Sylvaner, Blauer Portugieser, Kerner, Grauerburgunder e Weisserburgunder.

A produção de vinhos Qualitätswein ocorre em 13 regiões estabelecidas da Alemanha: Ahr, Baden, Francônia, Hessische Bergstrasse, Mittelrhein, Mosel-Saar-Ruwer, Nahe, Palatinado, Rheingau, Rheinhessen, Saale-Unstrut, Saxônia e Württemberg. Há outras seis produtoras de Tafelwein: Albrechtsburg, Bayern, Neckar, Oberrhein, Rhein-Mosel e Comarca do Stargarder. As mais importantes são:

BADEN

Com 15 mil hectares de vinhedo, é a terceira região vinícola da Alemanha. Foi a primeira até a filoxera destruir

Uma garrafa de Nordheim Riesling Kabinett Sonntagsberg de 2002. A maior parte da produção alemã de vinho destina-se à exportação, apesar de a própria Alemanha importar uma grande quantidade de vinho.

seus vinhedos, e, atualmente, seus vinhos de mesa são os mais consumidos do país. As cepas de uva branca ocupam 75% dos vinhedos, e uma delas, a Müller-Thurgau, representa 40% do total. Utiliza-se a Spätburgunder, nome alemão da Pinot Noir, para produzir vinhos tintos, e Pinot Gris, à qual chamam Rülender, para os brancos. Quase todo o vinho da região é produzido em adegas cooperativas.

Rótulo de Varnhalt, um vinho elaborado com a variedade de uva Riesling.

HESSE RENANO

Em Rheinhessen, aonde a *Vitis vinifera* chegou com os romanos, há 25 mil hectares repartidos entre 165 vinhedos, o que faz dela a região vinícola mais extensa da Alemanha, embora produza menos que a Renânia-Palatinado. Seus vinhos tiveram maior fama no passado do que atualmente, especialmente pela qualidade que tinha então, ao que parece, o Liebfraumilch, hoje um vinho muito desigual e quase sempre excessivamente doce. Seus melhores vinhos atuais procedem da zona de Nierstein, onde as uvas Riesling geram bons vinhos, suaves e frutados, como o agradável Niersteiner. Cultivam-se também Müller-Thurgau e Sylvaner para os vinhos brancos e, para os tintos, Blauer portugieser e Spätburgunder, que dá origem a um dos melhores tintos alemães.

MOSELA-SARRE-RUWER

Esta região conta com 12 mil hectares de vinhedos cultivados por 11 mil viticultores. Nela se produz apenas vinho branco, mais da metade com a Riesling e 23% com a Müller-Thurgau. Quase todos os vinhos desta região são excelentes, mas há alguns moselas açucarados de muito baixa qualidade. Dentre os excepcionais, a região oferece vinhos brancos de tipos muito diversos, embora os melhores sejam sem dúvida os de Riesling. Foram excepcionais as safras de 1990 e 1994.

Cerca de 60% das uvas cultivadas nos vinhedos próximos ao rio Mosela são da variedade Riesling, como as que estão na época de amadurecimento nesta imagem.

Uma garrafa de 2002 de Schweigener Sonnenberg Chardonnay Kabinet, do vinhedo mais meridional da Renânia-Palatinado, a região vinícola mais "francesa" da Alemanha.

Alguns vinhos de Rheingau levam brasões nobiliários em seus rótulos.

PALATINADO

Rheinpfalz (ou Renânia-Palatinado) conta com 23 mil hectares de vinhedos e é a região com maior produção de vinho da Alemanha. Isso ocorre graças ao seu clima de tipo mediterrâneo, com 1.800 horas de insolação por ano e uma temperatura média de 11 °C. Nela, 11,5 mil vitivinicultores produzem 2,5 milhões de hectolitros de vi-nho por ano. São produzidos muito bons vinhos de Riesling, fortes e aromáticos, outros bons brancos de Kerner, Morio-Muscat, Müller-Thurgau e Sylvaner, e poucos vinhos tintos de Blauer portugieser, Domfelder e Pinot Noir.

RHEINGAU

É uma pequena região na qual se produzem excepcionais vinhos brancos de Riesling, que só podem ser comparados aos de Mosela. Há nela cerca de 3 mil hectares de vinhedos com cujas uvas são elaborados anualmente 200 mil hectolitros de vinho, sendo 160 mil de Riesling. Cultivam-se também Müller-Thurgau, 6%, Spätburgunder, 5%, Ehrenfelser, 3%, e Kerner. Como nessa região a uva Riesling prospera como em nenhum outro lugar, o vinho Riesling de Rheingau é um líquido maravilhoso: frutado, fresco, refinado e, nos melhores casos, apto ao armazenamento durante muito tempo.

Na região de Rheingau foram produzidos os primeiros vinhos elaborados de colheitas tardias, e nela foi criada a maior parte da atual legislação alemã sobre vinhos. À direita, uma garrafa de Vallrads Sommer, de 2000, produzido em Rheingau com a uva Riesling.

SAALE-UNSTRUT

É uma pequena zona cujos vinhedos são os mais setentrionais da Alemanha, o que os situa entre os mais ao norte de toda a Europa. A dureza do clima continental força os viticultores a realizar a vindima quanto antes possível, sem dar tempo para que as uvas se enriqueçam em açúcar. Por isso seus vinhos são secos e, na maior parte dos casos, bastante ácidos. Como nas demais regiões alemãs, são abundantes as variedades brancas, dando bons resultados de produção a Müller-Thurgau, embora se obtenham melhores vinhos de Sylvaner e Riesling. Produz-se um pouco de vinho tinto de aroma muito agradável, mas com certa dureza no paladar, com a uva Blauer portugieser.

As temperaturas ideais para degustar esses vinhos são:

- Os muito doces, como o Eiswein, de 6 °C a 8 °C.
- Os brancos jovens, como o Kabinett, e os rosados, de 8 °C a 10 °C.
- Os brancos tipo Auslese, Spätlese ou Halbtrocken, de 10 °C a 12 °C.
- Os tintos jovens, como os de Blauer portugieser, de 11 °C a 13 °C.
- Os tintos fortes, como Spätlese, de 13 °C a 15 °C.
- Os tintos maduros, de 14 °C a 16 °C.

Para os vinhos alemães de Mosel-Saar-Ruwer 1990 e 1994 foram anos excepcionais. Para o resto dos vinhos alemães, 1990 foi também um ano excepcional.

ÁUSTRIA

A maior parte dos vinhedos austríacos concentra-se no Leste e no Sudoeste do país. Muitos deles prolongam-se fora de suas fronteiras políticas, por territórios do antigo Império Austro-Húngaro. Perdidos os vinhedos dos velhos tempos, foram os monges medievais que os replantaram no século X. Atualmente há cerca de 45 mil empresas que produzem anualmente 2,8 milhões de hectolitros de vinho a partir de 50 mil hectares de vinhedos. É uma produção que não cobre a demanda interna de um país no qual são consumidos 37 litros de vinho por pessoa ao ano.

Na Áustria bebe-se principalmente vinho branco, de preferência vinhos do ano, cuja presença nos bares é

Cepas de Blaufränkisch na região de Mittel-Burgenland, com 2 mil hectares de vinhedo. Essa terra possui invernos frios, um pouco úmidos e longos, mas também verões quentes, elevada insolação e o efeito moderador do lago Neusiedler, que a tornam ideal para a produção de vinhos tintos.

Os vinhos austríacos estão alcançando prestígio graças à qualidade obtida com a Grüner Vetliner. Suas exportações anuais beiram 90 milhões de litros. À esquerda, garrafa de Gelber Muskatell do ano 2000.

anunciada por bandeirinhas com a palavra *Huerigen*. São vinhos frescos, claros, leves e frutados.

Os vinhos austríacos são classificados em três grandes categorias: *Tafelwein*, vinho de mesa que deve ter pelo menos 11,5° de álcool; Landwein, equivalente ao *vin de pays francês*; e *Qualitätswein*, vinho feito com variedades selecionadas e em regiões cujos nomes devem aparecer no rótulo. Os *Prädikat* são vinhos de qualidade com normas estritas, em cujos rótulos deve constar, além da safra, o tipo: *Kabinett*, sempre seco; *Spätlese*, outro tipo de seco; *Auslese*, um pouco doce, e seco caso apareça como *Trocken*; *Beerenauslese* e *Trockenbeerenauslese*, sempre doces; e *Ausbruch*, vinho de sobremesa.

Há 16 zonas vinícolas divididas em quatro grandes regiões: Baixa Áustria (*Niederösterreich*, *Burgerland*), Estíria (*Steiermark*) e Viena (*Wien*). A mais importante delas é a Baixa Áustria.

Um vinhedo em Weinviertel, na Baixa Áustria. Weinviertel produz um terço dos vinhos austríacos.

Baixa Áustria

É a grande produtora do país, com 75% dos vinhedos. A variedade predominante é a uva branca Grüner Vetliner. Os melhores vinhos são os das regiões de Wachau (em especial os *Kremser* e os *Dünsteiner*), Weinviertel (a maior das 16 zonas e produtora de 30% dos vinhos austríacos), Kamptal (onde são elaborados os excelentes, ácidos e picantes vinhos de Grüner Vetliner), Thermen (a região mais meridional da Baixa Áustria, com excelentes vinhos brancos encorpados) e no entorno de Bad Vöslau, onde a cepa Portugieser dá origem ao excelente *Vöslauer*.

BÉLGICA

Uma taça de vinho tinto produzido por Philippe Grafé, proprietário do Domaine de Chenay, perto de Namur. O plano financeiro da empresa é produzir cerca de 80 mil garrafas de vinho caso se obtenham 60 hectolitros por hectare.

Afirma-se que o vinho da Bélgica é pouco mais que uma utopia, apesar de haver referências da existência da *Vitis vinifera* em suas terras já no século IX e de ter havido cultivo de vinhas em Brabante antes do século XII. No entanto, seu momento de esplendor foi entre os séculos XIV e XVI, quando vendia seus vinhos para a Holanda e Flandres.

Apesar de a Bélgica ter uma indústria vinícola há um século, as más condições climáticas e a concorrência dos vinhos franceses fazem que sejam cultivados apenas cerca de 100 hectares de vinhedos em todo o país.

A Bélgica conta com três *Appellations d'Origine Contrôlée* (AOC), à semelhança das francesas. A mais importante delas é a *Hageland Appellation Contrôlée*, situada na província de Brabante. Seus melhores produtores são Hageling de Tienen, Wijnhoeve Boschberg de Scherpenheuvel, Wijnhoeve Elzeboch, Wijnkelder Kluisberg de Assent e Wijnkasteel Genoels-Elderen, que conta com 16 hectares de vinhedo.

Apesar da pequena extensão de vinhedos situados fora de estufas, os nomes de algumas zonas de produção são conhecidos pelos amantes do vinho, como Torgny, Trazegnies, Thuin, Namur, Villers-la-Ville, Thorembais-les-Béguines ou Hageland.

As cepas mais empregadas são Müller-Thurgau, Pinot Blanc, Pinot Gris, Auxerrois (abaixo), Kerner, Riesling e Sieger para os vinhos brancos, e Pinot Noir, Gamay e Dornefelder para os tintos.

BULGÁRIA

Na mesma latitude da Toscana italiana, a atual Bulgária, cujo território já contava com uma velhíssima tradição vinícola, precisou replantar seus vinhedos após cinco séculos de dominação turca que terminaram com a Primeira Guerra Mundial. Não por acaso, a Bulgária foi uma grande exportadora de vinhos durante a época comunista, pois enviava anualmente 5 milhões de hectolitros de vinho para a URSS. Atualmente, suas cifras de exportações situam-se em torno de 1 milhão de hectolitros para a Grã-Bretanha, a Alemanha e a Rússia, considerando-se que o país tem gasto alguns anos replantando seus velhíssimos vinhedos com cepas importadas da França e da Itália a fim de rejuvenescê-los.

Só 2% do vinho produzido na Bulgária estão registrados em uma Denominação de Origem Controlada, apesar de serem 20 as regiões controladas. Não é a elas, todavia, que remetem os rótulos de seus vinhos, mas à variedade de uva empregada. A predominante é uma uva branca local, a Dimiat, que garante boa produção e vinhos de excelente qualidade, leves, ácidos e muito solicitados no exterior.

Também têm êxito os cultivos da Cabernet Sauvignon, espalhada por todo o país; da uva tinta local Pamid, da qual se obtém um vinho tinto de bom paladar e excelente cor, o melnik, que ganha muito com a idade; da Rosenthaler Riesling, abundante no vale de Rosas; da Hemus, um moscatel derivado de Miket, cultivado principalmente em Karlovo; e da Marvud — preto, em búlgaro —, cujo vinho forte pode envelhecer bem em adega por uns poucos anos. Também são produzidos na Bulgária vinhos espumantes (champaski) que são vendidos sob a marca Iskra.

Os melhores produtores de vinho búlgaros são Assenovgrad, Bozoukov, Crimson Hill, Damjanitza, Domaine Boyar, Haskovo, Khan Krum, Lovico, Magaru, Menada, Novoselska Gamza, Rousse, Sliven, Suhindol e Svischtov.

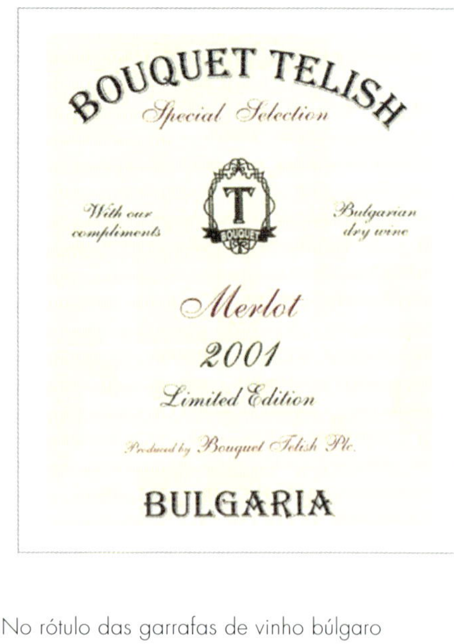

No rótulo das garrafas de vinho búlgaro destaca-se a variedade de uva utilizada, e não a zona de procedência exata do vinho.

CROÁCIA

Garrafas de vinho croata, como estas de Hvar, são vendidas em muitos tipos distintos, embora os brancos costumem ser maioria e de melhor qualidade.

Na Croácia a vide é cultivada desde os tempos da Grécia. Os monges cistercienses da Idade Média impulsionaram e aperfeiçoaram o cultivo em torno dos mosteiros, mas esses séculos de esplendor desapareceram com o Império Otomano. Os vinhedos voltaram a crescer durante o domínio da Croácia pela República da Iugoslávia, de 1945 a 1991, e estão crescendo muito mais desde sua independência.

No entanto, o vinho da Croácia seria praticamente desconhecido se os vinicultores norte-americanos não tivessem descoberto que a Zinfandel, a cepa nacional que enriquece os vinhos californianos, teve origem nos vinhedos croatas. A Zinfandel é idêntica à Crljenak kaπtelanski, a variedade autóctone mais cultivada no país fora a Plavac mali, cruzamento de Crljenak com Dobricic. Atualmente, as principais variedades cultivadas na Croácia são Chardonnay, Debit, Franconia, Graπevina — um Riesling —, Grk, Kujundzusa, Malvasia Istriana, Marastina, Moscatel Branco, Pinot Bianco, Pinot Grigio, Poπip, Riesling Renano, Rukatac, Sauvignon, Sylvaner Verde, Traminer, Trbljan, Zlatan Otok, Vrbnika Ωlahtina, Vugava e Zweigelt, entre as brancas; e Babic, Cabernet Sauvignon, Crljenak kaπtelanski, Dobricic, Frankovka, Gamay, Merlot, Plavac Mali, Plavina, Refosco, Terrano e Zlatan Plavac, entre as tintas.

São controversos os dados sobre a viticultura na Croácia, mas os mais prováveis dão uma extensão de 45 mil hectares, a maior parte deles plantados com castas autóctones, e uma produção anual de cerca de 2,5 milhões de hectolitros de vinho, 60% dos quais são brancos.

Em 1986 a Croácia se tornou o primeiro país balcânico a dispor de um sistema de classificação para seus vinhos:

- Vinhos de mesa sem procedência, *stolno vinos bez porijekla.*
- Vinhos de mesa de uma região determinada, *stolno vinos kontroliranim porijeklom.*
- Vinhos de qualidade controlada, *kvalitetno vinos kontroliranim porijeklom.*

Um vinhedo em Samobor no qual prosperam variedades autóctones como a Crljenak kaπtelanski, origem da Zinfandel californiana.

– Vinhos de qualidade superior *vrhunsko vinos kontroliranim porijeklom.*

A Croácia vinícola divide-se em duas zonas: a interior, Kontinentalna Hrvatska, e a costeira, Hravatsko Primorje. Os vinhos produzidos na zona interior são na maioria brancos aromáticos e com acidez pungente, até mesmo agressiva e com algo de acidez residual. Encontram-se também espumantes elaborados pelo sistema tradicional ou em grandes garrafas. Os melhores vinhos são os que procedem de Graševina. Na zona costeira destacam-se os vinhos brancos obtidos de Malvasia Istriǎna, o moscatel branco de Momiano e os tintos elaborados com Refosco, Terrano e, ultimamente, Cabernet Sauvignon e Merlot.

Em algumas zonas do país, como Island Hvar, os vinhedos são cultivados em terraços, por causa da orografia da região, abundante em encostas muito inclinadas.

Há mais de mil vinícolas na Croácia, enquanto decai a importância das cooperativas e das grandes adegas com participação estatal. Algumas das mais importantes são: Badel 1862, a cooperativa Dalmacijavino, Mike Grgich, Vinoplod, Zlatan Plenkovic, Zvonimir Tomac, Davor Zdjelarevic, Vlado Krauthaker, Ivan Enjingi, Franco Milos e Zlatan Otok.

ESLOVÁQUIA

A República Eslovaca tem cerca de 15 mil hectares de vinhedo assentados nas encostas dos Pequenos Cárpatos. Como suas condições climáticas favorecem o cultivo de variedades brancas, estas representam 75% do total, sendo

A Comunidade Europeia estipulou 20 mil hectares de vinhedo para a Eslováquia, mas o país dificilmente conseguirá superar os 15 mil atuais.

a Riesling Itálica e a Veltliner Green responsáveis por 50% delas. Completam os vinhedos as uvas brancas Chardonnay, Müller-Thurgau, Pinot Gris, Riesling Renano e Sauvignon Blanc, as aromáticas Gewürztraminer, Irsay Oliver e Muscat Ottonel, e as tintas Frankovka e St. Laurent. Ficam fora desta lista as variedades empregadas na elaboração dos vinhos de Tokaji: Furmint, Lipovina e Muscat Lunel.

A Eslováquia importa anualmente cerca de 250 mil hectolitros de vinho e produz 700 mil hectolitros, classificados como vinhos de mesa, vinhos de qualidade e vinhos de Tokaji.

Tokaji ou Tokay é o nome do vinho mais famoso da Eslováquia, o único do país que está inscrito em uma Denominação de Origem Controlada. É elaborado na Slovak Tokay Region a partir da podridão nobre de uvas Furmint (70%), Lipovina (25%) e Muscat Lunel (5%). A *Slovak Tokay Region* é uma pequena parte (1,75 km²) da região húngara de Tokaj.

Os seguintes produtores elaboram 85% do vinho da Eslováquia: Château Topolcianky, Galafruit & Co., Hubert J.E., J & J Ostroovic, Madera-ŠS Radošina, MRVA de Stanko, Paladio Bratislava, Perla de Karpatská, Podnik de Malokarpatský, Regia TT, Spol de Movino, Spol de Slovvinex, Spol de Masaryk, Spolocnost Modra de Vinohradnícka, Tenencia del Esprit, Vinanza, Pavelka, Nitra, Víno, Vínoprodukt, Vino-vin, Zdruenic Agropodnikatelov Drustvo e Zlatý Strapec.

Uma garrafa de vinho Tokaji: a história do vinho eslovaco está vinculada desde o século XII à Áustria e à Hungria, e seus vinhedos estão na mesma latitude da Borgonha e da Alsácia.

ESPANHA

A Espanha tem 1,2 milhão de hectares de vinhedos, o que a torna o país europeu com maior extensão de terras destinadas à videira — 15% do total mundial. Esse cultivo representa na Espanha o terceiro em extensão depois dos campos de cereais e dos olivais. Mesmo que possua a maior superfície de vinhedos do mundo, o fato de muitos deles serem pouco produtivos explica que a Espanha ocupe o terceiro lugar em volume de vinho elaborado, depois da Itália e da França. Apesar disso, é o primeiro na relação custo-benefício e talvez também em variedade de vinhos com caráter e personalidade únicos.

Ao que parece foram os fenícios que introduziram nas terras da Espanha atual o cultivo da vide. Eles o fizeram nas terras do litoral do sudoeste andaluz, em torno do velho porto de Gadir, hoje Cádiz, há cerca de 3 mil anos. Poucos séculos depois plantaram videiras em torno de Xera, hoje Jerez, aproveitando o clima da zona, que favorecia a criação de vinhos ricos em açúcar que podiam ser levados para terras longínquas sem perda de qualidade. Assim, eles se converteram em uma das mercadorias mais valorizadas nos intercâmbios comerciais em torno do Mediterrâneo.

Os romanos, que apreciaram em sumo grau os vinhos de Xera e de Gadir, melhoraram a elaboração deles e estenderam sua fama e seu consumo por todas as terras de seu vasto império. Suevos, vândalos e alanos destruíram inúmeros vinhedos, muitos dos quais foram replantados sob o domínio visigodo para tornar a decrescer sob a dominação muçulmana, embora nesse tempo tenha melhorado notavelmente o cultivo da parreira para o consumo do fruto e para fazer mosto, suco não fermentado. Ao mesmo tempo, o cultivo se ampliava nos crescentes reinos cristãos, e a elaboração do vinho era aperfeiçoada nos mosteiros.

Nos dois últimos séculos, o prestígio do vinho espanhol assentou-se em duas únicas fontes: Jerez, desde sempre, inclusive antes de incorporar os atuais sistemas de amadurecimento, e, desde meados do século XIX, La Rioja, que aprendeu com Bordeaux a forma de elaborar vinhos tintos de guarda. Além deles, há as exceções, famosas no mundo inteiro, dos vinhos

O cultivo da videira é o terceiro em extensão na Espanha, depois dos de cereais e de oliveiras, e o mais extenso da Europa em seu gênero.

Em pleno processo de crescimento, este cacho vermelho tem uvas que ainda não amadureceram completamente.

doces de Málaga e o singular Vega Sicilia, nas terras do Douro. Hoje se contam dezenas de regiões vinícolas espanholas que produzem vinhos de enorme qualidade: Ribera del Duero, Jerez, Rioja, Cava, Valdepeñas, Priorato, e um longuíssimo etcétera fazem a Espanha ser, acertos comerciais à parte, a primeira produtora de vinhos do mundo em variedade e qualidade. Isso graças à modernização de suas vinícolas e ao cuidado e à tecnologia de ponta usados na elaboração dos produtos.

O vinho gera na Espanha quase 5 bilhões de euros por ano, o que representa perto de 0,7% do Produto Interno Bruto. Nos últimos anos a queda na demanda interna parou: apesar de o consumo de vinhos de mesa tradicionais continuar diminuindo, o de vinhos de qualidade tem aumentado, tanto de Vinhos da Terra quanto dos que possuem uma Denominação de Origem. Mesmo assim, o consumo de vinho de mesa ainda representa 64% dos 1,2 bilhão de litros de vinho que se consomem na Espanha.

Hoje em dia são produzidos na Espanha cerca de 50 milhões de hectolitros, aproximando-se assim dos índices da França e da Itália. Esse vinho tem um valor de 4,8 bilhões de euros, o que representa 0,65% do Produto Interno Bruto. Na Espanha o consumo de vinho estabilizou-se em torno de 27 litros por habitante ao ano, a metade dos 54 consumidos na França e quase igualmente longe dos 50 da Itália, dos 46 de Portugal e dos 38 da Suíça. Porém, é notável o incremento no consumo dos vinhos de qualidade, os de Denominação de Origem e os da terra.

Quando se fala de boas safras, a referência não é à qualidade da uva, mas do vinho que dela se obtém.

Andaluzia

É possível que os primeiros vinhedos da Espanha tenham sido plantados pelos fenícios no século XI antes de Cristo por duas vias de penetração, a catalã e a andaluza. Na Andaluzia, em Oinoússa, cultivavam uma uva que os nativos chamavam de Coccolobis, e os romanos, de Jalisca. Plínio destacava o fato de que as uvas secas envelheciam tornando-se doces, e as doces, tornando-se secas; também fazia referência a outra uva da região, preta, chamada Syriaca, de muito boa qualidade.

A partir destas e de outras uvas, os vinhos da Bética ocidental, antepassados dos atuais vinhos andaluzes, estiveram entre os mais famosos da Antiguidade, como provam as muitas ânforas encontradas com a inscrição *Vinus gaditanus* em escavações mediterrâneas. Esse vinho era fermentado em grandes pipas e filtrado com cinzas, argila, resina, piche e pó de mármore antes de ser colocado em ânforas de barro, que ficavam envelhecendo nas áreas mais quentes da casa.

São, pois, de grande estirpe os vinhos andaluzes, que hoje são conhecidos no mundo inteiro por suas quatro Denominações diferentes: Jerez, Condado de Huelva, Málaga e Montilla-Moriles. Vinhos nascidos de vinhedos que sobreviveram aos séculos, passando pelas culturas fenícia, romana, alana, visigótica, árabe e cristã. Vinhos apropriados para atravessar os mares sem perder qualidade, navegar os oceanos sem perder suas propriedades. Vinhos de ampla variedade, mas quase sempre generosos em álcool, vigorosos, delicados, complexos e cheios de matizes: finos, manzanillas, amontilhados, olorosos, palos cortados, doces Pedro Ximénez, moscatéis, vinhos genuinamente espanhóis, de forte personalidade, imitados e inimitáveis.

Os vinhos andaluzes mais característicos, os fortificados, podem ser secos, abocados (entre secos e doces) ou doces. Possuem alto teor alcoólico devido a um tipo de elaboração que costuma implicar a adição de álcool em alguma etapa do

Os distintos tons de cor que estes vinhos apresentam se devem à variedade de uva empregada e, sobretudo, à maior ou menor presença de cascas na fermentação.

processo. Esses vinhos existem nas quatro Denominações de Origem citadas, bem como em localidades como Aljarafe, em Sevilha, e Lopera, em Jaén. Mas os mais característicos, famosos e importantes, tanto por sua qualidade e originalidade quanto por sua elevada produção, são os vinhos de Jerez.

CONDADO DE HUELVA

As adegas andaluzas, consideradas como "catedrais", não apenas criam o vinho com sistema de soleras, mas também envelhecem vinagre de grande qualidade.

Localiza-se na planície do rio Guadalquivir, entre os rios Guadiamar e Tinto, na província de Huelva. Seus vinhedos ocupam uma superfície de 6 mil hectares sobre terras pardas, soltas, arenosas e não muito calcárias, submetidas a um clima mediterrâneo com clara influência atlântica. Cultiva-se especialmente Zalema Blanca, Palomino, Garrido Fino, Listán e Moscatel.

O Vino Blanco Condado Joven é produzido principalmente com a uva Zalema. Condado Pálido é um vinho fortificado, elaborado pelo sistema de criadeiras e soleras. O Condado Viejo é um vinho fortificado obtido por amadurecimento oxidante em tonéis de carvalho. Já o Vino Generoso de Licor pode ser seco ou abocado, e é vendido como pale dry, medium e pale cream. Os vinhos de guarda, fortificados, são envelhecidos por um sistema de criadeiras e soleras durante dois anos no mínimo.

Dos vinhos da DO Condado de Huelva merecem destaque o fortificado Espinapura Pálido, de Sauci, e o aromático Botarroble Noble Condado Viejo.

Há também uma Denominação de Origem Vinagre del Condado de Huelva, que é obtido da fermentação acética de vinho qualificado por essa DO. Nos últimos anos esse vinagre começou a ser exportado, especialmente para a França.

Estas garrafas são apenas uma mostra dos vinhos do Condado de Huelva, que são envasilhados engarrafados pelo Conselho Regulador da Denominação de Origem de mesmo nome.

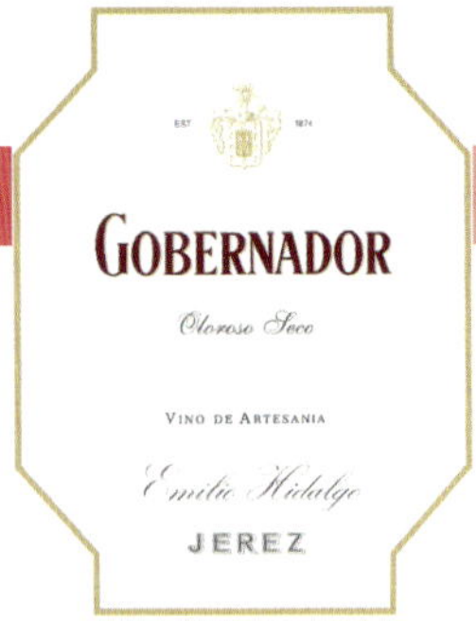

JEREZ

Segundo Estrabão, as vinhas xerezianas foram plantadas pelos fenícios no século XI antes de Cristo. Os vinhos que eram produzidos em Xerez (Jerez) no século XVIII alcançavam apenas 12° de teor alcoólico. As demandas inglesas forçaram a elevação desse teor para 15° mediante a adição de álcool vínico.

As vinhas do chamado Jerez superior são cultivadas em terras alvacentas, muito calcárias, formadas por margas leves, pobres em matéria orgânica natural, pouco férteis, de composição mineralógica simples, ricas em carbonato cálcico e com uma estrutura afolhada ou granulosa. O alto poder que o subsolo tem de reter a umidade faz as raízes se aprofundarem muito. São solos característicos sobretudo do Marco de Jerez, formado por terras situadas nos municípios de Jerez de la Frontera, Puerto de Santa María, Sanlúcar de Barrameda, Chipiona, Trebujena, Rota, Puerto Real, Chiclana de la Frontera e Lebrija. Outros vinhedos estão situados na denominada "Zona", de barro e areia.

O clima é temperado, quente no verão e com influência do Atlântico, cujos ventos suavizam o calor estival e facilitam o amadurecimento da uva, dando origem com frequência ao orvalho matinal que provê a planta de água.

Dois tipos diferentes de vinho de uma mesma adega xereziana: Bodegas Hidalgo.

Os vinhos podem ser abrigados nas denominações Jerez-Xérès-Sherry e Manzanilla-Sanlúcar de Barrameda. Os finos, olorosos e amontilhados são elaborados com a uva Palomino; seu mosto, uma vez fermentado, dá origem a um vinho com cerca de 10,5° de teor alcoólico. Nesse momento é decidido o tipo de vinho que deve se tornar. Para obter o fino, é preciso acrescentar álcool vínico — encabezar — para que ele alcance 15,5° e, assim, elimine o risco de algum microrganismo interferir na ação das leveduras que isolam o vinho do ar e que lhe dão tipicidade. Se após dois anos de guarda o vinho não evoluir adequadamente, ele deve ser encabezado novamente para eliminar as leveduras da flor; e deixa-se então que ele envelheça para amontilhado.

Em Jerez emprega-se o sistema de criadeiras e soleras: pipas de 500 litros dispostas umas sobre as outras em três ou quatro filas, a mais baixa das quais recebe o nome de solera. É a que contém o vinho mais velho e da qual é extraído o vinho para engarrafar.

Frasca Tres Álamos, prêmio 2004, de Pedro Romero, Jerez.

O volume extraído é preenchido pelo vinho da pipa imediatamente superior na escala, ou primeira criadeira, mediante gotejamento, num processo que se repete com o vinho procedente da segunda criadeira, e assim até a mais alta, que é preenchida com vinho procedente da fase de sobreposição. Em alguns casos, acrescentam-se vinhos de cor, doces, doces de passas, Pedro Ximénez ou Moscatel, para obter vinhos adequados ao gosto de determinados mercados.

O fino é um vinho de cor ouro-palha, pálido, de aroma penetrante e delicado, seco e pouco ácido, e com teor alcoólico por volta de 15,5°.

O amontilhado é de cor âmbar, tem aroma penetrante, mas leve, suave, e paladar cheio, seco e com teor alcoólico entre 16° e 20°.

O oloroso é um vinho de cor escura muito aromático, de muito corpo, seco ou ligeiramente abocado, com teor alcoólico de 18° a 20°.

O palo cortado é um tipo intermediário entre amontilhado e oloroso.

O raya é um vinho semelhante ao oloroso, mas com aroma pouco menos delicado.

A manzanilla, procedente da mesma uva Palomino e produzida por um sistema semelhante ao fino, é feita nas terras de Sanlúcar de Barrameda, próximas ao Atlântico, na foz do Guadalquivir. Nelas, o véu formado sobre o vinho dura o ano inteiro — em Jerez, ele praticamente desaparece no inverno e no verão —, as tiragens e gotejamentos são mais frequentes, e a escada de criadeiras e soleras é maior.

O vinagre de Jerez, da cor do mogno e de sabor intenso, é feito dos vinhos circunscritos pela DO Jerez. O vinagre é produzido submetendo-se esses vinhos a um processo de fermentação acética e a um envelhecimento posterior em tinas de madeira, num processo controlado pela Denominação de Origem Vinagre de Jerez.

Dadas a quantidade e a qualidade dos bons vinhos xerezianos, seria preciso fazer uma lista muito extensa de indicações. Portanto, é suficiente citar as manzanillas San León e Goya, os Pedro Ximénez Venerable 30 años, Gran Orden, Duquesa e Cardenal Cisneros, os finos Quinta, Tío Pepe e Tío Mateo, os olorosos Matusalem e De Bandera Vors, o palo cortado Capuchino, o moscatel Lustau Single Cask Solera, e os amontilhados Oñana, Coquinero e Del Duque.

MÁLAGA-SIERRAS DE MÁLAGA

Os vinhedos malaguenhos, pouco mais de mil hectares, encontram-se em terras com climas diversos: continental no norte e suave nas encostas que se aproximam do mar.

A variedade de uva predominante é a Pedro Ximénez, com notável presença de Moscatel, destinada ao mercado de uvas de mesa, passas e à elaboração do vinho de sobremesa Málaga Dulce.

Sob a DO Málaga-Sierras de Málaga são vendidos os vinhos produzidos em 52 municípios da província. Para que possam se amparar nesta DO, os vinhos devem "asolarse", ou seja, passar pelas soleras e criadeiras em barricas de carvalho com capacidade de até 800 litros por tempo nunca inferior a dois anos, dentro dos limites municipais de Málaga.

Esta DO vende vinhos licorosos e vinhos doces naturais, elaborados com uvas superamadurecidas, cujo teor alcoólico deve estar acima de 13°. Pela DO Sierras de Málaga são comercializados vinhos brancos, rosados e tintos com menos de 15°. Merecem menção os brancos Molino Real 1999 e M.R. 2000, o moscatel Don Salvador Trasañejo, o Pedro Ximénez Don Juan Trasañejo, o fortificado Málaga Viejo Abuelo 10 años Trasañejo, o oloroso Chorrera Cream Dulce e o seco Trasañejo. Foram muito boas as produções anuais de 1998, 2001, 2003 e 2004.

MONTILLA-MORILES

A longa história dos vinhos desta terra aparece em testemunhos de ilustres viajantes desde a Antiguidade dos tempos do Império Romano até as épocas mais próximas, de Cosme III de Médicis ou Edgar Allan Poe, ambos admiradores dos vinhos de Lucena.

Esta comarca está situada ao sul da província de Córdoba, entre 125 e 600 metros de altitude, com temperatura mínima média de 12,1 °C e máxima de 25,7 °C, pluviometria de 500 a mil milímetros e cerca de 3 mil horas anuais de insolação.

Nela são cultivados pouco mais de 10,2 mil hectares de vinhedos. Os situados na Serra de Montilla e em Moriles Altos produzem os vinhos de melhor qualidade

Três tipos de vinho das Bodegas Delgado: Pedro Ximénez, oloroso e amontilhado.

com uvas Pedro Ximénez cultivadas em terras alvacentas. Encontram-se também as variedades Airén, Baladí, Moscatel e Torrontés. Os mostos da uva Pedro Ximénez atingem nesta DO um teor alcoólico natural médio superior a 15°. Nesta

DO são usados dois sistemas de criação: o biológico ou sob véu de flor, em criadeiras e soleras, para vinhos finos e amontilhados, e o amadurecimento oxidante para amontilhados, olorosos, rayas, palos cortados e Pedro Ximénez. Também são produzidos vinhos sem guarda, com teor alcoólico superior a 14°, e brancos jovens de Lairén, Baladí, Moscatel e Torrontés, mesclados ou não com Pedro Ximénez.

Destacam-se o Pedro Ximénez 1910 Solera, o oloroso Asunción Crianza, o amontilhado Carlos VII Crianza Biológica, os finos Capataz Crianza Biológica, Fino en Rama de Añada 1998, Gran Barquero e o vinho licoroso doce Alvear Moscatel Solera. Foram excelentes as tiragens de 1990, 1991 e 2000.

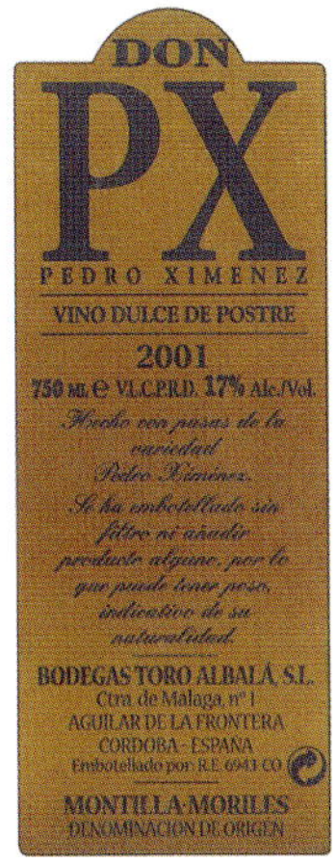

Rótulo DO Montilla-Moriles.

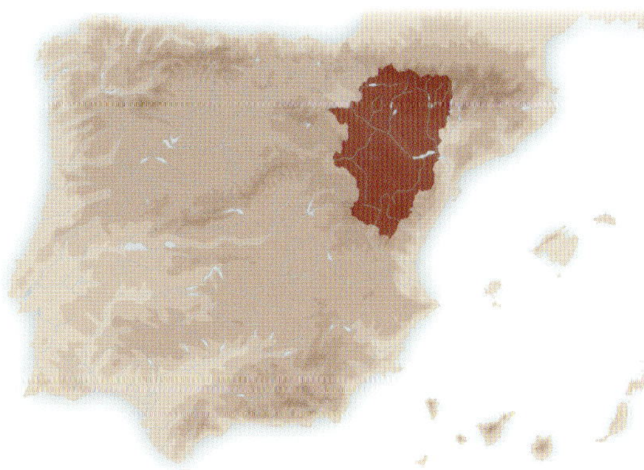

Aragão

A comunidade autônoma de *Aragão* estende-se do sopé dos Pireneus até a serra de Javalambre e está dividida em três províncias: Zaragoza, Huesca e Teruel.

Durante muitos anos, os vinhos aragoneses mais conhecidos foram os de Cariñena, mas os de Somontano são hoje talvez os de melhor qualidade.

Na província de Zaragoza, são produzidos vinhos com as Denominações de Origem Campo de Borja, Calatayud e Cariñena, e na de Huesca, os de Somontano. Além deles, há os Vinos de la Tierra procedentes das comarcas de Bajo Aragón, Campo de Belchite, Ribera del Gallego/Cinco Villas, Valdejalón, Valle del Cinca e Valle del Jiloca. No Bajo Aragón, uma das comarcas vinícolas com maior extensão de vinhedos, são cultivadas as variedades Macabeo, Garnacha Tinta e Blanca, Mazuela, Tempranillo, Cabernet e Syrah. Em Campo de Belchite, Macabeo, Garnacha Blanca e Tinta, Tempranillo, Cabernet, Merlot, Chardonnay, Mazuela e Syrah.

Garrafa de Tinto Vega del Jiloca, um Vino de la Tierra.

Na Ribera del Gallego/Cinco Villas, com superfície dedicada ao cultivo da videira muito reduzida, os agricultores elaboram muitos vinhos artesanais. São cultivadas principalmente as uvas Macabeo, Garnacha, Moristel e Tempranillo, com a presença pouco mais que testemunhal de Garnacha Blanca, Cabernet, Mazuela e Syrah.

Em Valdejalón são cultivadas variedades autóctones, como Macabeo, Garnacha, Tempranillo ou Mazuela, além de outras de caráter mais geral, como Syrah, Chardonnay, Cabernet e Merlot.

No Valle del Cinca, a mais dinâmica das zonas em que se elabora o Vino de la Tierra em Aragão, são cultivadas principalmente as uvas Macabeo, Chardonnay, Garnacha, Tempranillo, Cabernet e Merlot, com Moscatel de Alexandria, Moristel, Mazuela, Parraleta, Graciano e Pinot Noir como complementares.

No Valle del Jiloca, com vinhas situadas nas encostas cheias de cascalho dos montes Ibéricos, são cultivadas vinhas velhas com Macabeo, Garnacha, Juan Ibáñez, Tempranillo, Robal e Monastrell.

CALATAYUD

A DO de Calatayud abrange as produções vinícolas de 46 municípios e está situada junto aos rios Jalón e Jiloca, em solos muito apropriados para o cultivo da vide.

Seu clima continental retarda o amadurecimento da uva e faz com que a vindima nestas terras seja a mais tardia de Aragão.

Pouco mais de 8 mil hectares de vinhedo produzem cerca de 180 mil hectolitros de um vinho cujo teor alcoólico atinge no mínimo 10,5° para os brancos, 11° para os rosados e 12° para os tintos.

As variedades cultivadas são Tempranillo, Garnacha, Cabernet Sauvignon, Syrah, Mazuela e Merlot, entre as tintas, e Macabeo, Garnacha Blanca e Chardonnay, entre as brancas.

Viñas Viejas e Expresión, da coleção Baltasar Gracián, das Bodegas San Alejandro.

Dos tintos destacam-se Viña Fuerte Garnacha 2001, Castillo de Malvenda Viñas Viejas, de 2001, e dos brancos, Viña Ribota Chardonnay, de 2001.

CAMPO DE BORJA

A DO Campo de Borja abarca os vinhos produzidos em 17 municípios e está situada ao noroeste da província de Zaragoza, entre as montanhas dos montes Ibéricos e do Vale do Ebro. É uma sucessão de planaltos de 350 a 700

Coleção das Bodegas Borsao: seleção branca, seleção vermelha, seleção laranja e Tres Picos.

metros de altitude com topografia suavemente ondulada na parte oriental e mais acidentada na ocidental devido à presença dos contrafortes do maciço do Moncayo. Os solos são de calcários pardos ou em terraços com boa drenagem.

O microclima da zona, propiciado pelo Moncayo, é continental com influência atlântica, com vento frio e fortes geadas no inverno, vento seco e influência mediterrânea no verão, temperatura média de 13,9 °C e precipitação pluviométrica escassa. São cultivados cerca de 6,4 mil hectares de vinhedos que produzem anualmente entre 20 e 25 milhões de quilos de uva. As variedades autorizadas pela DO são Garnacha, Tempranillo, Mazuela e Cabernet Sauvignon, tintas, e Macabeo e Moscatel, brancas.

Merecem destaque os tintos Fangos de Coto Hayas 2000, Coto de Hayas Garnacha Centenaria 2001 e Tres Picos Borazo 2000, o vinho licoroso Moscatel Ainzón e o branco Coto de Hayas 2001, fermentado em barricas.

CARIÑENA

A Carae do Império Romano é uma das mais antigas zonas vinícolas espanholas, pois eram consumidos em todo o império os vinhos mesclados com mel da atual Cariñena.

Situada na base do montes Ibéricos, em altitudes de 500 a 850 metros, a região é formada por 14 municípios do sul da província de Zaragoza nos quais são cultivados mais de 15 mil hectares

Glamour e Naif, dois vinhos de Cariñena elaborados e exportados pela Winer Wines, uma vinícola que elabora o vinho Ibernoble na Ribera del Duero, o Viña Saseta em La Rioja e o Juvenals no Penedés.

frequentemente atingidos pelo frio e seco vento mistral.

As variedades autorizadas nesta zona são: Garnacha Tinta, Mazuela, Tempranillo, Monastrell, Juan Ibáñez, Cabernet Sauvignon, Macabeo, Garnacha Branca, Parellada e Moscatel Romano.

Ainda hoje são produzidos os tradicionais vinhos tintos de grande extrato, robustos e de elevado teor alcoólico que deram fama vinícola a Cariñena. São também elaborados rosados, brancos e vinhos "rançosos".

Destacam-se os tintos Ayles Merlot-Tempranillo 2000, Urbezo 1998 Reserva e Corona de Aragón Cabernet Sauvignon 2001, e os brancos Urbezo Chardonnay 2001 e Monta Ducay Cosecha 2001. Os anos 1975, 1981, 1985, 1998, 2001 e 2004 tiveram safras excelentes.

Cariñena é uma das zonas vinícolas mais antigas da Espanha.

SOMONTANO

A comarca de Somontano encontra-se no centro da província de Huesca, na faixa de terras entre a base das serras pirenaicas e ibéricas e os altos montes centrais da depressão do Ebro. Divide-se em três áreas de cultivo: o Somontano propriamente dito (as serras e as planícies), o Somontano de Huesca e o de Barbastro. É uma região mais montanhosa, com montes separados por barrancos, e clima com temperatura média de 14,7 °C, levemente mais quente do que o resto das zonas vitivinícolas aragonesas.

Exceto pela Torre de San Marcos, berço dos antes prestigiosos vinhos Lalanne, as atividades vitícolas estavam dedicadas ao autoabastecimento até a formação da cooperativa e a posterior obtenção, em 1984, da DO. Existem mais de 4 mil hectares de vinhedos na zona de Somontano.

Os vinhos são elaborados com as tintas Tempranillo, Moristel, Parraleta, Garnacha Tinta, Cabernet Sauvignon, Pinot Noir, Merlot e Syrah, e as brancas Garnacha Blanca, Macabeo, Alcañón, Gewürztraminer e Chardonnay.

Merecem destaque os tintos Enate Reserva Especial 1998, Blecua 2000, Castillo de Monesma 1999 Crianza, Enate Merlot 2000, Lalanne Cabernet Sauvignon Merlot 1995, o branco Laura Lalanne Aguja 2001, e o rosado Bodega Pirineos Merlot Cabernet 2001. As melhores safras ocorreram em 1993, 1994, 1995, 1998, 2001 e 2002.

A boa qualidade dos vinhos do Somontano teve origem nos vinhedos de Barbastro pertencentes a um imigrante francês de fins do século XIX: Félix Lalanne.

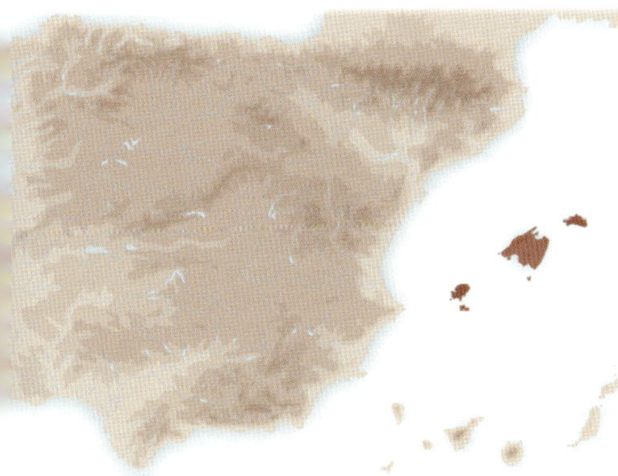

Uma empresa balear explica com esta imagem o porquê da qualidade de seus vinhos

Baleares

Ao longo de mais de 2 mil anos o vinho maiorquino desfrutou de épocas de esplendor, mas sofreu etapas de retrocesso, apesar de Maiorca ter uma longa tradição e estar encravada no Mediterrâneo ocidental e, por isso, imersa na cultura da videira.

Medidas protecionistas elevaram a produção de 88 mil hectolitros de vinho em 1777 a 148.554 em 1790 e 335.331 em 1820. As pragas de pulgão e oídio 14 anos mais tarde diminuíram novamente a produção a menos de 100 mil hectolitros. A terrível filoxera invadiu os vinhedos franceses, o preço da uva subiu muito e os agricultores maiorquinos tornaram a plantar seus antigos vinhedos, e mesmo outros novos, para chegar a produzir, em fins do século XIX, 750 mil hectolitros de vinho. A filoxera chegou a Maiorca e a produção baixou a menos de 50 mil hectolitros. Nos dias de hoje as Ilhas Baleares mal atingem 2,3 mil hectares de vinhedos na maior de suas ilhas, Maiorca, e outros 100 hectares nas demais ilhas.

Em Maiorca, os vinhedos estão repartidos por toda a ilha, mas só se destacam os situados em Binissalem e Plá i Llevant.

Nos vinhedos das Baleares são cultivadas com preferência as cepas autóctones tintas Manto Negro, Fogoneu e Callet, e a branca Moll.

BINISSALEM

A comarca de Binissalem encontra-se quase no centro geográfico da ilha de Maiorca, protegida dos ventos do norte pela serra de Tramontana. As uvas mais cultivadas são as autóctones Manto Negro e Callet, entre as tintas, e Moll, entre as brancas. Com elas, as brancas Moscatel, Chardonnay, Macabeo e Parellada e as tintas Cabernet Sauvignon, Monastrell, Syrah, Tempranillo e Merlot.

Embora nela sejam elaborados vinhos brancos, tintos, rosados e espumantes, os que alcançaram maior fama dentro desta DO são os tintos feitos com a cepa Manto Negro, a variedade predominante na zona, por serem dotados das condições necessárias para guarda.

Exemplo de rótulo da vinícola do vinho branco Maciá Batle, de Maiorca.

Cabe destacar o vinho branco Maciá Batle Blanc de Blancs 2001, o rosado Maciá Batle jovem e o tinto Ribas de Cabrera 1999.

PLÁ I LLEVANT

Nas zonas central e leste da ilha de Maiorca encontra-se a comarca de Plá i Llevant: oito municípios que têm clima mediterrâneo e solos formados por rochas calcárias. A pluviometria oscila entre 400 e 450 milímetros anuais e a insolação supera 2,8 mil horas por ano.

Em pouco mais de 315 hectares de vinhedos são cultivadas as uvas brancas Moscatel, Prensal Blanc, Macabeo, Parellada, Chardonnay e as tintas Callet, Fogoneu, Tempranillo, Manto Negro, Monastrell, Cabernet Sauvignon e Merlot. Para os vinhos brancos e rosados o teor alcoólico mínimo é de 10,5°, 11° para os tintos e espumantes, 10° para os frisantes e 15° para os vinhos licorosos. Merecem destaque os tintos Torrent Negre 2000 Crianza, Aia 2000 Crianza e Sese Hereves 2000, e os brancos Pere Seda Chardonnay Roble, Can Mayoral Blanc 2001 e Torres des Canonge 2001.

Curioso rótulo do tinto da Ánima Negra Viticultors.

CANÁRIAS

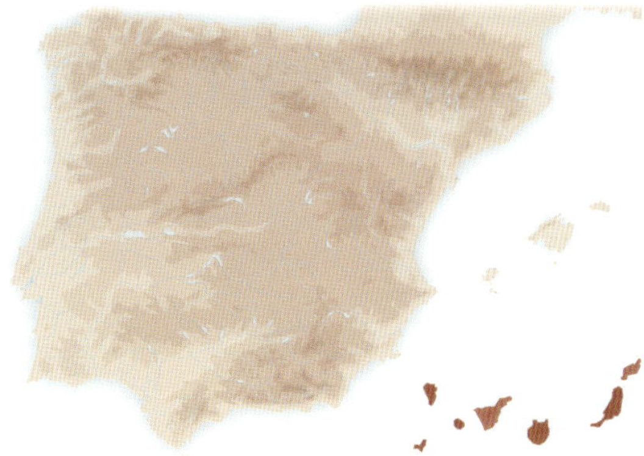

Já antes de Cristo os romanos falavam das vinhas sem poda que floresciam nas Ilhas Afortunadas. Apesar disso, a *Vitis vinifera* não foi introduzida nas Canárias até pouco antes do século XV, quando elas foram conquistadas por Castela. Ainda assim, a diversa procedência dos colonos peninsulares dotou os vinhedos canários de uma variedade desconhecida em outras zonas vinícolas. Já no século XVI, o malvasia canário alcançou fama em toda a Europa. Junto aos malvasias, é preciso destacar os "vidueños", vinhos elaborados com variedades diferentes e que foram os primeiros vinhos fortificados do mundo. Estes vinhos protagonizaram um comércio marítimo importante em princípios do século XVI e foram uma relevante fonte de riqueza do arquipélago até o século XIX, com safras que superaram 13 milhões de litros. Estes vinhos melhoravam com as viagens quando armazenados em vasilhames de madeira, e por isso os chamados vinhos "de retorno" alcançavam maior preço.

Pela situação do arquipélago canário, as ilhas oferecem uma variedade de climas muito diferentes dos do continente africano. A pluviometria média anual é baixa, cerca de 350 litros por metro quadrado, mas com zonas de menos de 100 litros e outras que superam mil litros.

A ilha de Tenerife conta com pouco mais de 10,5 mil hectares de vinhedos, a de La Palma supera 1,6 mil hectares, a Gran Canária tem cerca de 500 e há dois em Fuerteventura. Esses vinhedos são cultivados por cerca de 10 mil viticultores que, nas 252 adegas recenseadas nas ilhas, elaboram seus vinhos usando cerca de 15 milhões de quilos de uvas em seu melhor ano.

O terreno das Ilhas Canárias é de origem vulcânica e de grande fertilidade no todo, mas os terrenos que a vinha ocupa são, frequentemente, leves, permeáveis, ricos em nutrientes minerais e com um pH levemente ácido, consequência de sua origem e natureza vulcânica.

ABONA

A comarca de Abona situa-se na vertente meridional da ilha de Tenerife, nos planos inclinados que descem do Teide até a planície que há antes de chegar à linha da costa. O clima nesta zona é muito ensolarado e seco, ainda que sua orientação permita aos vinhedos receber os efeitos do vento alísio.

Nesta DO são cultivados pouco mais de mil hectares. A variedade mais cultivada é a Listán Blanca.

Os vinhos que merecem destaque são todos brancos: Leña Blanca 2000 fermentado em barricas, Viña Flor 2001, Auchón 2001 frutado e o branco doce Testamento Malvasía 2001.

EL HIERRO

O cultivo da videira na ilha de El Hierro iniciou-se em 1526. Os vinhos procedem de cerca de 300 hectares de vinhedos situados na maioria entre 200 e 700 metros de altitude. Essas terras encontram-se em vales e encostas abruptas e assentadas em bancos. Às vezes o terreno está coberto por uma camada de fuligem que protege o solo da evaporação rápida e absorve a umidade noturna. A variedade predominante é a Vijariego, além da qual há Listán Blanco, Pedro Ximénez, Baboso, Gual e Bermejuelo, uva branca autóctone de El Hierro. Entre as tintas encontram-se Listán Negro, Negramoll, Baboso Negro e Vijariego Negro.

Na ilha são elaborados vinhos brancos com teor alcoólico mínimo de 11,5° que, quando amontilhados, atingem de 16° a 22°; vinhos tintos de 12°; além de vinhos licorosos de 15° a 22° e o vinho doce clássico, que deve ter no mínimo 14° alcoólicos. São consumidos 40% na própria ilha e 60% no restante do arquipélago.

LA PALMA

A ilha de La Palma configura-se em torno da mais vasta cratera vulcânica existente: a Caldera de Taburiente, que se eleva até quase 2.500 metros.

Em La Palma há cerca de 1,6 mil hectares de vinhedos em altitudes compreendidas entre 200 e 1.200 metros, em terrenos cobertos com camadas de cinzas vulcânicas. São cultivadas as uvas tintas Moscatel, Listán, Bastardo, Malvasía, Negramoll e Tintilla, e as brancas Burrablanca, Albillo, Bastardo, Bermejuela, Bujariego, Forastera, Gual, Listán, Malvasía, Moscatel Pedro Ximénez, Sabro, Torrontés e Verdillo.

O teor alcoólico é de 11° a 14,5° para os vinhos brancos, 11° a 13° para os rosados, 12° a 14° para os tintos, 15° a 22° para o Malvasía clássico, 14° a 16° para o Malvasía seco e 15° a 22° para vinho de Tea.

Merecem destaque os vinhos brancos Carballo Malvasía, Teleguía Malvasía 1996, Teleguía Malvasía 2000 e Viña Las Toscas Malvasía.

LANZAROTE

Na ilha de Lanzarote, muitas das cepas estão enterradas em covas com forma de funil para que as raízes possam encontrar terra fértil. Outras estão protegidas dos ventos abrasadores por muros semicirculares de pedra de mais ou menos 70 centímetros de altura. Para que o solo dos vinhedos retenha o orvalho da manhã, eles devem ser cobertos com uma camada de cinza vulcânica de 20 a 30 centímetros nos vinhedos do norte e até 2 metros nos do centro. Os vinhedos ocupam mais ou menos 3,35 mil hectares. São cultivadas as uvas brancas Malvasía, Breval, Burrablanca, Diego, Moscatel, Listán e Pedro Ximénez, e as tintas Negramoll e Listán Negra. São obtidos vinhos brancos secos, semidoces, doces, rosados e tintos com teor alcoólico de 11° a 14,5°.

O vinho El Grifo possui a Denominação de Origem Lanzarote.

Cabe destacar o El Grifo 2000, El Grifo Fermentado en Barrica, La Vegeta Malvasía 2001, Malvasía Bodegas Mozaza 2000, Reymar Moscatel 1999 e o Cenizas de Timanfaya.

MONTE LENTISCAL E GRAN CANARIA

A DO Monte Lentiscal abrange 180 hectares de vinhedos. O sistema tradicional de cultivo da vide na zona, receptáculo irregular, está sendo substituído quase por completo pelo de espaldeiras. São cultivadas as uvas Listán Negro — Negra Comum —, Negramoll, Gual e Malvasía, além de Tintilla, Malvasía Rosada, Pedro Ximénez, Albillo e Moscatel. Sua produção anual beira 390 mil quilos de uva, na maioria Listán Negro, e 300 mil litros de vinho. Os sistemas de cultivo e práticas culturais são os tradicionais da zona, entre os quais se destacam a parreira baixa e o receptáculo, que permitem conservar a boa qualidade dos vinhos, implantando-se, ainda, a condução por espaldeiras. A zona amparada pela DO Monte Lentiscal ocupa 1% da superfície da ilha; o resto enquadra-se na DO Gran Canaria.

Merecem destaque o vinho tinto Viña Angoa 2001 e o branco doce licoroso Artenatur 2001.

Rótulo do tinto doce Viña Norte Humboldt, de 1997.

TACORONTE-ACENTEJO

Na comarca de Tacoronte-Acentejo, situada na vertente norte da ilha de Tenerife, são cultivados 2.422 hectares de vinhedos e há 38 adegas engarrafadoras em sete enclaves dos municípios de La Laguna e Santa Cruz de Tenerife.

São vinhedos situados entre 100 e mil metros de altitude sobre solos de origem vulcânica, com insolação muito alta, suavizada pela brisa marinha. São cultivadas, como uvas tintas preferenciais, Listán Negro e Negramoll e, como brancas preferenciais, Gual, Malvasía, Listán Blanco e Marmajuelo.

Rótulo de tinto Viña Norte de 1998 com maceração carbônica.

Garrafa do vinho das Bodegas Butén, na Denominação de Origem Tacoronte-Acentejo.

O teor alcoólico adquirido mínimo fixado pela DO é de 10° para os brancos jovens, 13° para os brancos macerados tradicionais, 10,5° para os rosados, 12° para os tintos, 15° para os malvasia e vinhos licorosos, e 11,5° para os doces.

Podem ser destacados os brancos Tasana Malvasía Clásico 1999 e La Isleta 2001 Moscatel, e os tintos Viña Norte Humboldt 2000 Dulce e Cráter 2001 Joven.

VALLE DE GÜIMAR

O Valle de Güimar está situado na zona sudeste da ilha de Tenerife e desce de 2 mil metros de altitude até o mar.

Os vinhedos se estendem desde as proximidades da costa até 1.400 metros de altitude, embora a maioria deles se situe entre 600 e 800 metros. Na região há 26 adegas e 752 hectares de vinhedos registrados.

As variedades autorizadas são Listán Blanco, Gual, Malvasía, Moscatel, Vijariego e Verdillo, entre as uvas brancas, e Listán Negro, Negramoll e Tintilla, entre as tintas.

Por outro lado, outras variedades de uva têm presença muito escassa nessa zona. As uvas Malvasía Tinta, Moscatel Negro e Vijariego Negro são pouco cultivadas.

Sob a Denominação de Origem do Valle de Güimar são produzidos todos os tipos de vinho: tinto, rosado, branco e brut.

No Valle de Güimar elaboram-se todos os tipos de vinho: vinhos brancos de 10°, rosados de 10,5°, tintos de 11,5°, doces clássicos de 15°, vinhos licorosos de 15° e espumantes de 11°. Dentre todos eles, destacam-se pela excelente qualidade os brancos Pico Cho Marcial de 2001 e o vinho doce Brumas de Ayosa Malvasía de 2001.

VALLE DE LA OROTAVA

Valle de la Orotava não é exatamente um vale, mas um desabamento de terras, e está situado ao norte de Tenerife, entre 400 e 800 metros de altitude. Nele estendem-se mais de mil hectares de vinhedos desde os pés do Teide até o Atlântico. Tem clima temperado, influenciado favoravelmente pelos ventos alísios.

A variedade majoritária em uvas brancas é o Listán Blanco, com presença de Bastarda Blanca, Gual, Forastera Blanca, Malvasía, Marmajuelo, Moscatel, Pedro Ximénez, Torrontés, Verdello e Vijariego. Das uvas tintas, a majoritária é a Listán Negro, embora sejam abundantes Bastardo Negro, Malvasía Rosada, Moscatel Negro, Negramoll, Tintilla e Vijariego Negro.

Destacam-se os vinhos Gran Tehyda 2001 e Viña Moscán 2001.

Tinto Miranda, do Vale de la Orotava.

YCODEN-DAUTE-ISORA

A comarca de Icod de los Vinos foi famosa no passado por seu vinho Canary. A DO Ycoden-Daute-Isora encontra-se no ângulo noroeste da ilha de Tenerife, com dupla fachada para o oceano Atlântico, onde o clima é benigno, com temperaturas suaves no inverno e frescas no verão.

Garrafas de branco Malvasía e de tinto Negramoll, ambas da Viñátigo.

A superfície de vinhedos abarcada por esta DO é de 1,45 mil hectares e seus vinhos são elaborados em 29 vinícolas. Neles, predominam as variedades Listán Blanco e Listán Negro. Das uvas Malvasía e Moscatel obtém-se uma moderada produção de vinhos doces.

Merecem destaque o rosado Viñátigo 2001 e os brancos Viñátigo Marmajuelo 2001, Miradero 2001, Tagara 2001 e o tinto Cueva del Viento 1998.

Castela-La Mancha

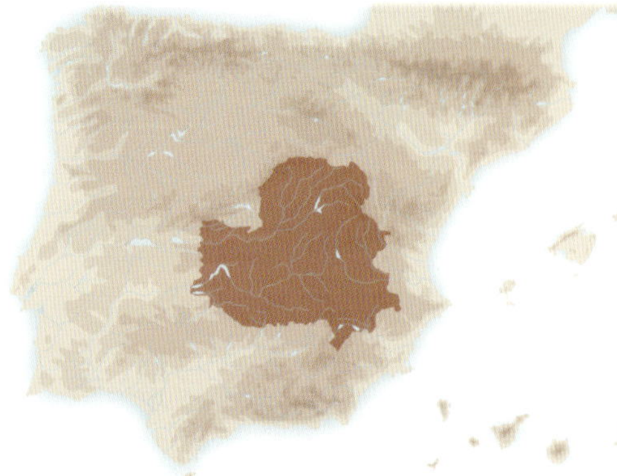

A comunidade autônoma de Castela-La Mancha, integrada pelas províncias de Toledo, Ciudad Real, Cuenca, Guadalajara e Albacete, abarca em sua zona a maior superfície de vinhedos do mundo, mais de 500 mil hectares, o que representa 8% da superfície vinícola mundial e 11% da europeia. O cultivo ocorre em terras de notável homogeneidade, na maior parte planas e secas, submetidas a um clima continental muito rigoroso, que em algumas áreas é suavizado pela remota influência da corrente quente do Golfo e pela posição geográfica na zona meridional da Espanha.

Em 1999 as Cortes de Castela-La Mancha aprovaram a indicação geográfica Vinos de la Tierra de Castilla para os vinhos elaborados com uvas produzidas em vinhedos como este.

A metade dos 500 mil hectares de vinhedos cultivados em Castela-La Mancha encontra-se amparada por alguma das cinco Denominações de Origem em que se classificam seus melhores vinhos: Almansa, La Mancha, Méntrida, Mondéjar e Valdepeñas, às quais é preciso acrescentar os Vinos de la Tierra de Manchuela e Sierra de Alcaraz, em Cuenca e Albacete.

Os tipos de uva cultivados nesta comunidade autônoma são Airén, Macabeo ou Viura, Sauvignon Blanc, Chardonnay, Cencíbel ou Tempranillo, Garnacha, Cabernet Sauvignon, Moravia, Merlot e Syrah.

ALMANSA

Ayora, Almansa e Chinchilla formam um triângulo geográfico nas províncias de Albacete e Valência, entre 700 e mil metros sobre o nível do mar, circundado por serras e montes. O clima é muito rigoroso, semiárido, seco e continental, com precipitações escassas, pois a pluviometria média anual se situa em torno dos 350 milímetros.

Nos 7,6 mil hectares de vinhedos encontram-se Merseguera, Airén, Garnacha Tinta e Monastrell, embora aumente o cultivo da Cencíbel. Destacam-se os vinhos tintos Castillo de Almansa Colección 2001, Higueruela 2001 e Santa Cruz de Alfera 2001, e o branco Castillo de Almansa 2001.

LA MANCHA

Esta DO abarca os vinhedos e vinhos de 182 municípios das províncias de Albacete (12), Ciudad Real (58), Cuenca (66) e Toledo (46). É a região natural de maior extensão da Espanha, já que ocupa uma superfície de 30,7 mil km², dos quais cerca de 200 mil hectares são dedicados à vide.

Nela, quase 22 mil viticultores abastecem de uva por volta de 300 vinícolas, das quais 200 vendem vinho engarrafado. Destas, 100 elaboram vinhos de guarda e 80 exportam para o estrangeiro 250 mil hectolitros de vinho, do total de 1,175 milhão produzido na zona em um ano normal. As variedades brancas permitidas nesta DO são Airén, Viura ou Macabeo, Chardonnay, Sauvignon Blanc e Verdocho, e as tintas Cencíbel ou Tempranillo, Garnacha, Moravia, Cabernet Sauvi-gnon, Merlot e Syrah.

São obtidos vinhos tintos com 11° a 15° de teor alcoólico, rosados com 10° a 14°, brancos de 10,5° a 14,5° e espumantes de 10,5° a 13°. Em La Mancha se produzem sobretudo vinhos brancos, honestos e leves. Estão conquistando prestígio os vinhos pálidos de Manzanares, neutros e que se destacam por sua limpidez e cuidada elaboração. Destacamos os tintos El Vínculo 1999, El Vínculo 2000, Campo Reales 1998, Cantorales 2001, Fontal Roble 2000, Varonés Tempranillo 1995, Señorío de Guadianeja Sensible 1987, Valle Hermoso Merlot 1995 e Guadianeja Viñas Viejas 1997, e os vinhos brancos La Villa Real Airén 2001, Yuntero 1999, Canforrales Macabeo 2001, Yugo 2001, Viña Alambrada 2001 jovem, Condesa de Leganza 2001, Tomillar 2001, Vihucas 2000, Señorío de Guadianeja, Torre de Gazate Sauvignon Blanc 2000 e Villasoro 2001, além dos espumantes brut e brut nature da D'Cuevas Santoyo. Destacam-se as safras de 1977, 1979, 1993, 1998 e 2004.

Nas adegas da Finca Antigua elaboram-se variados vinhos brancos e tintos, como os dois da direita.

MÉNTRIDA

Ao norte de Toledo, entre a serra de Gredos e o rio Tejo, situa-se a comarca vitivinícola de Méntrida, que integra 51 municípios da província de Toledo.

Há nela uma superfície de 13.375 hectares de vinhedos que se situam entre 400 e 600 metros de altitude sobre um solo arenoso de origem granítica, ácido, pouco salino e pobre em matéria orgânica. O clima é continental extremo, com invernos e verões muito duros, chuvas irregulares que poucas vezes atingem 400 milímetros anuais e insolação média de 2,8 mil horas por ano.

Nesses vinhedos predomina a uva tinta Garnacha, com mais de 80%. São obtidos vinhos tintos de 12°, ricos em taninos e matérias corantes, muito frutados e saborosos, brancos de 10° e rosados de excelente paladar e 11,5°. Também são elaborados vinhos tintos doble pasta (de dupla pasta, ou seja, fermentados com o dobro da quantidade normal de cascas), muito adequados para fazer *coupages*.

Destacam-se o vinho tinto Vega Berciana 2001, o rosado Señorío de Esteban Hambrán e o branco Viña Bispo 2001.

MONDÉJAR

Esta DO abrange os vinhos e vinhedos de uma comarca situada no sudoeste da província de Guadalajara, que se localiza no trecho oriental da depressão do Tejo e é cruzada pelo rio Tajuña. Sua altitude média é de 800 metros, sua climatologia, de tipo mediterrâneo temperado com certos elementos de clima continental, temperaturas máximas de 40 °C, mínimas de -10 °C, e precipitações médias entre 400 e 600 milímetros anuais. Existem cerca de 4,5 mil hectares de vinhedo. A variedade branca mais plantada é a Malvar, seguida de Macabeo e Torrontés, e as tintas, Cencíbel e Cabernet Sauvignon.

Garrafa de vinho tinto do Señorío de Mariscal, um dos melhores da DO Mondéjar.

Duas garrafas de tinto de Mondéjar: Reserva Cueva de los Judíos e Tierra Rubia, ambos com coloração intensa e sabor frutado. Entre elas, uma garrafa do branco Pago de Arís, de uva Torrontés, muito vivo, aromático e cristalino.

Dos vinhos desta DO merecem ser citados os das marcas Vega Tajuña, Monte Alcarria, Viña Sacedón, Señorío de Mariscal, Señorío de Prado e Señorío del Jardinillo.

VALDEPEÑAS

No sul da extensa planície manchega encontra-se Valdepeñas, que dá nome a esta DO. O clima de sua comarca é rigorosamente continental, muito seco, com temperaturas de até -10 °C no inverno e 40 °C no verão. São cultivados cerca de 30 mil hectares de vinhedos.

As cepas mais abundantes são a branca Airén e a tinta Cencíbel. São também cultivadas as uvas brancas Macabeo, Chardonnay, Verdejo, Sauvignon Blanc e Moscatel de Grano Menudo (Moscatel-aux-petits-grains), e as tintas Cabernet Sauvignon, Garnacha, Merlot, Syrah e Petit Verdot.

Os vinhos brancos de Valdepeñas têm teor alcoólico entre 11° e 12,5°. Devem ser bebidos frios e no mesmo ano de seu engarrafamento.

Os vinhos tintos, com teor de 12° a 13,5°, têm mais corpo e são mais complexos.

Os vinhos rosados, entre 11,5° e 13° de teor alcoólico, são semelhantes aos brancos em finura e acidez, mas a presença da uva Cencíbel acentua os aromas. Aconselha-se o seu consumo no primeiro ano.

O vinho branco Añil é um dos mais conhecidos da zona.

Rótulo de Viña Albali de 1993, que foi uma safra excelente.

Destacam-se os vinhos tintos Albor Tempranillo 2001, Dionisos Tempranillo 2002, Viña Albali 2001, Vegaval Plata 1993 e Palacio de Ibor 1994, ambos gran reserva, junto aos rosados Viñaluz 2001 e Destellos 2001, e o branco Ágora 2001. As safras de 1981, 1984, 1989, 1993 e 2004 foram excelentes.

Castela e Leão

As províncias de Valladolid, Burgos, León, Palencia, Salamanca, Ávila, Segovia, Soria e Zamora formam, na submeseta setentrional da península Ibérica, a comunidade autônoma de Castela e Leão. Com 94.127 km², é a região mais extensa da Espanha e da Europa e dedica cerca de 90 mil hectares ao cultivo da videira.

O prestígio dos vinhos de Castela e Leão iniciou-se há cerca de um século e meio quando, em terras ribeirinhas do Douro e próximas da vila medieval de Peñafiel, na província de Valladolid, nasceu a Bodega Vega Sicilia, que produz o que talvez seja o melhor vinho tinto do mundo. Cinco denominações de origem, com mais ou menos 400 vinícolas, fazem parte das terras de Castela e Leão: Ribera del Duero, Rueda, Toro, Bierzo e Cigales.

Além do mais, cerca de 200 vinícolas de oito comarcas comercializam seus vinhos sob a denominação de Vinos de la Tierra de Castilla y León — Cebreros, Las Arribes del Duero e Medina del Campo — ou como procedentes das comarcas vinícolas de Benavente, Ribera del Arlanza, Ribera del Cea, Sierra de Salamanca, Tierra del Vino e Valdevimbre-Los Oteros.

BIERZO

Na região se produz todo o leque de vinhos de qualidade: tintos de guarda, vinhos jovens, leves e frutados, brancos com caráter, claretes de qualidade, espumantes, licores e aguardentes. A comarca do Bierzo encontra-se no ocidente da província de Leão, com mais ou menos 400 metros de altitude média, entre os montes de Leão e a cordilheira Cantábrica. Conjuga os climas atlântico e mediterrâneo: temperaturas suaves, alta insolação, 2,1 mil horas anuais, e alto regime pluviométrico, 721 milímetros.

Os vinhos obtidos da uva Tinta Mencía são suaves, aveludados, com aromas primários muito frutados na juventude e de grande personalidade quando submetidos a envelhecimento em barris.

Em cerca de 4 mil hectares de vinhedo, o tipo de uva mais cultivado é a Tinta Mencía, depois da qual vêm Garnacha Tintorera para os vinhos tintos e Doña Blanca e Godello para os vinhos brancos, com presença também de Palomino e Malvasía. Tempranillo, Merlot e Cabernet Sauvignon só podem ser usadas para vinhos tintos crianza e reserva, e nunca em proporção superior a 15%.

Desta região destacam-se Ardai Cepas Centenarias, de 1999; Valtuille Cepas Centenarias, de 2000; Luna Beberide, de 1998; Corullón, de 2000, e Pitacum, de 2000. As melhores safras foram as de 1992 e 1997.

CIGALES

O Cigales Nuevo deve levar no mínimo 60% de uva Tinta del País e menos de 20% de variedades brancas. É um "vinho do ano".

Ao norte da cidade de Valladolid, a comarca de Cigales estende-se pelo setor norte da depressão do Douro, em ambos os lados do rio Pisuerga e em uma altitude média de 750 metros.

Na região são cultivados mais de 2,5 mil hectares de vinhedos em solos arenosos, calcários, pobres em matéria orgânica e submetidos a um clima continental com influência atlântica.

Cultiva-se fundamentalmente a Tinta del País, variedade local de Tempranillo, seguida por Garnacha Tinta e Garnacha Gris, para os tintos, e Verdejo e Albillo, para os brancos.

A produção básica é o clarete — Cigales Nuevo, Cigales e Cigales Crianza —, que tem teor alcoólico entre 10,5° e 13° e é um vinho fresco, leve e agradavelmente aromático. Produzem-se também vinhos tintos crianza, reserva e gran reserva, com teor mínimo de 12°.

Merecem destaque os vinhos tintos Traslanzas de 2000, Valdelosfrailes Vendimia Seleccionada, de 2000, e Torondos, de 1998, e os claretes Calderona Elite, de 2001, e Fuente del Conde, do mesmo ano. O melhor ano de Cigales foi 2004.

RIBERA DEL DUERO

Desde 1982 enquadram-se nesta denominação os vinhos cultivados e elaborados na zona vinícola do Alto Douro, que agrupa 58 municípios de Burgos, 19 de Valladolid, 6 de Soria e 4 de Segovia.

Essa região possui clima continental: verões secos e invernos muito frios, com temperatura média de 11 °C, pluviometria de 500 litros por metro quadrado e mais ou menos 180 dias de sol por ano.

Em pouco mais de 11,2 mil hectares são produzidos cerca de 150 mil hectolitros de vinho. As uvas tintas mais usadas são Garnacha, Cabernet Sauvignon, Merlot e, sobretudo, Tinta del País (96%), nome local da Tempranillo, excelente para o vinho da zona: um tinto cereja brilhante de 12° a 12,5° alcoólicos. A uva branca representa apenas 16,5% do total. A mais empregada é a Albillo ou Blanca del País, com a qual se obtém um excelente vinho rosado suave, frutado, fresco ao paladar, de tom entre o salmão, o rosa intenso e o acerejado.

Entre os vinhos tintos merecem destaque: Vega Sicilia "Único" Gran Reserva, Valbuena 5° ano 1998 Reserva, Pingus 2000, Arzuaga 1999, Alión 1999 Reserva, Pago de los Capellanes El Picón 1998, Pérez Pascuas 1996 Gran Reserva, Regina Vides 1998, Tinto Pesquera Millenium 1996, Tinto Pesquera 1995 Gran Reserva, Tinto Pesquera "Janus" 1991 Gran Reserva, Finca Villacreces 1999 Crianza, Matarromera Prestigio 1998, Hacienda Monasterio Reserva Especial, Pago de Carraovejas 1999 Reserva Especial, Vizcarra Torralvo Genérico 2000, entre muitos outros de excelente qualidade. As melhores safras foram as de 1981, 1989, 1995, 1996, 1999, 2001 e 2004.

Rótulo do vinho Ribera del Duero "Único" da Vega Sicilia, safra 1996.

À esquerda, vinho tinto Valdubón, Reserva 2000. À direita, tinto Vega Sicilia "Único", de 1980.

RUEDA

Numa zona de meseta situada por volta dos 700 metros de altitude, onde os invernos são muito duros, os verões muito quentes, ambos secos e sempre muito ensolarados, são cultivados cerca de 7,5 mil hectares de vinhedos de baixo rendimento mas de excelente qualida-

O vinho branco de Rueda, como este elaborado com a uva Verdejo, é um dos preferidos em muitas zonas da Espanha para acompanhar aperitivos.

de. Ali são plantadas as uvas Verdejo, Viura, Palomino e Sauvignon Blanco. Produzem-se Rueda Verdejo, Rueda Sauvignon, Rueda, Rueda Pálido, Rueda Dorado — o tradicional rubio ("loiro") de Rueda —, Rueda espumante, tintos e rosados.

Dentre os muitos e excelentes vinhos de Rueda, cabe citar os vinhos brancos José Pariente, Aura Ars Vinum Verdejo, Basa, Con Class, Gran Cardiel Rueda Vermejo, Viña Cimbrón Sauvignon, Hermanos Lurtón, Viña Pretil e Marqués de Riscal Limousin, além dos fermentados em barricas Belondrade e Lurtón, Excelencia, e dos doces Palacio de Bornos Verdejo e Doña Beatriz en Rama, de 2001. Foram muito boas as safras dos anos 1978, 1981, 1982, 1987, 1996, 1997, 1998, 1999, 2000, 2001, 2002, 2003 e 2004.

A palavra Verdejo no rótulo indica que o vinho leva no mínimo 85% desta uva.

TORO

Rótulo de um reserva de Toro, que chegou a ser o vinho mais apreciado em todo o país.

Ao sudeste de Zamora, adentrando na província de Valladolid, é produzido um tipo de vinho ao qual já se faz referência em escritos tão antigos como a *Crônica Rimada* de Alfonso XI, o *Livro do Bom Amor*, *A Celestina*, e textos de Gôngora, Quevedo ou Larra. Um vinho que chegou a ser, nos velhos tempos, o mais apreciado da península Ibérica: robusto, frutado na juventude, denso, de muito corpo e teor alcoólico, do qual se afirmou que podia ser bebido com garfo.

Nestes vinhedos cultivam-se especialmente as variedades Tinta de Toro e Garnacha, para a produção de vinhos tintos, e Verdejo e Malvasía, para a de brancos. O vinho tinto atinge um teor alcoólico de 12,5° a 15°, os vinhos brancos atingem um teor mínimo de

10° e os rosados, entre 11° e 14°. Os vinhos característicos desta DO são os tintos, tanto jovens como os crianza, reserva e gran reserva.

Cerca de 40 adegas cultivam 4,5 mil hectares em terras entre 620 e 750 metros de altitude, situados em solos profundos e de escassa fertilidade. O clima é continental extremo, com chuvas que quase não chegam a 400 milímetros anuais, invernos gélidos, verões secos e quentes, e muita insolação durante todo o ano.

Entre os vinhos de Toro, cabe destacar os tintos Pago La Jara Quinta Quietud, Finca Sobreño e Numanthia, além de Badajoz, Vences, de 1999, o reserva de Monte Toro e o Gran Colegiata Campus Viñas Viejas. As safras de 1991, 1994 e 1999 foram excelentes.

Os vinhos tintos têm de levar 75% de Tinta de Toro. Os reserva devem permanecer 12 meses em barricas de carvalho, e os gran reserva, no mínimo 24 meses.

Catalunha

A variedade de clima e a orografia, a posição mediterrânea e a estreito vínculo com as culturas que povoam há milênios o que os romanos chamaram Mare Nostrum permitiram que a Catalunha estivesse ligada ao cultivo da vide desde tempos bem remotos. Talvez tanto quanto as terras de Cádiz e de Jerez, e possivelmente com maior sistematização de cultivo do que nelas, pois, como em muitas outras terras europeias, este se desenvolveu em torno dos laboriosos mosteiros que mantiveram o conhecimento cultural durante a longa Idade Média.

A Catalunha está situada no Nordeste do país, entre 40,3° e 42,5° de latitude norte. Quanto ao clima, distinguem-se duas grandes zonas: a úmida e a seca.

A úmida, formada pelos Pireneus, pré-Pireneus e zonas altas da depressão Central e dos montes litorâneos, caracteriza-se por precipitações superiores a 600 milímetros anuais, verões frescos e invernos frios. Na zona seca, formada pelo núcleo interior da depressão, há oscilações térmicas pronunciadas, precipitações de 350 milímetros anuais, verões secos e muito longos, e invernos suaves.

Essa variedade de clima e orografia faz com que a Catalunha esteja formada por muitas regiões naturais, sendo cada uma delas adequada a uma variedade diferente de espécies vegetais. Por isso é, depois das Canárias, a comunidade autônoma espanhola que conta com maior número de denominações de origem: Alella, Empordà-Costa Brava, Costers del Segre, Penedès, Priorato, Tarragona, Terra Alta, Conca del Barberá, Plà de Bagés e a própria denominação Catalunya, às quais deve ser acrescentada a região do Cava, que abrange não só municípios catalães mas também de outras comunidades espanholas, como Valência, Navarra, Aragão ou La Rioja.

ALELLA

Várias garrafas de vinhos brancos elaborados por Marqués de Alella, um dos nomes mais importantes de Alella

Situa-se ao norte de Barcelona e tem clima mediterrâneo, com precipitações que não ultrapassam 600 milímetros anuais. Em mais ou menos 600 hectares de vinhedos, que costumam estar situados em encostas voltadas para o sul, são cultivadas as uvas Pansá Blanca, Pansá Rosada e Garnacha Blanca, para a elaboração de vinhos brancos com 11,5° a 13,5°, e Tempranillo, Garnacha Tinta e Garnacha Peluda para a elaboração de vinhos tintos com semelhante teor.

Merecem destaque os vinhos brancos Roura Sauvignon, de 2001, os Marqués de Alella, de 2000 e 2001, e o vinho tinto Roura Tempranillo Cabernet, de 1997. As safras de 1979, 1982, 1983, 1991 e 1997 foram excelentes.

AMPURDÁN-COSTA BRAVA

Na província de Gerona há uma zona de cerca de 3 mil hectares cujos vinhedos são cultivados nas encostas das serras de Rodes e Alberes, em solos pobres em matéria orgânica, com boa drenagem e alta insolação. Sob a influência da tramontana — um forte vento do norte — a região tem invernos suaves, ventilados, mas com escassas geadas, verões quentes, mas

Este Rigan-Ros, tinto de Empordà, como o resto desta DO, só é vendido pelo menos depois de dois anos da vindima.

suavizados pela brisa do mar, e um índice pluviométrico em torno dos 600 litros por metro quadrado ao ano.

São produzidos anualmente de 70 a 75 mil hectolitros. São cultivadas principalmente as cepas Macabeo e Pansá Blanca para a elaboração de vinhos brancos, e Garnacha e Mazuela para os tintos, todos com teor alcoólico de 11,5° a 13,5°. Os mais característicos são os vinhos rosados — o famoso Vi Novell — de grande personalidade e teor alcoólico.

Merecem destaque os tintos Oliver Contí, de 1998, Vinya Selva del Mar Garnatxa de L'Empordà, Gneiss, Castillo Perelada Finca Malaveina e Gran Claustro del Castillo Perelada, todos de 1999, os doces Espelt Garnatxa de L'Empordà e Ino Crianza tipo Solera, os tintos doces Masía Carreras Gran Reserva de la Familia e Estela Dulce S.C., e o vinho branco Oliver Contí, de 1998. Foram excelentes as safras de 1973 e 1978.

CAVA

O cava é o vinho espumante cujo processo de amadurecimento, desde a segunda fermentação até a eliminação dos sedimentos, transcorre na mesma garrafa em que foi efetuada a tiragem, seguindo o procedimento descoberto pelo monge beneditino Dom Perignon em meados do século XVII na Champagne francesa. Na Espanha, as primeiras garrafas do vinho espumante que depois iria ser denominado cava foram envasilhadas por Don José Raventós y Fatjó em 1872.

A zona de produção do cava é composta por 160 municípios que pertencem a sete comunidades autônomas. A maior parte deles está na Catalunha: 67 em Barcelona, 52 em Tarragona, 12 em Lérida e cinco em Gerona.

Cerca de 95% da produção do cava é feita na região de Penedès, principalmente na Villa de Sant Sadurní d'Anoia, em cujas vinícolas são elaboradas mais de 150 milhões de garrafas por ano.

Os cavas podem ser brancos ou rosados, podendo ser utilizados em sua elaboração uvas tintas ou brancas, como o Brut Reserva da Segura Viudas e o Cava Topacio, da Castellblanch.

Três expoentes da qualidade do cava: Brut Nature da Conde de Caralt, cava Reserva Real da Freixenet e cava da Canals & Nubiols.

A fabricação começa com a prensagem no lagar; depois, ocorre a separação das cascas do mosto, a fermentação, com a mescla de caldos de uvas diferentes, e finalmente a tiragem. Essa última etapa consiste em adicionar licor, leveduras secas, sacarose e mosto de uva concentrado parcialmente fermentado ou vinho base, para que a segunda fermentação ocorra já dentro das garrafas por dois ou três meses.

As garrafas são colocadas em estantes com buracos adequados para manter a garrafa levemente inclinada em direção à rolha. As garrafas são giradas com frequência para evitar que os sedimentos do vinho grudem nas paredes, durante mais nove meses. Por último, leva-se a cabo a degola, a eliminação do líquido do gargalo da garrafa, que é onde se acumulam as borras, e a reposição do volume derramado com o mesmo tipo de vinho ou com uma mistura preparada para que o teor alcoólico mínimo seja de 10,8°, e o máximo, de 12,8°.

Para a elaboração de vinhos com DO Cava são usadas as uvas brancas Macabeo (Viura), Xarel-lo, Parellada, Subirat e Chardonnay, e as tintas Garnacha Tinta e Monastrel. Para cavas rosados podem ser utilizadas Pinot Noir e Trepat.

De acordo com seu conteúdo de açúcar residual, os cavas se classificam em:

- Brut Nature: de 0 a 3 gramas de açúcar por litro.
- Extra Brut: até 6 gramas de açúcar por litro.
- Brut: até 15 gramas de açúcar por litro.
- Extrasseco: de 12 a 20 gramas de açúcar por litro.
- Seco: de 17 a 35 gramas de açúcar por litro.
- Semisseco: de 33 a 50 gramas de açúcar por litro.
- Doce: mais de 50 gramas de açúcar por litro.

O cava é o único vinho que acompanha perfeitamente qualquer tipo de comida e deve ser degustado entre 6 °C e 9 °C de temperatura.

São tantos os excelentes cavas preparados na Espanha que escolher os melhores é uma questão de gosto. Há nomes como Segura Viudas, Raventós,

Rótulos de Conde de Caralt e Freixenet.

Rótulos de cavas elaborados por Segura Viudas e Castellblanch.

Recaredo, Marrugat, Marqués de Monistrol, Freixenet, Codorniu, Naverán, Perelada, Castell de Vilarnau, Sumarroca ou Juvé & Camps, por exemplo. A melhor safra foi a de 2000.

CATALUNYA

A DO Catalunya foi criada por ordem do Departamento de Agricultura, Pecuária e Pesca da Catalunha em 22 de junho de 1999.

São admitidas para a elaboração de vinhos reconhecidos por esta DO todas as variedades de uvas autorizadas pelos diversos Conselhos Reguladores da Catalunha — cerca de 30, sendo 16 brancas e 14 tintas.

Esta DO inclui vinhos brancos de 10° de teor alcoólico mínimo, rosados de 10,5°, tintos de 11,5°, frisantes de 10,5° e licorosos de 15°. Os melhores deles podem ser envelhecidos.

A zona vinícola a que pertence Fra Guerau da Freixenet (Montsant) conseguiu a DO em agosto de 2001.

Merecem destaque o vinho tinto Can'Estruch Negre Bóta e o branco Can'Estruch Blanc Bóta, ambos de 2000, o tinto Coronas, de 1999, e o branco Vinya Bohigas Chardonnay, de 2001.

CONCA DE BARBERÁ

A Conca de Barberá está situada na parte meridional da Catalunha, no norte da província de Tarragona, e possui temperaturas mínimas de -6 °C e máximas de 35 °C, pluviometria média anual de 500 milímetros e mais ou menos 2,5 mil horas de insolação anual.

Seus vinhedos, cerca de 6 mil hectares, estão situados entre 350 e 600 metros sobre o nível do mar. São cultivadas Macabeo e Parellada, para os vinhos brancos, e Trepat e Tempranillo, para os tintos, embora sejam autorizadas as uvas brancas Chardonnay e Sauvignon Blanc, e as tintas Garnacha, Pinot Noir, Merlot, Cabernet Sauvignon, Cabernet Franc, Syrah e Mazuelo. Todos os seus vinhos têm teor alcoólico moderado (10,5°) e são bem dotados de acidez. Boa parte da produção destina-se à elaboração de vinhos para serem transformados em cavas.

Merecem menção especial o Gran Muralles, tinto de 1998, o Milmanda, branco de 2000, e o Clos Montblanc Masía Les Comes, tinto de 1999.

COSTERS DEL SEGRE

Esta região situa-se na zona meridional de Lleida (Lérida) e prolonga-se pela fronteira municipal de Tarragona. A temperatura oscila de -5 °C a 35 °C e os vinhedos estão situados entre 250 e 700 metros de altitude. Nesta DO, diferenciam-se várias comarcas: Raimat, situada no oeste de Lleida, tem mais de 1,5 mil hectares de vinhedo e produz bons vinhos brancos, tintos equilibrados e espumantes de grande personalidade; Artesa del Segre, ao noroeste de Lleida, elabora vinhos brancos, tintos e rosados.

Garrafas de Oda de Castell del Remei branco e tinto. Os vinhos desta zona têm teor alcoólico de 9° a 13,5°.

As subcomarcas de Vall de Ríu Corb e Les Garrigues, situadas no sudeste da província de Lleida, produzem vinhos brancos e tintos de alto teor alcoólico.

Outras subzonas são as de Pallars, Segrià e Urgel.

Destacam-se os tintos Comalats Reserva e Cérvoles Selecció en Vinya, ambos de 1998, o Raimat Valcorba, de 1995, o Cristiari Crianza, de 1999, o branco Chardonnay L'Olivera, de 2001, e o espumante Raimat Gran Brut.

PENEDÈS

Entre a serra próxima do litoral catalão e as planícies da costa mediterrânea acha-se a região de Penedès, onde são cultivados cerca de 27 mil hectares de vinhedos. Ela se divide em três zonas: Penedès Su-

Cepas como Macabeo, Chardonnay, Subirat Parent, Xarel-lo, Parellada, Mazuela, Garnacha, Samsó, Ull de Llebre, Monastrell ou Cabernet Sauvignon produzem vinhos como este tinto Mas d'Aranyó, da Segura Viudas.

perior, Penedès Central e Baixo Penedès.

O Baixo Penedès é uma zona adequada a variedades brancas como Xarel-lo e Macabeo, ou tintas como Tempranillo, Garnacha, Cariñena e Monastrell. No Penedès Central são cultivadas as uvas Xarel-lo e Macabeo, que em geral se destinam à elaboração de cava. No Penedès Superior tem sido tradicionalmente cultivada a Parellada.

Rótulos como este da Juvenals garantem a qualidade de vinhos leves, frescos e frutados.

Da direita para a esquerda, rótulos dos vinhos brancos Gessamí e Rovellats.

Os vinhos brancos e os rosados devem ser consumidos a uma temperatura de 8 °C a 10 °C, os cavas bruts e os vinhos frisantes, de 5 °C a 7 °C, os tintos jovens, de 13 °C a 16 °C, e os tintos de reserva, de 16 °C a 18 °C. Os vinhos frisantes de Penedès, brancos, rosados ou tintos, são fruto de uma pequena fermentação.

Os vinhos de Penedès são tantos e de qualidade tão boa que citaremos poucos para exemplificar: Sot Lefriec, de 1999, Dolç Adrià Dulce, de 1998, Bach Chardonnay, de 2001, Privat Cavernet Rosé, de 2001, Castell Roig Blanc Selecció, de 2000, Gran Reserva Hill, de 1996, Gran Toc, de 1997, Navarán, de 1999, Torrents Carbó Cabernet Merlot, de 1999, ou Augustus Chardonnay, de 2001. Foram excelentes as safras de 1972, 1976, 1978 e 1998.

PLÀ DE BAGÉS

A DO Plà de Bagés abrange 18 localidades da província de Barcelona, que têm temperaturas mínimas de -6 °C e máximas de 40 °C, e pluviometria anual de 500 a 600 milímetros.

Nas novas plantações são cultivadas

em espaldeira de 2 mil a 4 mil parreiras por hectare, e há na comarca cerca de 600 hectares.

As cepas predominantes continuam sendo as autóctones Picapoll e Macabeo, embora estejam autorizadas também as uvas brancas Parellada, Chardonnay e Gewürztraminer, e as escuras Garnacha, Ull de Llebre (Tempranillo), Merlot, Cabernet Sauvignon, Cabernet Franc e Syrah. São produzidos vinhos brancos de 11,5° a 13° de teor alcoólico, rosados de 12° a 13°, tintos de 12,5° a 13,5°, tanto crianzas como reservas e gran reservas.

Destacamos os tintos Enric Solergibert Gran Selecció, de 1998, Solergibert Cabernet Sauvignon, de 1998, e Abadal Masies d'Avinyó Cabernet Franc/Tempranillo, de 2000, o branco Abadal Masies d'Avinyó Picapoll, de 2001, e o rosado Abadal Masies d'Avinyó Cabernet Sauvignon, de 2001.

PRIORATO

A região abrange dez municípios na província de Tarragona. O clima é mediterrâneo, mais fresco que no litoral — de -4 °C a 35 °C —, com 400 a 600 milímetros de chuvas por ano e 2,6 mil horas de sol anuais.

Os vinhos tintos são a estrela da região. Elaborados com uma combinação das uvas Mazuela, Garnacha e Cariñena, eles atingem teor alcoólico de no mínimo 13,5°. São também produzidos brancos e rosados, ambos com mínimo de 13°, e rançosos (oxidados) e doces, que devem superar 15°. Nesta DO não se produzem vinhos crianza, e apenas os rançosos são envelhecidos.

Garrafas de vinhos branco e tinto das Bodegas Morlanda e Prior Terrae, com Denominação de Origem Priorato.

Merecem destaque L'Ermita, de 2000, Vall-Llach, de 2000, Doix, de 1999, Clos Mogador, de 2000, Clos Fonta, de 2000, Clos Figueres, de 2000, Barranc dels Closos, de 2001, e Lo Givor, de 2000. As melhores safras foram as de 1976, 1977, 1993, 1995, 1996 e 2001.

TARRAGONA

Encontra-se na parte sul da Catalunha, com 2,6 mil horas de sol anuais, pluviometria anual de 465 a 650 milímetros, 3 °C de temperatura mínima e mais ou menos 35 °C de temperatura máxima.

São cultivados 7,4 mil hectares de vinhedos com as uvas brancas Macabeo, Parellada, Xarel-lo, Chardonnay e Moscatel, e as uvas escuras Ull de Llebre, Cariñena, Garnatxa Negre (Garnacha Tinta), Cabernet Sauvignon, Merlot e Syrah.

Os vinhos têm teor alcoólico de 11° a 13°, salvo o clásico, que supera 13,5°, e o rancio (rançoso), que supera 14°. Cabe destacar os vinhos licorosos semidoces Áureo Muy Viejo e Pajarete Solera 1851, e o vinho tinto Clos dels Codols, reserva de 2000.

Rótulo de vinho de Serra de Llavería, amparado pela DO Tarragona e com 14,5° alcoólicos.

TERRA ALTA

Integram esta DO vinhedos cultivados em 12 municípios a oeste da província de Tarragona, em terrenos elevados e muito isolados geograficamente. São pouco mais de 8 mil hectares a uma altitude média entre 350 e 500 metros, com temperaturas de 35 °C a -5 °C, pluviometria média anual de 400 milímetros e 2,7 mil horas anuais de insolação.

São cultivadas principalmente as cepas brancas Garnatxa Blanca, Macabeo e Parellada, e as tintas Garnatxa Negra, Garnatxa Peluda e Cariñena, embora haja muitas outras autorizadas. Os rosados e os tintos atingem teor alcoólico de 12,5° a 15°, e os vinhos doces e os fortificados superam 15°, sem ultrapassar os 20°.

Podemos destacar os vinhos tintos Varvall Cabernet Reserva, de 1998, Nuestra Señora del Portal, de 2001, Millenium, de 2000, os brancos Clos d'Encis e Vallamajor, ambos de 2001, e os vinhos licorosos Mistela Josefina Piñol e Ranci.

Extremadura

Nas províncias de Cáceres e Badajoz há 124 municípios que dedicam um total de 87.450 hectares à viticultura, em comarcas nas quais os microclimas e a variedade de solos e de cepas dão origem a vinhos de personalidades muito diversas.

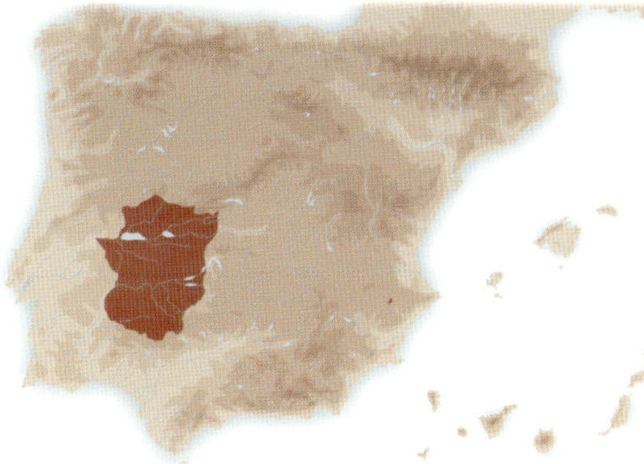

Em Extremadura, a viticultura teve origem na época romana, talvez em Mérida, a antiga Emérita Augusta, capital da Lusitânia romana e uma das principais regiões abastecedoras de vinho do Império Romano. A produção de vinho estremenho manteve-se constante e o vinho de Frenegal alcançou fama durante a Idade Média.

Durante o século XX os vinhos de Extremadura foram empregados com frequência para serem mesclados aos da terra em outras zonas. Algumas empresas jerezianas até instalaram adegas na zona para elaborar vinhos, e deles, aguardentes, para serem convertidas mais tarde em conhaque comercial. A partir da década de 1980 toda a região estremenha começou a modernizar suas instalações e técnicas vinícolas para adaptá-las aos atuais processos industriais, e muitos dos antigos vinicultores uniram-se em pujantes cooperativas.

Atualmente Extremadura possui pouco mais de 87,4 mil hectares de vinhedos, o que representa 6% do total existente na Espanha, e uma superfície maior do que a dedicada ao cultivo da vide em países de tanta importância vitícola quanto a Alemanha, a Áustria ou a Suíça, por exemplo. Na província de Badajoz são produzidos anualmente pouco mais de 1,8 milhão de hectolitros de vinho, e na de Cáceres, pouco mais de 100 mil hectolitros.

Garrafa de tinto de Marcelino Díaz. Estes vinhos tintos são amplos, suaves, agradavelmente cálidos, de moderada acidez e com aromas muito particulares.

Várias garrafas de brancos, rosados e tintos da Denominação de Origem Ribera de Guadiana, em Extremadura. Da esquerda para a direita, Bodegas Medina, Casimiro, Romale, San Isidro, Santa Marta e Ventura de Vega.

RIBERA DE GUADIANA

A região estende-se por boa parte da província de Badajoz e pelo sudeste de Cáceres. Nela há pouco mais de 16 mil hectares de vinhedos repartidos em seis subzonas vitivinícolas: Cañamero e Montánchez, na província de Cáceres, e Ribera Alta, Ribera Baja, Tierra de Barros e Matanegra, na província de Badajoz.

As variedades autorizadas são Alarije, Borba, Cayetana Blanca, Chardonnay, Chelva, Eva, Malva, Pardina, Parellada, Pedro Ximénez, Verdejo e Viura, entre as brancas, e Bobal, Cabernet Sauvignon, Garnacha Tinta, Graciano, Mazuela, Merlot, Monastrell, Syrah, Tempranillo e Cencíbel, entre as tintas.

São produzidos pouco mais de 32 mil hectolitros de tinto, 20 mil de branco e 2,2 mil de rosado, todos eles com entre 10° e 11° de teor alcoólico.

Merecem destaque os brancos Blasón de Turra e Campobarro, e os tintos Puerta Palma 2000, Leyenda 1999, Viña Tiza 2000 e Torremayor 2000.

Da esquerda para a direita, vinhos de Cooperativa San Marcos, Cooperativa Cave, Viñas de Alange, Viticultores de Barros, Vinícola Guadiana e Cooperativa Ribera del Fresno.

Galícia

A posição geográfica da Galícia a faz desfrutar de um clima oceânico caracterizado pela regularidade das chuvas, de mil a 1,5 mil milímetros anuais, temperaturas suaves e muito pouca oscilação térmica ao longo do ano.

O cultivo da vide chegou à Galícia com as legiões romanas, mas foram os mosteiros medievais que o mantiveram, expandiram, aumentaram o número de variedades cultivadas e implantaram as técnicas de vinificação que imperavam na vizinha França. No século XVI o vinho de Ribeiro era vendido em meia Europa, no século XVII era enviado para a América, no século XIX havia mais de 50 mil hectares dedicados ao vinhedo na Galícia e eram exportados 800 milhões de litros. Nesse mesmo século, por causa da filoxera importada da América um século antes e do posterior replantio de pés resistentes com porta-enxertos das variedades autóctones, os hectares dedicados ao cultivo da parreira na Galícia reduziram-se a 30 mil.

Dentre esses hectares estão os abrigados nas cinco denominações de origem da comunidade autônoma da Galícia: Monterrei, Rías Baixas, Ribeira Sacra, Ribeiro e Valdeorras.

MONTERREI

A comarca acha-se encravada em uma fossa tectônica situada no centro da zona meridional da província de Ourense.

Apesar das duras condições climáticas, a vinha é o principal cultivo de uma comarca que se divide em duas subzonas: Val de Monterrei e Ladeira de Monterrei.

Os vinhedos ocupam 3 mil hectares junto ao rio Támega e seus afluentes. Com as uvas brancas Verdello, Doña Blanca e Treixadura são elaborados vinhos brancos de cor amarelo-palha, frescos e agradáveis, que, quando predominam as variedades autóctones, são muito intensos e frutados. As uvas tintas Mencía, Gran Negro e Merenzao dão origem a tintos menos expressivos.

É imprescindível destacar entre todos os vinhos desta DO o tinto Terra do Gargalo e os brancos Terra do Gargalo, Pazo de Monterrei e Alanda jovem.

RÍAS BAIXAS

Esta zona é composta por cinco comarcas vitivinícolas: Val do Salnés, Soutomaior, Condado de Tea, O Rosal e Ribeira do Ulla. Nas cinco o clima de influência atlântica é temperado em todas as estações e generoso em chuvas.

Rótulo do albariño Liñar de Vides, do Pazo de Almuiña, de 1998.

São cultivados pouco mais de 2,4 mil hectares de vinhedo por cerca de 4 mil viticultores. A variedade branca preferida é a Albariño, da qual se elabora um

Garrafas de Pazo de Barrantes e do vinho branco Gran Veigadares, destacáveis dentro da DO Rías Baixas.

dos melhores vinhos brancos do mundo, de cor amarelo-palha e penetrante aroma frutado. Também se cultivam outras variedades cujos mostos costumam ser mesclados aos da Albariño. Os tintos não são representativos.

Entre os muitos vinhos que merecem destaque estão os brancos Pedro de Soutomaior Neve, com maceração carbônica, Albariño Pazo San Mauro, Pazo de Villarei, frutado, Dávila, Valdamor, Terra Gauda, Pazo de Señorans, Pazo de Barrantes, O Aforado Albariño, Torre Fornelos, Organistrum, Albariño la Val, Albariño do Ferreiro, Albariño Fillaboa 2001, jovem, Castro Valdés Albariño, Casal Caeiro, Castell de Bouza, Granbazán Ámbar, Valmiñor e Gran Veigadares. A melhor safra foi a de 1989.

RIBEIRA SACRA

Contrarrótulo genérico da Denominação de Origem Ribeira Sacra.

Esta zona encontra-se na parte sul da província de Lugo e no norte da província de Ourense, na Galícia interior. Distinguem-se as subzonas: Quiroga, Amandi, Chantada e Ribera del Miño, em Lugo, e Ribera del Sil, em Ourense. São 1,4 mil hectares de vinhedos sobre solos pedregosos, leves, orientados para o sul e com clima atlântico de transição influenciado pelos rios em que a uva tinta Mencía atinge seu esplendor.

Os vinhos mais conhecidos da Ribeira Sacra são os tintos de Mencía, jovens, de cor púrpura ou grená, perfume intenso, leves na boca, frescos e alegres, talvez os melhores vinhos tintos da Galícia. Dos brancos, despertam interesse as produções monovarietais de Albariño, Godello e Treixadura. São produzidos anualmente 45 mil hectolitros de vinho tinto e 5 mil de branco.

Garrafa de Vía Romana, tinto de Mencía da DO Ribeira Sacra.

Destacam-se os vinhos tintos Marqués de Garoña, Don Bernardino Selección Especial, Cardenal Rodríguez de Castro 2001, Conde de Piantes, Pedra Pompeira, Viña Mezquita e Regina Viarum Amandi, e os brancos Godello Abadía da Cova, Adegas Ponte da Boga e Casa Noreiras Godello.

RIBEIRO

A comarca situa-se a oeste da província de Ourense, onde confluem os rios Minho, Avia e Arnoia. Em clima de influência atlântica, com temperaturas suaves, são cultivadas as uvas brancas Treixadura, Loureira, Torrentés, Albariño, Albilla, Godello, Macabeo e Palomino, e as tintas Caiño, Ferrón, Sousón, Brancellao, Mencía, Garnacha Tintorera e Tempranillo.

Os Ribeiro brancos têm teor alcoólico médio de 9° a 12°.

Os Ribeiro brancos são vinhos de cor palha pálida, elegantes, frescos, leves, muito aromáticos e de alegre acidez.

Os tintos são vinhos de muito extrato, cor vermelho-amora muito viva, notável acidez e muito agradáveis ao paladar, com teor alcoólico de 9° a 12°.

Destacam-se os vinhos brancos Gran Rebordea, Mais de Cunqueiro Torrentés, Emilio Rojo, Viña Oein e o tinto Coto d'Ouro. Os melhores anos foram 1989, 1994, 1995, 1996, 2000, 2001 e 2003.

VALDEORRAS

Esta DO ocupa parte dos vales sulcados pelos rios Sil e Jares, no nordeste da província de Ourense. O melhor de seus vinhos brancos é o Godello, amarelo-palha, com 12°, limpo, frutado, boa estrutura na boca e longo retrogosto. Os melhores tintos são os Mencía.

Nesta comarca o clima é menos úmido do que no resto da Galícia, o que dá espaço a condições muito apropriadas

Ruchel é um dos nomes de destaque da Denominação de Origem Valdeorras.

para o cultivo da uva de qualidade: elevada insolação, temperaturas suaves e chuvas de até 800 milímetros anuais. Os vinhedos ocupam uma superfície de 1,5 mil hectares.

Merece destaque o vinho tinto Galiciano Mencía Noite e os brancos Guitán Godello, Viña Somoza, Viña Godeval Monovarietal Godello, Joaquín Rebolledo Godello e Viñaredo Godello. Os anos 1997 e 2004 foram excelentes.

La Rioja

La Rioja situa-se no oeste do Vale do Ebro, entre as comunidades de Castela e Leão, País Basco, Navarra e Aragão. Tem uma zona montanhosa no sul e outra formada por terras de 300 a 600 metros de altitude no norte.

Seu clima é mediterrâneo continentalizado, com mais chuvas, invernos mais frios e verões menos quentes na Rioja Alta do que na Baixa. Em ambas as zonas a temperatura oscila de 11,8 °C a 31,8 °C e anualmente elas recebem de 300 a 600 milímetros de chuva. Em outra comarca de La Rioja, a Tierra de Cameros, as temperaturas são mais baixas e o regime de chuvas pode atingir mil milímetros anuais. O vinho de Rioja é um dos mais prestigiados da Europa e sua produção anual costuma superar um milhão de hectolitros.

RIOJA

Fora dos limites da comunidade autônoma de La Rioja, mas dentro da DO Rioja, há uma importante zona de vinhedos na província de Álava, no vizinho País Basco. Por isso em La Rioja distinguem-se três zonas vinícolas: Rioja Alta, Rioja Baja e Rioja Alavesa, cada uma das quais produz vinhos que, dentro das qualidades e características da DO Rioja, oferecem outras próprias.

Nelas, encontram-se três tipos de solo: argiloso-calcário, argiloso-ferroso e aluvial. Os primeiros encontram-se sobretudo na Rioja Alavesa e em algumas zonas da Rioja Alta e produzem vinhos leves de cor. Os solos argilosos-ferrosos, repartidos por toda a zona da

Imagem dos vinhedos da Finca Valdemar. Nesta terra de vinhos, as maiores e mais produtivas vinícolas convivem com as adegas não comerciais, centenárias e familiares dos habitantes da região.

DO, dão origem a vinhos tintos de corpo médio e rosados. Os solos de caráter aluvial, nas margens dos rios de toda a região, produzem vinhos tintos e brancos de corpo médio.

A Rioja Alta tem clima continental moderado, de influência cantábrica, e seus 20.941 hectares de vinhedo estendem-se sobre terrenos argilosos-calcários de topografia suave em municípios como Haro, San Asensio, Cenicero, Fuenmayor ou Logroño. É cultivada principalmente a cepa Tempranillo, que proporciona vinhos tintos equilibrados, de cor rubi, bom aroma, estáveis e especialmente indicados para amadurecimento em carvalho.

Na Rioja Baja, composta por localidades como Ausejo, Alcanadre, Calahorra ou Arnedo, o clima seco, de influência mediterrânea, e a natureza fértil do terreno, solo argiloso-ferroso, proporcionam colheitas muito boas, com uvas perfeitamente maduras. Em seus 10.494 hectares de vinhedo são abundantes as cepas de Garnacha, que dão origem a tintos de teor alcoólico e acidez total média, apropriados tanto para consumo imediato quanto para o envelhecimento em barricas.

A Rioja Alavesa, sobre terras acidentadas, calcárias e muito adequadas ao cultivo da vide, conta com 16.951 hectares de vinhedo situados em localidades como Laguardia, Labastida ou Elciego, que produzem vinhos tintos e rosados com maior teor e extrato do que as outras duas zonas. Eles são elaborados, em sua maior parte, com a uva Tempranillo e oferecem elevados níveis de qualidade tanto na juventude quanto depois de maduros.

Em La Rioja são cultivadas mais de 70 variedades de uva, das quais muitas são autóctones, mas o Conselho Regulador da DO autoriza a elaboração de vinho de Rioja somente a partir de sete variedades, quatro tintas e três brancas. As brancas são Viura, Garnacha Blanca e Malvasía Riojana; as tintas são Tempranillo, Garnacha, Graciano e

Vinhos tintos de três adegas riojanas: Finca Valpiedra, Solar Viejo e Marqués del Puerto.

Mazuela. Em nenhum caso a presença de Viura deve superar 50% nos vinhos amparados por esta DO.

No todo da Rioja, tendo como base a uva Tempranillo, mesclada adequadamente com mostos das uvas Garnacha, Mazuelo e Graciano, são elaborados os grandes vinhos crianza, reserva e gran reserva que deram fama à região no mundo inteiro. Também são feitos vinhos brancos jovens e de guarda de boa qualidade e apreciáveis vinhos rosados.

Para a elaboração de vinhos brancos, a uva inteira passa à desengaçadeira, onde são eliminadas as cascas e os pedúnculos, e o mosto obtido vai aos tanques de fermentação. Para a elaboração de vinhos rosados, a uva, desengaçada e levemente espremida, passa aos tanques escorredores, onde é controlada a maceração do líquido com as cascas; uma vez obtido o mosto, ele é decantado antes de passar às cubas de fermentação. Para a elaboração de vinhos tintos, o sistema mais usado consiste em retirar os racimos na desengaçadeira antes da fermentação, de modo que são obtidos vinhos apropriados para um longo período de envelhecimento. Quando a uva inteira passa aos depósitos de fermentação, o sistema seguido — tradicional em La Rioja — recebe o nome de maceração carbônica:

- VINHO JOVEN: é o vinho que se encontra no primeiro ou segundo ano desde a fermentação. Conserva as características primárias de frescor e fruta.
- VINHO CRIANZA: é o vinho que possui pelo menos três anos e que permaneceu no mínimo 12 meses em barrica de carvalho, no caso dos tintos, ou seis meses, no caso dos brancos.
- VINHO RESERVA: é um vinho muito selecionado, com envelhecimento mínimo de três anos entre a barrica e a garrafa, um deles pelo menos em barrica, no caso dos tintos. Quanto aos brancos, têm um período de amadurecimento de dois anos.
- VINHO GRAN RESERVA: corresponde aos vinhos das grandes colheitas que envelheceram, no caso dos tintos, no mínimo dois anos em barricas de carvalho e três nas garrafas; no caso dos brancos, são quatro anos de amadurecimento no total.

Da esquerda para a direita, garrafas de vinho tinto, branco e rosado gran reserva Conde de Valdemar.

Como é impossível anotar numa enciclopédia como esta o nome de todos os vinhos de qualidade de La Rioja, citaremos somente alguns deles. Entre os tintos, Artadi Grandes Añadas 2000, Lan 2000, Dalmau 1996, Calvario 2000, Artadi Pagos Viejos 1999,

Altos de Lanzaga 1999, Coto Real 1997, Aurus 1999, Viña Ardanza 1995, Culmen 1994, Dalmau 1998, Marqués de Murrieta 1999, Lan 1996, gran reserva, Viña Lanciano Cum Laude 1997 e Marqués de Murrieta 1998, numa relação a que poderia ser acrescentada uma lista muito maior de vinhos que atingem uma pontuação de 85 em 100.

Entre os brancos, embora de menor qualidade que os citados, Malvasía Abel Mendoza 2001, Bagordi 2001, Beronia 1999, os três fermentados em barricas, Barón de Ley 2001, Viña Berceo 2001, Allende 2000, Remelluri 2000 e Viña Tondonia 1981, gran reserva. As melhores safras foram as de 1982, 1994, 1995, 2001 e 2004.

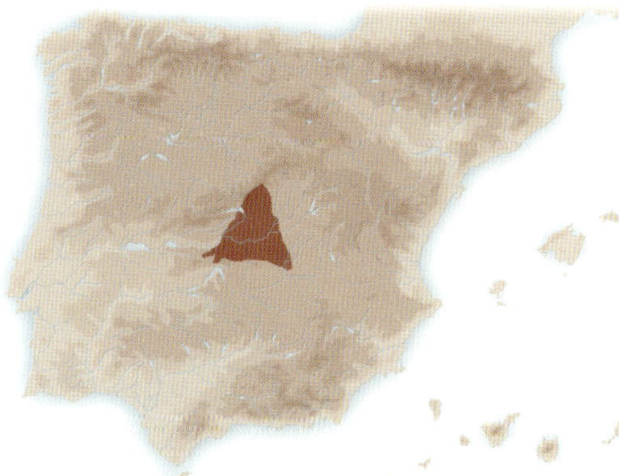

Madri

É provável que a *Vitis vinifera* já fosse cultivada nesta zona há muitos séculos, embora até o século XIII não houvesse começado o consumo do vinho de Madri fora da comarca e até o século XV ele não fosse exportado para outros reinos. Na segunda metade desse século, as autoridades municipais tiveram de impor medidas protecionistas para defender a alta produção da vila da concorrência de vinhedos vizinhos, como os de Getafe, Pinto, Parla e Fuencarral. Dois séculos mais tarde, a capital precisou ser abastecida com as produções de Arganda, Alcalá de Henares, Fuencarral, Alcobendas e Torrelaguna, apesar de haver em 1665, na cidade de Madri, 63 produtores de uva para vinho. No século XVIII, tinham notável prestígio os vinhos de San Martín, Valdemoro, Cadalso e Pelayos.

No início do século XX, havia na província de Madri mais de 60 mil hectares de vinhedos, arrasados em 1914 por conta da chegada da filoxera a San Martín de Valdeiglesias. A recuperação foi muito lenta até que, na década de 1950, com a implantação de variedades como Garnacha nas zonas de Navalcarnero, San Martín e em Airén, na de Arganda, boa parte dos antigos vinhedos foi restaurada e começaram a se formar as atuais cooperativas.

Em 1984 foi reconhecida a Denominação Específica Vinos de Madrid. Em 1990 reconheceu-se a DO Vinos de Madrid e começaram a ser vendidos os primeiros vinhos amadurecidos de Madri.

MADRI

A DO Vinos de Madrid estabelece três subzonas: Arganda, Navalcarnero e San Martín. O clima de toda a zona é continental seco, com apenas 400 milímetros de chuva anual e temperaturas muito extremas.

O Conselho Regulador desta DO autoriza as uvas brancas Malvar, Albillo, Airén, Parellada, Torrontés, Viura e Moscatel, e as tintas Tempranillo, Garnacha, Cabernet Sauvignon, Merlot e Syrah. Com elas são elaborados vinhos tintos, rosados e brancos de qualidades próprias em cada subzona.

Em Arganda, os brancos devem ter teor alcoólico mínimo de 10,5°, e os rosados e tintos, de 12°. Em Navalcarnero, 12° os brancos e 13° os rosados e tintos. Em San Martín, 13° os brancos e 13,5° os rosados e tintos.

Garrafa de branco envelhecido Puerta del Sol, das Bodegas Jeromín.

Garrafas de El Rincón e Eméritus, das Bodegas Marqués de Griñón.

Merecem menção especial os vinhos tintos Manu Vino de Autor 1999, Divo Gran Vino de Guarda 2000, Asido Vino de Guarda 2000, Félix Martínez Cepas Viejas 1999, Puerta de Alcalá 1998 e 1999, e os vinhos da Bodegas Laguna, especialmente Laguna Crianza e Exun. Entre os brancos destaca-se o Puerta del Sol 2001. Os anos 2001 e 2002 foram excelentes.

MÚRCIA

Múrcia tem clima mediterrâneo muito seco, com menos de 350 milímetros de chuva por ano, temperaturas que superam 40 °C no verão e insolação anual média superior a 2,8 mil horas.

Há 47.130 hectares de vinhedos nas três denominações de origem da região, Bullas, Yecla e Jumilla, que penetra na província de Albacete, na de Abanilla e na de Campo de Cartagena, cujos vinhos são comercializados como Vinos de la Tierra del Campo de Cartagena.

A maioria dos vinhos de Múrcia deriva da cepa Monastrell, da qual são obtidos vinhos com muita cor e corpo, licorosos e espumantes, sós ou em corte com Garnacha Tintorera, Cencíbel, Cabernet Sauvignon, Merlot e Syrah. Para os vinhos brancos da zona são usadas as uvas Macabeo, Airén, Pedro Ximénez e Malvasía.

BULLAS

Na DO Bullas estão inscritos vinhedos com uma extensão de 5,5 mil hectares situados em um relevo acidentado de altiplanos e vales que alcançam até 2 mil metros de altitude. A região tem clima mediterrâneo seco, de invernos curtos muito frios e longos verões quentes com chuvas que alcançam 450 milímetros anuais. Os vinhedos ocupam planícies escalonadas que se elevam de 450 a quase mil metros de altitude.

Na comarca de Bullas, a uva tinta Monastrell corresponde a 80% da área cultivada, complementada por Tempranillo, Airén e Macabeo. Cabernet Sauvignon, Syrah, Merlot e Garnacha, autorizadas, quase não estão presentes. Os vinhos de maior personalidade desta DO são os rosados — 75% da produção — com 11° a 12,5° de teor alcoólico. Os tintos têm de 12° a 14°, e os brancos, de 10° a 12,5°.

Merecem menção especial os vinhos tintos Las Reñas Selección, Partal e Mercader Quesada, junto aos brancos e rosados de Las Reñas.

Tintos rotulados pelo Conselho Regulador da DO, com o nome da região como marca. A uva Monastrell é a mais adequada para o clima e o solo profundo da zona.

Rótulo de Tesoro de Bullas, elaborado por uma cooperativa, com Denominação de Origem.

JUMILLA

A DO Jumilla abrange cerca de 2,4 mil hectares de vinhedos situados no altiplano levantino.

É um território situado entre 400 e 900 metros de altitude, com clima continental muito seco, frio no curto inverno e muito quente no verão.

A variedade prioritária é a tinta Monastrell, que alcança 80% do total cultivado. Em menor proporção há Garna-

Garrafas de vinho tinto Reserva Taja e branco Torrente. Nesta zona, em algumas ocasiões, utiliza-se a maceração carbônica para o vinho tinto.

cha, Garnacha Tintorera, Cencíbel e Cabernet Sauvignon, tintas, e Airén e Macabeo, brancas. São elaborados vinhos tintos bons para o consumo quando jovens, admitindo guarda moderada. São vendidos também os tintos de dupla pasta, de boa demanda internacional, e vinhos rosados e brancos. Por tradição são mantidos os vinhos rançosos, secos ou doces, de Monastrell, de amadurecimento muito prolongado, que se tornam finos ao paladar.

Os teores alcoólicos mínimos são: rosado, 11,5°; tinto, 12°; rosado Monastrell, 12,5°; branco, de 10° a 14°; doce rosado, 11,5°; doce tinto, 12,5°; Jumilla Blanco, 11°.

Destacam-se os vinhos tintos Las Gravas, Altos de Luzón, Casa de la Ermita, Mayoral Cabernet, Canalizo Syrah, Carchelo Syrah, BSI Monastrell Ecológico, Gémina Cuvée Selección Pie Franco, Castillo de Jumilla, Monasterio de Santa Ana Monastrell, Mayoral, Señorío de Tabarra Primicia Monastrell, Castillo de Luzón, Casa Castillo, Alceño Selección, Torrecastillo e Selección Silvano García Monastrell, que é um vinho tinto doce. As melhores safras foram as de1973, 1980, 1981, 1988 e 2004.

YECLA

Esta comarca situa-se ao norte da comunidade autônoma de Múrcia, com cerca de 4,2 mil hectares de vinhedos situados em solos pobres, calcários e pouco permeáveis. O clima garante invernos muito frios e verões muito quentes, precipitações baixas e insolação de 3 mil horas anuais.

A uva tinta Monastrell ocupa 80% do vinhedo. Também se cultivam Garnacha Tinta e Tintorera, Tempranillo, Merlot, Syrah e Cabernet Sauvignon, e as brancas Merseguera, Verdil, Macabeo e Malvasía. O vinho tinto tem teor alcoólico de 14° a 16°. São também elaborados vinhos rosados, brancos, licorosos e espumantes. Merecem destaque os tintos Viña Al Lado de la Casa Selección Vila Vinitice, Casa Cisca, Dominio Especial, Pozuelo, Castaño Monastrell e Castaño Colección, os dois últimos doces, além do branco Castaño Macabeo-Chardonnay. As melhores safras foram as de 1976 e 2000.

Navarra

Há 5 milhões de anos existia em Navarra a *Vitis silvestris*, espécie da qual nasceria com o tempo a *Vitis vinifera*. Em Navarra há restos arqueológicos — adegas, ânforas, monumentos funerários — que confirmam que sua produção de vinho já era importante durante os primeiros anos do Império Romano. Posteriormente, os mosteiros do século IX e seguintes plantaram novos vinhedos e implantaram as técnicas de vinificação seguidas pelos monges de Cluny e de Cister, na vizinha França. No século XIV, os vinhos navarros já eram exportados para muitos outros reinos europeus. Afirma-se que a uva Garnacha é originária do Alto Ebro, ou seja, de Navarra.

Consideram-se cinco subzonas: Ribera Baja, Ribera Alta, Valdizarbe, Tierra Estella e Baja Montaña.

NAVARRA

Os vinhos circunscritos pela DO Navarra são elaborados com uvas colhidas em cerca de 16,2 mil hectares muito diversos quanto ao tipo de solo, altitude e pluviosidade. Valdizarbe e Ribera Baja são as subzonas de maior produção e rendimento.

A variedade de uva mais usada é a Garnacha, embora nos últimos anos o seu cultivo tenha decrescido a favor de outras como Tempranillo, Cabernet Sauvignon, Merlot e Mazuelo. Entre as uvas brancas domina a variedade Viura, com presença de Chardonnay, Moscatel-de-grano-menudo e Malvasía.

São especialmente apreciados os seus vinhos rosados, os melhores da Espanha para muitos. Em sua elaboração, segue-se o sangrado, um método tradicional no qual o mosto é fermentado sem as cascas. Também se produzem vinhos tintos, fortificados, e moscatel licoroso, de longa tradição em Navarra.

A influência e o modo de fazer dos vinhos franceses é constante desde o século XIV em algumas Denominações de Origem, como a de Navarra.

Merecem destaque os vinhos tintos Torcas, Javier Asensio, Ochoa, Ochoa Vendimia Seleccionada, Palacio de Sada, Palacio de Otazu, Marqués de Valcarlos, Castillo de Javier e Viña Magaña, além dos brancos Chivite Colección 125 Vendimia Tardía, La Planilla Chardonnay, os fermentados em barricas Palacio de Muruzábal Chardonnay, Neceas Chardonnay "Cuvée Allier", Palacio de la Vega Chardonnay, Señorío de Sarría Viñedo n.º 3, Castillo de Monjardín, dos rosados Señorío de Sarría Viñedo n.º 5, Gran Feudo e Malón de Echaide, dos moscatéis Goya e Sarasate, e dos doces Montecristo e Gran Feudo. As melhores safras foram as de 1995, 2001 e 2004.

País Basco

O País Basco, *Euskal Herria* ou Euskadi na língua basca, pertence à chamada Ibéria úmida, de clima oceânico, com precipitações anuais em torno dos mil litros por metro quadrado e temperaturas suaves.

Na zona do litoral e nos montes bascos essas precipitações superam 1,7 mil litros em Donostia-San Sebastián, com apenas 12 °C de variação térmica, enquanto na zona meridional, no centro e no sul da província de Álava, os invernos são mais duros, os verões, mais secos, as precipitações giram em torno de 900 milímetros anuais e a oscilação térmica é maior, cerca de 15 °C, em Vitoria-Gasteiz.

Os vinhos de melhor qualidade do País Basco são os da Rioja Alavesa, mas não termina aqui a relação de vinhos da região, pois o Chacolí de Guetaria (*Getariako Txakolina*) e o Chacolí de Vizcaya (*Bizkaiako Txakolina*) são duas Denominações de Origem cujos vinhos merecem atenção separada.

Ao mesmo tempo, desde 2001, a região cantábrica alavesa e as prefeituras de Amurrio, Ayala, Artziniega, Llodio e Orondo amparam o seu chacolí sob a DO Chacolí de Álava.

CHACOLÍ DE GUETARIA

A comarca produtora do *Getariako Txakolina* ou Chacolí de Guetaria situa-se na costa de Guipúzcoa. É uma zona que goza de clima atlântico, com temperaturas médias elevadas e alta pluviometria. Os vinhedos ocupam cerca de 85 hectares e são cultivados nas encostas mais bem ensoladas por pouco mais de 30 viticultores, produzindo anualmente cerca de 4,6 mil hectolitros.

Na elaboração de seus vinhos são utilizadas duas variedades autóctones: a uva branca Ondarrabi Zurri, majoritária, e a tinta, mas descolorida, Ondarrabi Beltza. Os chacolís de Guetaria, brancos, têm teor alcoólico de 10° a 12°. Os chacolís tintos e rosados devem ter teor alcoólico mínimo de 9,5°.

Merecem destaque os brancos Gauintza, Txomin Etxanis e Txakoli Rezabal, e o tinto Talai-Berri Txakoli.

CHACOLÍ DE VIZCAYA

O *Bizkaiako Txakolina* ou Chacolí de Vizcaya obteve a DO em 1994. A superfície de vinhedo nesta DO é de apenas 50 hectares, apesar de sua zona de produção estar repartida por quase toda a província de Vizcaya, com dois núcleos principais, Baquio e Balmaseda.

O clima, tipicamente cantábrico, é úmido, com pluviometria anual de 1,1 mil a 1,3 mil litros e de 120 a 150 dias de chuva por ano, e a temperatura tem média anual de 14 °C, embora no verão possa atingir às vezes 40 °C. A umidade do clima faz o vinhedo ser cultivado em latadas ou espaldeiras, procurando orientações favoráveis para o amadurecimento das uvas.

A produção fundamental de Vizcaya são os vinhos brancos, mas não faltam os tintos e rosados. O *txakolí* branco tem uma atraente cor palha esverdeada, moderado teor alcoólico, cerca de 9,5°, acidez refrescante e uma leve sensação frisante, e deve ser consumido em sua primeira juventude.

Entre os vinhos brancos que merecem destaque, cabe citar Txakolí Itsasmendi Berezia, Señorío de Otxaran, Aretxondo Luberri Mahastia, Doniene e Amunategui.

RIOJA ALAVESA

Já foi dito que os vinhos de melhor qualidade do País Basco são os de La Rioja Alavesa, uma região em cujo centro se encontra a cidade de Laguardia. Nela, a serra da Cantábria impede a penetração da influência que o mar Cantábrico exerce sobre todo País Basco e a protege do vento mistral da serra. Por isso, Laguardia goza de um clima de transição rumo à meseta espanhola, seco e cálido, que é diferente em relação ao resto do País Basco e tem um índice pluviométrico médio anual de 450 a 600 milímetros.

Seus vinhedos assentam-se em 16.951 hectares de solos acidentados, calcários, nos quais se cultiva especialmente a uva Tempranillo. Dela são obtidos vinhos de excelente qualidade tanto na juventude quanto depois de passarem pela crianza, reserva ou gran reserva. Além dos vinhos tintos da uva Tempranillo encontram-se rosados de Garnacha Tinta e os bons vinhos brancos de Viura.

Na Rioja Alavesa encontram-se muitas das vinícolas que produzem os melhores vinhos de La Rioja, como Marqués de Riscal, Campillo, Palacio, Contino ou Remelluri. Nela são elaborados ainda os vinhos de colheiteiro: tintos jovens, com intensos aromas frutados, paladar fresco e levemente cortante, de excelente qualidade. As melhores safras foram as de 2000 e 2003.

VALÊNCIA

Toda a comunidade valenciana tem clima mediterrâneo com invernos suaves, de 7 °C a 11 °C, e verões quentes e secos, de 18 °C a 26 °C. Nas zonas situadas no interior o clima apresenta maiores contrastes entre o frio inverno e as temperaturas estivais. A precipitação anual varia de 650 litros anuais por metro quadrado nas terras altas do norte a apenas 250 nas comarcas do sul de Alicante e 400 nas planícies costeiras.

Rótulo de Fondillón, um gran reserva de Primitivo Quiles.

As pragas de vinhedo que assolaram as vinhas europeias durante o século XIX converteram o porto de Valência na grande porta de saída do vinho espanhol a granel. Com isso, aumentou enormemente a capacidade produtiva das regiões vinícolas valencianas, como Valencia, Utiel-Requena e Alicante.

ALICANTE

Esta região vinícola se situa em ambos os lados do rio Vinalopó, numa terra de escassa pluviosidade na qual é cultivada principalmente a uva tinta Monastrell, seguida em importância pela Garnacha Tintorera e, em menor propor-

Vinhos Marina Alba, branco gran selección, e Castillo de Alicante, tinto reserva, ambos da Bocopa.

ção, por Forcallat Blanca e Moscatel. As variedades brancas Merseguera, Verdil e Airén são cultivadas em terrenos não apropriados para os pés de cepa americanos. Os vinhos tintos são os mais característicos da zona.

As muitas horas de sol da zona permitem a obtenção de vinhos de alto teor alcoólico, de 17° a 18°, o que propicia um envelhecimento nobre e possibilita a obtenção de ampla gama de vinhos generosos. Dentre todos eles destaca-se o vinho mais famoso de Alicante, o fondillón, um vinho generoso de 15° a 18°. Seco, aromático e doce, é obtido graças a uma vindima tardia, com cuidadosa secagem das uvas ao sol, e uma elaboração especial, com passagem dos anos em velhos tonéis de carvalho no sistema de soleras.

A zona de produção de vinho divide-se em duas subzonas: a bacia alta e média do rio Vinalopó e a zona de La Marina, em terrenos altos e litorâneos, nos quais é elaborada uma das mistelas mais prestigiosas da Espanha.

Merecem ser destacados os vinhos tintos de Enrique Mendoza Santa Rosa, Shiraz e Dolç de Mendoza, além de Perfummum, Al Muvedre Monastrell, Casta Diva Monte Diva Imagine, Laderas de El Seque e Raspay; os fondillón Casta Diva 15 anos, Casta Diva 1993 e Primitivo Quiles; os vinhos brancos Casta Diva Miel Dulce, Monte Diva e o vinho licoroso Sol de Alicante Dulce Negra.

UTIEL-REQUENA

A região valenciana vinícola de Utiel-Requena encontra-se entre os rios Turia e Cabriel. É uma pequena meseta de perímetro quase circular de cerca de 45 quilômetros de diâmetro, que se inclina de 907 metros de altitude em Camporrobles até 697 metros em Siete Aguas.

O clima desta comarca é de tipo mediterrâneo, embora sua altitude e afastamento do mar façam com que apresente traços continentais, com temperatura média anual de 14 °C e variação térmica anual superior a 17 °C. Quanto à precipitação média anual, atinge 430 litros anuais por metro quadrado.

Rótulo de Las Lomas de Requena, da DO Utiel-Requena, feito da variedade Bobal.

A DO Utiel-Requena produz fundamentalmente vinhos tintos a partir de Botal — 90% do total —, Tempranillo, Garnacha, Cabernet Sauvignon, Merlot e Syrah. As variedades brancas admitidas são Macabeo, Merseguera, Planta Nova, Chardonnay e Sauvignon Blanc. São engarrafados mais de 25 milhões de litros de vinho tranquilo e cerca de 900 mil de cava, com os seguintes teores alcoólicos: os brancos, de 10,5° a 12°, os rosados, de 10,5° a 12,5°, os tintos, de 11,5° a 13,5°, e os vinhos de guarda, de 12° a 13,5°.

Merecem destaque os vinhos tintos Coronilla, Sybarus Syrah, Ceremonia, Cerro Bercial Tradición, Vereda Real, Pasiego, Peña Tejo Bobal e Martínez Bermell Merlot.

VALENCIA

Os vinhedos abarcados pela DO Valencia repartem-se por quatro subzonas: Alto Turia, Valentino, Moscatel de Valencia e Clariano. Nelas, as cepas crescem em terras pardas e de escasso húmus, solos calcários e permeáveis e em clima plenamente mediterrâneo, com temperaturas que vão de 39 °C a -4 °C. As uvas Merseguera e Macabeo predominam no Alto Turia; as brancas Malvasía, Pedro Ximénez e Moscatel, e as tintas Garnacha e Tempranillo Malvasía, em Valentino; em Clariano, as tintas Monastrell, Forcallat e Tempranillo, e as brancas Macabeo, Malvasía e Tortosí; e em Moscatel de Valencia, a Moscatel.

Alguns dos vinhos que merecem ser mencionados são os tintos Torrevellisca e Murviedro, os brancos Carmelitano Moscatel e Murviedro, o rosado Castillo de Liria e o moscatel Fusta Nova.

À esquerda, Marqués de Turia, branco, e tinto de Vicente Gandía. Acima, rótulo de Los Monteros.

FRANÇA

A França é o segundo país do mundo em produção vinícola, pois em pouco mais de 1 milhão de hectares de vinhedos produz em torno de 60 milhões de hectolitros de um vinho que durante séculos foi considerado o melhor do mundo. Agora, porém, concorre em qualidade com outros iguais ou superiores, produzidos em lugares como Espanha, Califórnia, África do Sul, Argentina, Austrália, Itália, Grécia, Chile, Alemanha ou Hungria.

Nenhum país pode igualar a França nas condições climáticas e geológicas que ela tem para o cultivo da vide: invernos não muito duros, verões não excessivamente secos, abundância de chuvas e muitas horas de sol favorecem o desenvolvimento da planta em uma inigualada variedade de solos apropriados para o ótimo crescimento da *Vitis vinifera*.

A França ampara seus vinhos de qualidade com denominações de origem controladas, que aqui agruparemos por regiões, pois a maioria dos consumidores não franceses se refere a elas quando falam de algum vinho francês: um

Vinhedos como este produzem uvas com as quais Bordeaux obtém vinhos classificados em *Premières, Deuxièmes, Troisièmes, Quatrièmes* e *Cinquièmes grands Crus, Crus bourgeois, Crus artisans, Saint Émilion* e *Graves*.

Bordeaux, um Borgonha, um Champanhe etc. Quase poderíamos dizer que, na França, há tantas classes de vinho como vinhedos, uma vez que cada um deles concede tradição familiar e gosto pessoal antes, durante e depois da vinificação. É preciso levar em conta ainda que as elaborações dos vinhos tinto, branco, rosado e espumante são diferentes entre si e admitem processos diversos. Por isso, o *vigneron*, o responsável pela vinificação, deve ser considerado um artista.

Acima, vinhedos do Domaine des Vienais, em Benais (vale do Loire central), no qual a uva Cabernet Franc (abaixo) é a protagonista.

A França comercializa seus vinhos em quatro categorias:

- *Appellation d'Origine Contrôlée* (AOC): designa que é originário de uma região ou lugar e que reúne um conjunto de características próprias. No início do século XXI, havia na França 467 AOC no setor vinícola.
- *Appellations d'Origine-Vins de Qualité Superieur* (AOVDQS, ou apenas VDQS): indica que os vinhos se ajustam e correspondem às condições de produção fixadas quanto a cepas, produtividade, sistema de vinificação, tempos e modos de criação etc. São uma categoria intermediária entre os AOC e os Vins de Pays.
- *Vins du Pais du...* (Vinhos das Terras de...): procedem de uma zona vinícola delimitada e possuem um caráter muito definido. São uma seleção dos melhores vinhos de mesa.
- *Vins de Table* (Vinhos de Mesa): são vinhos para o consumo diário, obtidos, muitas vezes, da mescla de mostos de diversas procedências.

Os vinhos AOC, os de maior categoria nesta classificação, oferecem cinco garantias: área de produção, variedades de uva empregadas, produção por hectare, teor mínimo de álcool e método de vinificação.

Os rótulos de Vinho de Mesa levam somente o país como dado de origem. Nos dos Vinhos das Terras não pode ser usado o termo Château, mas seus produtores gozam de maior liberdade para empregar novas variedades de uva e técnicas de elaboração. Nos rótulos dos vinhos AOC e VDQS incluem-se, além do nome do produtor, o do último responsável — o engarrafador —, a sua classificação, o ano da safra, o nome das vinhas, a denominação de origem, a forma como o vinho foi engarrafado, o teor alcoólico, o volume e, para o mercado de exportação, o re-

Uma garrafa de vinho tinto francês, da Sachalichine, marca que exporta seus vinhos para o mundo inteiro, principalmente para os Estados Unidos e o Japão.

gistro Made in France. Em qualquer uma delas podem ser empregados os seguintes termos: liquoreux, muito doces; moelleux, doces; doux, meio doce; demi sec, meio seco; sec, seco. No caso dos champanhas: brut, seco, mas não em excesso; extra brut, brut sauvage e ultra brut, extraordinariamente seco; brut blanc de blancs, vinho branco de uvas brancas; brut blanc de noirs, branco de uvas escuras; rosé, rosado. Uma classificação tão complexa e com tão elevado número de appellations para definir os seus muitos vinhos só pode ser explicada pela longa tradição vitivinícola francesa e pela variedade, qualidade e quantidade de sua produção: quase 1 milhão de hectares de cultivo, uma produção de cerca de 60 milhões de hectolitros e um consumo de 34 milhões a consolidam como a maior produtora e consumidora de vinhos em nível mundial.

Alsácia

Situada ao norte da França, entre Estrasburgo e Mulhouse, é uma região vinícola que se estende por cerca de 120 quilômetros de comprimento e entre 1 e 5 quilômetros de largura na margem oeste do Reno. Seus vinhedos se estendem por uma faixa de terras junto ao rio Ill, nas curvaturas dos Vosges, ao longo de uma centena de quilômetros de norte a sul, em altitudes de 200 a 440 metros. Os solos são muito variados e o clima é continental de verões muito quentes, invernos rigorosos, ensolarados e com poucas chuvas, especialmente em setembro e outubro, o que favorece a produção de vinhos robustos.

Salvo duas categorias, o *Vendanges Tardives* (vindimas tardias) e *Sélection des Grains Nobles* (de uvas afetadas pela podridão nobre), todos os vinhos alsacianos são classificados como Alsace AOC. Eles são identificados pela uva com a qual foram 100% elaborados: Gewürztraminer, Riesling, Pinot Gris, Muscat, Sylvaner e Pinot Blanc ou Klevner para os vinhos brancos; Pinot Noir para os vinhos tintos e rosados. As únicas exceções são o vinho Edelzwicker, que é produzido com um conjunto de várias cepas alsacianas, e o AOC *Crémant d'Alsace*, um vinho espumante com produção anual de cerca de 15 milhões de garrafas. Os vinhos da Alsácia, salvo as exceções mencionadas, são nomeados de acordo com a uva usada, no que se distinguem do resto dos vinhos franceses de qualidade, que costumam tomar o nome da zona da qual procedem.

Os vinhos da Alsácia são sempre engarrafados na região em que são produzidos, em garrafas altas, finas e verdes, como as da zona alema do Mosela.

A denominação de origem AOC Alsace Grand Cru está reservada aos vinhos das cepas Riesling, Gewürztraminer, Muscat e Tokay-Pinot Gris, pois na Alsácia predominam as cepas brancas, além da única tinta, Pinot Noir.

A Alsácia produz vinhos de tipo alemão com métodos franceses, o que os dota dos aromas florais próprios dos vinhos alemães e do corpo que caracteriza os bons vinhos franceses. Foram safras excepcionais as de 1990 e 1997, muito boas as de 1996, 1998, 1999 e 2000, boas as de 1991, 1992, 1994 e 1995, e aceitável a de 1993.

CRÉMANT D'ALSACE

O *Crémant d'Alsace Appellation Alsace Contrôlée* é um vinho espumante com aroma de frutas vermelhas e abricó. Ele é vinificado pelo sistema champenoise com as uvas Pinot Blanc — preferencial —, Pinot Gris, Pinot Noir e Chardonnay.

Sua produção anual já passa de 15 milhões de garrafas, incluindo cerca de 1 milhão de um espumante rosado de boa qualidade. Seus melhores produtores são Kuentz-Bas, Cattin e a cooperativa Staffenheim.

É um vinho de sobremesa que deve ser consumido antes de superar cinco anos, quando passa a perder qualidade. Acompanha bem o queijo Sangres. O Crémant d'Alsace branco é elaborado com Pinot Blanc e o tinto com Pinot Noir, ambos pelo tradicional método champenoise, embora não possam ser denominados champagne. Suas melhores safras ocorreram de 1990 a 1996, exceto 1991 que foi de baixa qualidade, e em 2000 e 2003.

GEWÜRZTRAMINER

O *Gewürztraminer Appellation Alsace Contrôlée* é um vinho branco, encorpado e muito aromático, o mais conhecido dos vinhos alsacianos. O próprio nome define as suas características, pois gewürz significa picante em alemão, e traminer, vindo de Tramin, uma pequena zona do sul do Tirol, de onde a cepa é originária. É um vinho delicioso, frutado e com um buquê floral muito perfumado. As uvas são cultivadas em solos calcários ou argiloso-calcários, sobre uma superfície de 2,5 mil hectares. São produzidos 29 mi-

Os brancos da Alsácia, como estes elaborados com a variedade Gewürztraminer, são deliciosos para acompanhar pratos ao curry e picantes em geral. Podem ser servidos junto com aperitivos, como foie gras, sobremesas e especialmente com queijos azuis.

lhões de garrafas desse vinho, 18% da produção de vinhos da Alsácia.

Como todos os vinhos brancos da Alsácia, o Gewürztraminer deve ser servido em temperatura de 8 °C a 10 °C.

Alguns de seus melhores vinhos são dos produtores Trimbach, Beyer, Blanck, Hugel e Weinbach. Suas melhores safras dos últimos anos foram as de 1983, 1985, 1988, 1989, 1990, 1992, 1993, 1996, 1998, 2000, 2003 e 2005.

MUSCAT

O *Muscat Appellation Alsace Contrôlée* é elaborado com a Muscat, uma das uvas mais antigas e espalhadas pelo mundo. Corresponde ao moscatel espanhol e português, mas o Muscat d'Alsace não é doce. Dele se obtém um vinho delicado, seco — o único Muscat seco da França —, frutado e que, como todos os procedentes dessa cepa, brancos ou tintos, amadurecidos ou de mesa, puros ou híbridos, tem o característico aroma muscaté. Poucos vinhos possuem um gosto de uva tão marcado como este Muscat e são, ao mesmo tempo, tão secos.

Cachos de uva branca Muscat, uma variedade que prospera especialmente bem no clima seco.

Entre os melhores produtores de Alsace Muscat encontram-se Kreydenweiss, Kuentz-Bas, Trimbach e Zind-Humbrecht.

PINOT BLANC

O *Pinot Blanc Appellation Alsace Contrôlée* é um vinho branco, seco e suave, com aroma de maçã e levemente cremoso. É mais aromático e leve que o resto dos vinhos brancos alsacianos, com um equilíbrio ajustado entre doçura e frescor. Os mostos procedentes de Pinot Blanc misturam-se com frequência aos de uvas Auxerrois, o que confere a esses vinhos maior caráter alsaciano. São cultivados 2,85 mil hectares, 20% dos vinhedos alsacianos, num solo de arenito. A produção média é de 33 milhões de garrafas.

Entre seus melhores produtores encontram-se Beyer, Blanck, Deiss, Hugel, Kreydenweiss, Trimbach, Turckheimm e Zind-Humbrecht. As últimas melhores safras de Pinot Blanc foram as de 2001, 2003 e 2005.

Este vinho branco elaborado com uvas Riesling deve ser consumido entre dois e cinco anos. É ideal para acompanhar peixes, aves e queijos.

PINOT GRIS

O *Pinot Gris Appellation Alsace Contrôlée* ou *Tokay Appellation Alsace Contrôlée* é cultivado em cerca de 1,3 mil hectares de solos argiloso-calcários, dos quais são elaborados anualmente 22 milhões de garrafas de alguns dos melhores vinhos da Alsácia. São vinhos brancos, secos, fortes, com certo gosto de mel que matiza o seu característico sabor de pêssego e abricó, de cor dourada e baixa acidez.

Estes vinhos são ideais para acompanhar carne de vitela, foie gras, quiche lorraine e os queijos Chaource, Epoisses e Langres, e podem substituir bem os vinhos tintos para acompanhar pratos de carne vermelha.

Vinho branco elaborado com a variedade Tokay ou Pinot Gris. Os vinhos de seu tipo devem ser consumidos muito jovens ou após alguns anos, nunca com idade intermediária.

Entre os produtores deste vinho merecem destaque Turckheim, Weinbach, Beyer, Blanck, Schlumberger e Trimbach. São recomendados os vinhos das safras de 1988 a 1998, 2000 e 2003.

PINOT NOIR

O *Pinot Noir Appellation Alsace Contrôlée* é elaborado com a uva Pinot Noir, talvez a melhor uva tinta do mundo, em

que pese a dificuldade de seu cultivo. Ela deve ser plantada em clima frio, pois brota e amadurece muito depressa, razão pela qual produz vinhos de sabor duvidoso em climas quentes. Apesar disso, são obtidos ótimos produtos desta variedade na Califórnia e na Austrália.

Na Alsácia, os vinhos feitos com a Pinot Noir, única uva tinta que amadurece ali, ficam em um ponto intermediário entre os rosados e os tintos, uma vez que raramente conseguem cor e consistência suficientes. Assemelham-se mais aos fragrantes e florais vinhos da Pinot Noir alemã que aos da Borgonha feitos dessa mesma cepa.

Dentre seus produtores são destacáveis Deiss, Hertz, Hugel, Turckheim e Kuentz-Bas. Foram excepcionais os anos 1990 e 1996, mas também é preciso citar as safras de 1992, 1993, 1995 e 1997.

RIESLING

O *Riesling Appellation Alsace Contrôlée* é um vinho elaborado com Riesling e cultivado em cerca de 3,3 mil hectares do vale do Reno, em solos calcários ou argiloso-calcários. A cepa Riesling é a mais popular da Alsácia e tem fama de ser a mais elegante.

Convém consumir os vinhos brancos de uva Riesling, como o Duck Pond norte-americano desta garrafa, antes de completarem cinco anos, menos no caso dos obtidos de *grains nobles*, que têm idade ideal de consumo entre cinco e 15 anos.

Dela se obtém um vinho branco muito seco, bem equilibrado, límpido e delicioso, talvez o mais fino dos vinhos alsacianos, do qual são produzidos anualmente cerca de 36 milhões de garrafas, todos em *châteaux*.

Quando esse vinho é jovem costuma possuir uma acidez metálica, cortante, mas quando amadurece desenvolve um sabor de mel e doces que contrasta com essa acidez. Isso ocorre especialmente quando as uvas usadas são de uma vindima tardia ou de uma seleção de grains nobles, isto é, uvas atacadas pela *Botrytis cinerea*.

É um vinho muito apropriado para acompanhar peixes, mariscos, aves, carnes frias e pratos alsacianos como chucrute ou presunto defumado, bem como vários tipos de queijos, como Morbier e Parmesão.

Entre os melhores produtores deste vinho encontram-se os tradicionais Beyer, Blank, Deiss e Trimbach. Nos últimos anos, suas melhores safras foram as de 1990, 1993, 1995, 1997, 1998, 2000, 2001, 2003 e 2005.

SYLVANER

Os vinhos de Sylvaner, como este de Jean-Victor Senner, devem ser consumidos antes completar cinco anos.

O *Sylvaner Appellation Alsace Contrôlée* é elaborado com a cepa Sylvaner, há tempos abundante na Alsácia. Provém da Áustria, é de amadurecimento precoce e requer muitos cuidados. Hoje representa apenas 17% dos vinhedos alsacianos, cerca de 1,2 mil hectares de solos argiloso-calcários. É uma uva muito ácida que amadurece sem problemas na parte norte do baixo Reno e na planície. Os melhores vinhos jovens da *Sylvaner Appellation Alsace Contrôlée*, brancos, secos e refrescantes, têm um sabor de mel que combina bem com a acidez de maçãs verdes que os caracteriza. São produzidos anualmente cerca de 20 milhões de garrafas.

Dentre os seus produtores, talvez os de maior prestígio sejam Zind-Humbrecht, Trimbach e a Cooperativa Pfaffenheim. Safras recomendáveis são as de 1992, 1995, 1997, 1998, 2000, 2003 e 2004.

BORGONHA

A Borgonha está situada no Centro-Leste da França e sua capital é Dijon. É uma região de estrutura muito variada, que compreende uma planície fluvial, pequenos planaltos sedimentares ou calcários, maciços antigos e relevos acidentados. Atualmente, fora o lendário passado histórico do ducado que lhe dá o nome e que deixou na zona muitos castelos e mosteiros, é conhecida no mundo inteiro pela qualidade de seus vinhos, em especial os tintos, apesar de seus vinhos brancos terem adquirido hoje uma importância semelhante em todas as zonas da Borgonha, exceto em Beaujolais, e uma qualidade superior nas áreas de Chablis e Mâconnais.

Cerca de 38 mil hectares de vinhedos se distribuem pela Borgonha formando uma espécie de mosaico, especialmente vistoso nos departamentos de Yone e Côte d'Or. Na maior parte dos casos, estão assentados sobre subsolos calcários e orientados para leste ou sudeste. É uma região tão dividida e com tantas variedades de solo que tem o dobro de appellations que Bordeaux, apesar de ter um décimo da produção dela.

Em seus vinhedos são cultivadas as uvas tintas Pinot Noir e Gamay e as brancas Chardonnay, Pinot Blanc, Pinot Gris e Aligoté.

As diversas denominações dividem-se em seis categorias:

- *Bourgogne*: ampara todos os vinhos produzidos na região da Borgonha que possuam no mínimo 10° quando tintos e 10,5° quando brancos.
- *Bourgogne Aligoté*: vinhos brancos de uva Aligoté com um máximo de 15% de Chardonnay na composição e 9,5° de álcool no mínimo.
- *Bourgogne Passetoutgrains*: vinhos tintos e rosados de Pinot Noir, Gamay Noir e Just Blanc, com 7,5° no mínimo.
- *Bourgogne Ordinaire* ou *Grand Ordinaire*: vinhos tintos, rosados e brancos de Pinot e Gamay, Tressot e César, ou Chardonnay com ou sem Pinot Blanc. Os tintos têm no mínimo 9°, e os brancos, 9,5°.
- *Bourgogne Mousseux*: vinhos espumantes brancos, tintos ou rosados obtidos dos mesmos mostos que os anteriores.
- *Crémant de Bourgogne*: vinhos espumantes, categoria inferior aos champanhes.

Na Borgonha, os Grands Crus são produzidos somente na Côte d'Or e em Chablis.

ALOXE-CORTON

Os Aloxe-Corton devem ser consumidos entre cinco e 15 anos. Os Corton e os Corton-Charlemagne devem ser bebidos entre dez e 20 anos.

A *Appellation Aloxe-Corton Contrôlée*, a *Appellation Aloxe-Corton Premier Cru*, a *Appellation Corton Grand Cru* e a *Appellation Corton Charlemagne Grand Cru* são diferentes denominações atribuídas aos vinhos produzidos na montanha de Corton, sobre solos calcários ou de margas. Essa região dá origem ao melhor vinho da Côte de Beaune e constitui a maior zona de Grands Crus da Borgonha, em dois dos quais se baseia o seu prestígio: o tinto Corton e o branco Corton-Charlemagne.

Os vinhedos de Aloxe-Corton têm uma extensão de 130 hectares, os de Corton, de 100 hectares, e os de Charlemagne, de 60 hectares. Cultivam-se Pinot Noir, entre as uvas tintas, e Chardonnay e Pinot Beurot, entre as uvas brancas. A produção anual é de 1,53 milhão de garrafas, a maior parte de vinho tinto, e se distribui da seguinte forma: Aloxe-Corton (750 mil), Corton (480 mil) e Charlemagne (300 mil).

Os melhores produtores são Chardon de Briailles, Faiveley, Latour, Letoy, Drouhin e Tollot-Beaut. São recomendáveis as safras de 1985, 1988, 1989, 1990, 1993, 1996, 1999, 2002 e 2003.

BEAUJOLAIS

A imagem deste Beaujolais Saint-Amour serve para explicar que em todos os meses de novembro se comemora a chamada Corrida de Beaujolais, na qual se provam as primeiras garrafas produzidas.

As denominações básicas em que se enquadram estes vinhos são: *Beaujolais Villages, Beaujolais, Beaujolais Nouveaux, Beaujolais Villages Nouveaux, Brouilly, Chénas, Chiroubles, Côte de Brouilly, Fleurie, Juliénas, Morgon, Moulin à Vent, Régnié, Saint Amour.*

Situada ao sul da Borgonha, da qual faz parte, a região de Beaujolais merece um comentário especial devido à importância de sua produção vinícola e de suas vendas tanto na França quanto no exterior.

Os vinhedos ocupam, na região de Beaujolais, 22 mil hectares. É uma das poucas zonas vitícolas francesas que não produzem vinhos com *Appellation d'Origine Contrôlée* (AOC). Embora quase um terço do Beaujolais que se bebe no mundo corresponda ao *Beaujolais Nouveau*, 4,2 mil vinicultores diferentes produzem na região vinhos muito diferentes entre si, mas sempre de uma magnífica cor violeta, leves e frutados.

Nesta região é tal a importância do vinho que afirmam que Lyon é regada por três rios: Ródano, Saône e Beaujolais. À esquerda, garrafa de Morgon, um dos melhores Beaujolais.

O êxito do Beaujolais está no desenvolvimento que a cepa Gamay atinge na região, como não o faz em nenhuma outra parte, pois as videiras enterram profundamente suas raízes em um solo granítico. O vinho é elaborado mediante um processo de fermentação acelerada exclusivo da região.

As plantações têm quase 10 mil cepas por hectare. Seus cachos são recolhidos em meados de setembro por 35 mil colheiteiros que os depositam em cubas de cimento vitrificado ou aço inoxidável de 40 a 300 hectolitros de capacidade. Ficam aí submetidos a um processo de maceração carbônica provocada pelo esmagamento das cascas das uvas que ficam nas partes inferiores, e pelo calor que a sua fermentação provoca nas superiores.

Após esta primeira fermentação, os cachos são retirados e prensados para que o vinho jovem passe por uma segunda fermentação, na qual o ácido málico se transforma em ácido láctico.

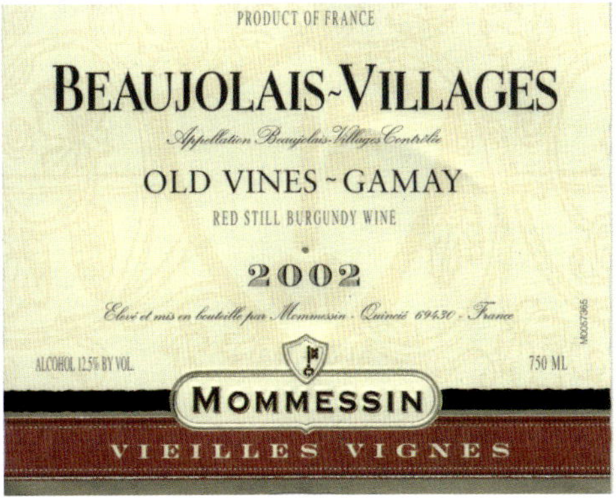

Na época da vindina são colhidos vinhos como o do rótulo da esquerda, da *Appellation Beaujolais Villages*.

A seguir, o vinho é engarrafado de maneira que os *Beaujolais Nouveaux* possam ser vendidos a partir da terceira quinta-feira de setembro. Os restantes, *Beaujolais*, *Beaujolais Villages* e Cru du Beaujolais, só são comercializados depois de dois a dez meses do engarrafamento.

É produzido na parte setentrional do distrito, sobre solos calcários; o *Beaujolais Villages*, em um dos 39 povoados circunscritos pela denominação; os *Crus Beaujolais* têm de pertencer a um dos dez municípios do norte. Enquadram-se nessa classificação os melhores e mais caros Beaujolais: Brouilly, Côte de Brouilly, Morgon, Chénas, Chiroubles, Fleurie, Juliénas, Moulin-à-Vent, Régnié e Saint-Amour. O *Beaujolais Supérieur* tem a mesma origem, mas um teor alcoólico levemente superior.

Dentre os melhores produtores da zona encontram-se Duboeuf, Carron, Charmet, Terres Dorées e Texier. Embora deva ser consumido jovem, suas melhores últimas safras foram: 1995, 1996, 1997, 1998, 2000, 2002 e 2004.

BOURGOGNE ALIGOTÉ

A *Appellation Bourgogne Aligoté Contrôlée* corresponde ao nome de uma cepa, Aligoté, que só existe na região da Borgonha, embora seus produtores estejam autorizados a empregar até 15% de Chardonnay. É um vinho branco lendário que deve ser consumido jovem porque não é apropriado para o amadurecimento. Por isso sua produção baixa de ano em ano, beirando atualmente 11 milhões de garrafas. É produzido com uvas colhidas em 1,4 mil hectares repartidos por 385 localidades de toda a Borgonha, mas merece especial menção o produzido em Bouzeron.

Garrafa de vinho branco Bourgogne Aligoté produzido em 1990. Estes vinhos são próprios para acompanhar aperitivos, mariscos ou queijos.

BOURGOGNE AOC

Os vinhos tintos da Borgonha, como este Chardonnay, acompanham bem carnes vermelhas e queijos fortes. Os brancos vão bem com carnes brancas e peixes.

La *Appellation Bourgogne Contrôlée* serve para todos os vinhos da Borgonha. Neles são utilizados Pinot Noir para os vinhos tintos e Chardonnay para os brancos, embora também sejam cultivadas Pinot Beurot, César e Tressor. São produzidos 24 milhões de garrafas — 15 milhões de tinto e 9 milhões de branco — com as uvas colhidas em cerca de 3 mil hectares.

Dentro desta denominação há uma enorme variedade de vinhos, que podem ser bebidos com dois a oito anos no caso dos tintos, e entre o primeiro e o quinto ano no caso dos brancos. E, conforme foi explicado, cada um deles usa uma uva diferente.

As melhores safras de vinho tinto foram as de 1996, 1999, 2002 e 2003, e as de vinho branco, 1999, 2000, 2001, 2002 e 2003.

CHABLIS

Os vinhos de Chablis se dividem nas seguintes denominações: *Appellation Chablis Grand Cru Contrôlée, Appellation Chablis Premier Cru Contrôlée, Appellation Chablis Contrôlée* e *Appellation Petit Chablis Contrôlée.*

Chablis — um nome do qual se apropriaram vinicultores de outros países, como os californianos ou australianos — é uma pequena região situada a 180 km ao sul de Paris. Nela as frequentes geadas outonais quase sempre impedem a uva de completar seu amadurecimento. Por isso, foi durante décadas exemplo dos vinhos verdes e secos.

Há 4,3 mil hectares de vinhedos na zona de Chablis, dos quais são obtidos anualmente 32 milhões de garrafas.

O Chablis é obtido exclusivamente da uva branca Chardonnay. Os sete Grands Crus de Chablis — *Appellation Chablis Grand Cru Contrôlée* — são elaborados em 100 hectares das ensolaradas encostas orientais a sudoeste das

A garrafa do centro é de um vinho Chablis comum, que deve ser consumido dentro de dois a cinco anos; a da direita, um *Premier Cru*, de três a sete anos; e a da esquerda,um *Grand Cru*, de cinco a 12 anos. Os três são ótimos vinhos para acompanhar salmão defumado, aves, carnes brancas e alguns frutos do mar, como o lagostim.

montanhas próximas ao povoado que dá nome ao vinho e à região. Já os Premiers Crus são elaborados nas orientadas para o sul-sudoeste.

Destacamos os seguintes Chablis e as vinícolas que os produzem: os *Grands Crus* de René et Vicent Dauvissat, Jean-Paul Droin e William Fevre, e o *Premier Cru* de Etienne et Daniel Defaix. O Chablis clássico é um vinho branco com muito boa estrutura, muito frutado e harmonioso. Os Grands Crus costumam ser caracterizados por uma grande riqueza de aromas. Foram ótimas as safras de 1995, 1996, 1997, 2000, 2001, 2002, 2003 e 2005.

CHASSAGNE MONTRACHET

Seus vinhos amparam-se nas seguintes denominações: *Appellation Chassagne Montrachet Contrôlée, Appellation Chassagne Montrachet Premier Cru, Appellation Montrachet Grand Cru, Appellation Bâtard Montrachet Grand Cru, Appellation Criots Bâtard e Montrachet Grand Cru.*

Os vinhos brancos de Chassagne Montrachet, como o desta garrafa de Bouchard Aîné & Fils ou aquele a que se refere o rótulo acima, de F. Chauvenet, vão bem com peixes na chapa ou com molho, bem como com carnes brancas.

Ao sul da Côte de Beaune há 350 hectares com Pinot Noir e Chardonnay dos quais são obtidos anualmente 2 milhões de garrafas, 60% de vinho branco e 40% de vinho tinto. As melhores safras para os vinhos brancos foram as de 1985, 1989, 1995, 1996, 1999, 2000, 2003 e 2005; para os vinhos tintos, 1985, 1988, 1989, 1990, 1993, 1996, 1999, 2002, 2003 e 2004.

DE VOUGEOT

Dividem-se nas seguintes denominações: *Appellation Clos de Vougeot Grand Cru, Appellation Vougeot Premier Cru* e *Appellation Vougeot Contrôlée*. Na Borgonha, os vinhedos rodeados por um muro de pedra recebem o nome de clos. Clos de Vougeot deve seu nome a um clos de

50 hectares que está entre seus vinhedos, na Côte de Nuits.

As primeiras cepas foram plantadas no século XII, e hoje o referido clos está repartido entre 80 proprietários, cada um dos quais produz anualmente cerca de mil garrafas. Isso impede que se ofereça uma garantia total de qualidade, apesar das denominações que amparam esses vinhos. Fora desse clos, estão protegidos pela denominação outros 400 hectares plantados com Pinot Noir, dos quais são obtidas cerca de 220 mil garrafas anuais.

Dentre os melhores produtores encontram-se Drouhin, Engel, Grivot, Leroy, Mortem e Roumier. As melhores safras ocorreram em 1988, 1989, 1990, 1993, 1996, 1997, 1999, 2002, 2003 e 2004.

Vinhos como os destas seletas garrafas Clos de Vougeot, de Confuron-Cotetidot, são excelentes para acompanhar carnes vermelhas grelhadas e queijos como o Epoisses.

CÔTE DE BEAUNE

A zona protegida pela *Appellation Côte de Beaune Contrôlée* abarca os produtos vinícolas de Beaune e de outros 16 povoados. Os vinhos tintos são reconhecidos por seu aroma de morango, seu buquê quente e seu menor corpo. Os brancos têm cor amarelo-pálida e são robustos, espessos e muito secos.

São elaboradas cerca de 170 mil garrafas por ano com Pinot Noir, para os tintos, e Chardonnay, para os brancos, em 35 hectares de solo calcário.

Provavelmente os melhores produtores da AOC Côte de Beaune são Bouchard e Drouhin. As melhores safras para vinhos tintos: 1990, 1993, 1995, 1996, 1997, 1999, 2002 e 2003.

Garrafa de vinho branco de Meursault Perrières 1981. Vinhos como este devem ser consumidos entre dois e cinco anos de idade. Os tintos aguentam mais algum tempo.

Vinhos tintos feitos de Pinot Noir, como o desta garrafa de 1995, são deliciosos para acompanhar os escargots da Borgonha ou queijos como Cantal, Coulommiersa, Emmental ou Munster.

CÔTE DE NUITS VILLAGES

A *Appellation Côte de Nuits Villages Contrôlée* não corresponde a uma denominação de origem, mas a uma região situada ao sul de Nuits-Saint-Georges na qual há cerca de 30 denominações de municípios e Grands Crus que amparam vinhos tintos robustos, elegantes e de intenso perfume.

Em cerca de 170 hectares de vinhedos são cultivadas as uvas Pinot Noir e Chardonnay, que produzem 1 milhão de garrafas anuais.

Vinhos como este Nuits-Saint-Georges devem ser bebidos entre três e cinco anos de idade.

Os produtores mais reconhecidos são os de Duboeuf e também os de Conroy, Large, Ravier, Thivin e Verger. Recomendam-se as safras colhidas em 1995, 1996, 1997, 1999, 2002 e 2003.

GEVREY CHAMBERTIN

A *Appellation Gevrey Chambertin Premier Cru*, a *Appellation Gevrey Chambertin Contrôlée* e o *Gran Cru Chambertin* pertencem a uma zona vinícola onde só se produzem fortes vinhos tintos. Situam-se em uma zona muito específica: ao norte do povoado de Gevrey.

Rótulo de Gevrey-Chambertin, perfeito para acompanhar carnes vermelhas, pato e queijos Brie, Brillant-Savarin, Cantal, Chaource e Salers. Deve ser consumido entre três e cinco anos.

Os vinhedos ocupam cerca de 400 hectares de um solo argiloso-calcário. Neles são produzidos por ano mais de 2 milhões de garrafas de vinho feito de Pinot Noir.

Nesta região são vendidos Grands Crus de qualidade insuperável na Borgonha e outros de valor muito discutível. Os primeiros deram tanta fama à região que a converteram na de maior produção de toda a Côte d'Or.

Os melhores Grands Crus de Gevrey-Chambertin são Chambertin e Clos de Bèze, dois dos melhores vinhos franceses. Os melhores produtores são Clair, Drouhin, Dujac, Faiveley, Jadot, Rodet, Roty e Rousseau. Gevrey-Chambertin é uma das mais importantes denominações de origem da Côte de Nuits. As melhores safras foram as de 1978, 1985, 1988, 1989, 1990, 1993, 1996, 1999, 2002 e 2003.

MEURSAULT

Os vinhos da *Appellation Meursault Contrôlée*, da *Appelation Meursault Premier Cru* e da *Appelation Volnay-Santenots Premier Cru* são colhidos e elaborados na Côte de Beaune, ao sul de Volnay e ao norte de Puligny-Montrachet.

São produzidos 2,5 milhões de garrafas em 440 hectares de cepas Chardonnay. É a maior região produtora de vinho branco de toda a Côte d'Or e um dos melhores vinhos brancos da França, conhecido desde o século XI.

Garrafa de Meursault Les Gouttes d'Or, de Bouchard Père & Fils.

Vinhos como o desta garrafa de Clos des Tessons branco devem ser consumidos entre três e 15 anos de idade. São bem apropriados para acompanhar peixes com molho branco e queijos tipo Cantal, Chaource ou Coulommiers.

Os melhores são os *Crus* de Perrières, Charmes e Gouttes d'Or. Seus produtores mais destacados são Coche-Dury, Drouhin, Lafon e Leroy. Suas melhores safras foram as dos anos 1989, 1990, 1993, 1996, 1999, 2002, 2003 e 2005.

POMMARD

A *Appellation Pommard Contrôlée* e a *Appellation Pommard Premier Cru* estão contidas em Pommard, terra de vinhos tintos, os mais robustos e ricos em taninos entre todos os Borgonhas.

O vinho elaborado em Pommard vai ao mercado em 1,8 milhão de garrafas anuais. A cepa Pinot Noir é cultivada em 315 hectares de solos calcários ou argilosos, ricos em minerais e pobres em matéria orgânica. Suas melhores safras ocorreram recentemente em 2003, 2004 e 2005.

Garrafa de Château de Pommard de 1996.

VOLNAY

A *Appellation Volnay Contrôlée* e a *Appellation Volnay Premier Cru* amparam vinhos que têm reputação há oito séculos. Em Volnay, na Côte de Beaune, são cultivados cerca de 230 hectares de Pinot Noir em um solo calcário. Vendem-se 1,3 milhão de garrafas de um vinho tinto bem estruturado e elegante — os vinhos brancos produzidos no território são vendidos sob o nome de Meursault. No referido lugar são produzidos ótimos vinhos tintos: os Volnay-Santenots.

Este vinho tinto de Volnay-Santenots deve ser consumido entre três e 15 anos. É bom para acompanhar carnes de caça e queijos Citeaux e Epoisses.

Existem referências históricas escritas há mais ou menos 800 anos sobre os vinhos de Volnay, especialmente os tintos. Suas melhores últimas safras foram em 1989, 1990, 1993, 1996, 1999, 2002 e 2003.

VOSNE ROMANÉE

Rótulo de vinho tinto de Bouchard Aîné & Fils, de Beaune.

As denominações de origem *Appellation Vosne Romanée Contrôlée, Appellation Vosne Romanée Premier Cru, Appellation Romanée Conti Grand Cru, Appellation La Romanée Grand Cru, Appellation La Tâche Grand Cru, Appellation Richebourg Grand Cru, Appellation La Grande Rue Grand Cru* e *Appellation Romanée Saint Viviant Grand Cru* registram vinhos produzidos ao norte da Côte des Nuits, em Vosne-Romanée. Lá se produz um dos vinhos mais famosos da França, o Romanée-Conti, além de outros de enorme prestígio, como Grands-Echezeaux e Richebourg.

São elaborados na zona cinco *Grands Crus* e uma série de *Premiers Crus* que podem concorrer com os *Grands Crus* de qualquer outra região, o que a torna talvez a melhor terra de vinhos tintos da Borgonha. Das cepas plantadas nesses 150 hectares de solo argiloso são produzidas 90 mil garrafas de vinho tinto por ano.

Devem ser destacados os produtos de Engel, Leroy, Meo-Camuzet e, sobretudo, Romanée-Conti, o único domínio na Borgonha cujos vinhos são todos *Grands Crus*. Seus vinhedos são cultivados segundo os princípios da agricultura biológica, com baixo rendimento por hectare, colheita tardia, fermentação natural, amadurecimento em tonéis de carvalho e engarrafamento sem clarificação nem filtragem.

Dentre os produtores de Vosne-Romanée cabe citar d'Angerville, Lafon, Montille e Poussae d'Or. Suas melhores safras ocorreram nos anos 1989, 1990, 1993, 1996, 1999, 2002, 2003 e 2004.

Bordeaux

Bordeaux encontra-se nas margens do rio Garona e é o centro de venda e distribuição do vinho produzido na região, a maior das que produzem vinho na França.

Em 105 mil hectares de vinhedos há aproximadamente 7 mil *châteaux* nos quais a variedade mais abundante é a Merlot, que costuma combinar-se com Cabernet Sauvignon, Cabernet Franc, Petit Verdot e Malbec. As variedades brancas preferidas são Sauvignon e Sémillon, além de Muscadelle, Merlot Blanc, Colombard, Mauzac, Ondenc e Saint-Emilion.

Ainda que o sistema bordalês misture uvas de diversas variedades, a vindima e vinificação das variedades é feita em separado antes de ocorrer a mescla.

O sistema bordalês baseia-se na ideia de que os melhores vinhos são obtidos da combinação de distintas variedades de uva. As preferências dos produtores na mistura dessas variedades, os gostos das diversas subzonas e as diferenças de solo e clima explicam a existência de uma grande variedade de vinhos em Bordeaux. Por exemplo, os vinhos tintos do Médoc, onde predomina a Cabernet Sauvignon em solos de cascalho, são bem diferentes dos de Pomerol, onde predomina a uva Merlot, cultivada sobre solos de cascalho e argila.

Os vinhos de Bordeaux são vendidos sob 21 denominações e, embora os tintos sejam majoritários, são produzidos ótimos vinhos brancos doces, entre eles o incomparável Sauternes.

Em Bordeaux existe uma classificação especial para os vinhos: *Premier Grand Cru Classé, Deuxième Grand Cru Classé, Troisième Grand Cru Classé, Qua-*

Em Bordeaux há vinhos que ainda mantêm os títulos nobiliários dos aristocratas que os criaram.

trième Grand Cru Classé, Cinquième Grand Cru Classé, Grand Cru Saint Emilion, Grand Cru Graves e *Cru Bourgeois*.

Os *Premiers Grands Crus Classés* são produzidos por Château Lafite-Rothschild, Château Latour, Château Margaux, Château Mouton-Rothschild e Château Haut-Brion.

Os *Deuxièmes Grands Crus Classés* são: Château Brane-Cantenac, Cantenac-Margaux, Château Durfort-Viviens, Château Gruaud-Larose, Château Lascombes, Château Léoville-Barton, Château Léoville-Las-Cases, Château Léoville-Poyferré, Château Montrose, Château Pichon-Lalande, Château Pichon-Longueville Baron, Château Rauzan-Ségla, Château Rauzan-Gassies, Château Cos-d'Estournel e Château Ducru-Beaucaillou. Houve safras excepcionais nos anos de 1961, 1970, 1982 e 2000.

BORDEAUX

Sob a denominação *Bordeaux Appellation Origine Contrôlée* são produzidos anualmente 400 milhões de garrafas de vinho tinto e 75 milhões de branco, o que representa 25% da produção total de vinho de AOC na França. Vinhos tintos e brancos são produzidos em 59 mil hectares de vinhedos em toda a região de Bordeaux. Os vinhos tintos são elaborados com as uvas Merlot, Cabernet Sauvignon, Cabernet Franc, Malbec, Carmenère e Petit Verdot, e os brancos com as uvas Sauvignon, Sémillon, Muscadelle, Ugni Blanc, Colombard, Merlot Blanc, Mauzac e Ondenc. São vinhos de qualidade muito irregular, pois dependem da classe de cepas usadas e do talento do produtor. São também comercializados como *Apellation Bordeaux Contrôlée* e *Apellation Bordeux Superieur Contrôlée*.

Os vinhos tintos de Bordeaux envelhecem melhor do que os brancos e são, em geral, de melhor qualidade. Na imagem, seleção de garrafas de Bordeaux.

Os vinhos tintos devem ser bebidos entre dois e cinco anos e os brancos melhoram com um ano a menos. Os brancos vão bem com pratos de cebola ou carnes vermelhas aceboladas, mexilhões ou moluscos com molho picante e queijos saborosos como Boursin, Roquefort, Tomme de Savoie e Valencay.

Os melhores produtores de vinhos tintos são Doysy-Daëne e Thieuley. Já os melhores produtores de vinhos brancos são Terrefort, Bonnet e Tour de Mirambeau. Nos últimos anos, foram muito boas safras para vinhos tintos as de 2000 e 2003, e para vinho branco, as de 2000, 2001 e 2003.

GRAVES

Destacam-se as denominações: *Appellation, Grand Cru Classé Graves, Appellation Graves Contrôlée* e *Appellation Graves Supérieur Contrôlée.*

Situado ao sul de Bordeaux, em seus limites, deve seu nome ao caráter do seu solo, as graves, uma mistura de cascalho grosso, argila e areias arrastadas para as margens dos rios. Em aproximadamente 3 mil hectares são cultivadas as uvas tintas Rouge, Merlot, Cabernet Sauvignon e Cabernet Franc, e as brancas Sémillon, Sauvignon e Muscadelle. Com elas são produzidos por ano 16 milhões de garrafas de vinho tinto e 6 milhões de garrafas de vinho branco, considerados por muitos como os melhores brancos do Médoc.

A *Appellation Graves Supérieur* é reservada unicamente aos vinhos brancos doces, que podem ser considerados uma alternativa aos Sauternes.

Garrafa de *Grand Vin de Graves* de coleção, de 1955, do Château La Louvière.

Vinhos tintos como o Château Haut Brion, à esquerda, acompanham bem assados de porco, medalhões de vitela, pato assado e os queijos Beaufort e Roquefort. Vinhos brancos como o Château Rahoul, à direita, vão bem com lagostins e queijos como Cantal, Crottin de Chavignol e Valencay.

O melhor produtor da zona é Clos Saint Georges.

Os vinhos tintos devem ser servidos entre seis e 20 anos depois de fabricados, a uma temperatura de 15 °C a 20 °C. Os vinhos brancos devem ser servidos com menos de 13 anos e mais de dois a uma temperatura de 6 °C a 14 °C. Houve ótimas safras de vinho tinto em 1985, 1986, 1989, 1990, 1995, 1998, 2000, 2003 e 2004, e de vinho branco em 1995, 1996, 1999, 2001 e 2003.

MÉDOC E HAUT MÉDOC

Garrafa de tinto Château Plagnac ano 1995.

Apenas uma parte dos *châteaux* do Médoc é comercializada sob a *Appellation Médoc Contrôlée*. Isso porque a maior parte deles se encontra em Haut-Médoc, Pauillac, Margaux, Saint Julien, Saint-Estèphe e é vendida sob essas denominações, como por exemplo *Appellation Haut-Médoc Contrôlée*. Também são produzidos na região 140 Crus Bourgeois, quatro dos cinco Grands Crus Classés (exceto o Château Haut-Brion, de Pessac Léognan, em Graves) e muitos Grands Crus Classés entre Deuxièmes e Cinquièmes. Em Médoc todos os vinhos são tintos, delicados, com cor de intensidade média e com bom envelhecimento.

Em 4,9 mil hectares cultivam-se Merlot, Cabernet Sauvignon, Cabernet Franc, Malbec e Petit Verdot. São vendidos anualmente 40 milhões de garrafas de vinhos feitos dessas uvas. Cabe destacar dentre os seus produtores Cardonne, La Tour-de-By, Les Grands Chênes e Potensac. As melhores últimas safras foram 1982, 1984, 1987, 1991, 1993, 1995, 1998, 2000, 2003, 2004 e 2005.

Os vinhos tintos, como este de Pontet-Canet, devem ser consumidos entre cinco e dez anos.

No Haut-Médoc, situado na parte sul, são cultivadas as uvas Cabernet Sauvignon, Merlot, Cabernet Franc, Petit Verdot e Malbec, que produzem cinco Grands Crus Classés. São 4,2 mil hectares de solos de cascalho ou argiloso-calcários, em clima quente e de alta insolação. Como no Médoc, no Alto Médoc só se produzem vinhos tintos, 36 milhões de garrafas de vinhos pouco potentes e com um delicado buquê de baunilha e frutas pretas. Dentre eles, merecem destaque:

- Margaux: com 18 *Grands Crus Classés Appellation Margaux Contrôlée* e uma produção de 9,5 milhões de garrafas anuais de vinho tinto que deve ser consumido entre cinco e 25 anos de idade. Foram fantásticas as safras de 1982, 1986, 1989, 1990, 1995, 1998, 2000, 2003, 2004 e 2005.

- Pauillac: 18 Grands Crus Classés e 115 produtores que vendem anualmente 8,5 milhões de garrafas, que devem ser consumidos entre dez e 25 anos depois de feitos. Os seus últimos melhores anos foram 1970, 1983, 1986, 1990, 1996, 2000, 2003 e 2005 .

- Saint-Estèphe: cinco *Grands Crus Classés*, 155 produtores e 9 milhões de garrafas anuais, que devem ser consumidos entre os cinco e os 30 anos. Foram safras especiais as de 1970, 1983, 1986, 1990, 1996, 2000, 2003 e 2005.

- Saint-Julien: com 11 Grands Crus Classés, 26 produtores e 6,5 milhões de garrafas anuais, que devem ser consumidos entre dez e 15 anos. Destacam-se as safras dos anos 1989, 1990, 1995, 1998, 2000, 2003 e 2005.

- Listrac: com 22 *Crus Bourgeois*, 700 hectares de vinhedos, 90 domaines e *châteaux*, e produção anual de 5 milhões de garrafas, que devem ser consumidos antes de dez anos. As suas melhores safras foram as de 1995, 1998, 2000, 2003 e 2005.

- Moulis: com 550 hectares nos quais 43 produtores produzem 4,2 milhões de garrafas, que devem ser consumidos entre três e oito anos. Os seus últimos melhores anos foram 1998, 2000, 2003 e 2005.

À esquerda, tinto do Haut-Médoc, que é ideal para acompanhar vitela, aves, lagostim e queijos Cantal, Fourme d'Ambert e Saint-Nectaire. À direita, garrafa de Margaux, que acompanha bem carnes vermelhas, vitela assada, presunto, coelho com mostarda e queijos Beaufort, Emmental, Ossau-Iraty e Roquefort.

POMEROL

Vinhos como este, do Château La Conseillante, vão bem acompanhando caças e, em geral, carnes vermelhas e saborosas.

A menor das *Appellations de Bordeaux* é uma comarca cujos 784 hectares de vinhedos são repartidos entre os membros de uma família. Por isso, não há grandes *châteaux* como em Médoc, muito embora nos últimos anos essa tenha passado a ser uma das regiões vinícolas mais conhecidas de Bordeaux e com os vinhos mais caros, especialmente os do Château Petrus e os do diminuto Château Le Pin.

Sobre solos de argila muito compactada ao longo do rio Isle, prospera a uva Merlot, e também Cabernet Franc, Cabernet Sauvignon e Malbec. Os vinhos do Pomerol, os mais robustos de Bordeaux, atingem seu esplendor depois de passar 15 anos na adega, e por isso devem ser consumidos entre os dez e 20 anos de idade. São vendidos anualmente mais de 5,3 milhões de garrafas. As suas melhores safras foram as de 1985, 1989, 1990, 1995, 1998, 2000, 2003 e 2005.

SAINT-EMILION

A zona vende seus vinhos sob as denominações *Emilion Grand Cru Classé, Saint-Emilion Grand Cru Contrôlée* e *Saint-Emilion Contrôlée*.

Os seus vinhedos são os mais antigos da região de Bordeaux e produzem os vinhos mais robustos, generosos, fortes de cor e com uma maturidade mais viva. Em 5,5 mil hectares de vinhedos crescem uvas Merlot e Cabernet Franc, com as quais são elaborados 36 milhões de garrafas de vinho tinto, que devem ser consumidas entre três e oito anos de idade. *Os Grands Crus Classés* devem ser bebidos quando estiverem entre 15 e 25 anos de idade. Entre os produtores, destacam-se Pavie, Magdelaine, Figeac, Canon, Angelus, l'Arrosée e Balestard-la-Tonelle. As melhores safras recentes foram as de 1982, 1989, 1990, 1995, 1998, 2000, 2003 e 2005.

SAUTERNES

Crus Classés de Sauternes e *Appellation Sauternes Contrôlée* são as denominações usadas pelos vinhos produzidos em mais ou menos 1,8 mil hectares de vinhedos onde são cultivadas Sauvignon, Sémillon e Muscadelle. A região é famosa pelo vinho branco doce que produz, um dos melhores do mundo, se não for o melhor. Ele é obtido graças à chamada pourriture noble (podridão nobre), na qual o fungo *Botrytis cinerea* ataca os cachos, concentrando o açúcar e dando origem a vinhos muito doces e de alto teor alcoólico.

A região de Sauternes produz anualmente 4,5 milhões de garrafas. O Sauternes deve ser consumido entre cinco e 35 anos de idade, mas algumas garrafas têm conservado sua qualidade após um século.

Maravilhosos vinhos brancos doces, como este Sauternes, são muito bons para beber com foie gras, mas também com aspargos, lagostim, trutas e queijos azuis de Auvergne, Fourme d'Ambert, Livarot ou Roquefort.

Entre os melhores produtores, merecem menção Baston-Lamontagne, Doisy-Daëne, Doisy-Védrines, Fargues, Gillettet, Guiraud, Rieussec, Saint Amand, Suduiraut, Clair e Chandon de Brailles. As suas melhores safras recentes foram as de 1976, 1981, 1983, 1986, 1989, 1990, 2001 e 2003.

VINHOS DE BORDEAUX (OUTROS)

A relação de vinhos de Bordeaux não pode ser concluída sem que se citem as seguintes denominações:

- BARSAC: *Crus Classés de Sauternes, Appellation Barsac Contrôlée* e *Appellation Sauternes Contrôlée,* 830 hectares de Sauvignon Blanc produzem 1,8 milhão de garrafas de vinho branco doce, que pode ser consumido até depois de 50 anos. Está dentro de Sauternes.
- BOURG: *Côtes de Bourg* e *Appellation Côtes de Bourg Contrôlée,* a cerca de 30 quilômetros ao norte de Bordeaux, 3,7 mil hectares produzem 30 milhões de garrafas de vinho tinto e 1 milhão de garrafas de vinho branco.
- CÔTES DE FRANCS: *Appellation Côtes de Francs Contrôlée,* 490 hectares a 10 quilômetros a leste de Saint-Emilion; 3,6 milhões de garrafas anuais de vinho tinto, que deve ser consumido entre quatro e oito anos.
- ENTRE-DEUX-MERS: *Appellation Entre-Deux-Mers Contrôlée,* entre os rios Dordogne e Garona, 2,4 mil hectares produzem 15 milhões de garrafas de vinho branco, que deve ser consumido entre o primeiro e o terceiro ano de idade.
- FRONSAC: *Appellation Canon-Fronsac Contrôlée,* 1,2 mil hectares situados sobre as colinas de Dordogne produzem 6 milhões de garrafas de vinho tinto, que deve ser consumido entre dois e dez anos.

Garrafa de tinto do Château de Plassan.

- PESSAC LÉOGNAN: *Appellation Pessac Léognan Contrôlée* e oito *Grands Crus Classés Graves,* ao norte de Graves, 1,35 mil hectares plantados com Cabernet Sauvignon e Merlot para os vinhos tintos e Sémillon e Sauvignon para os brancos. Produz 8 milhões de garrafas de vinho tinto, que deve ser consumido entre seis e 20 anos, e 1 milhão de garrafas de vinho branco, que deve ser consumido entre cinco e 15 anos.
- PREMIÈRES CÔTES DE BORDEAUX: *Appellation Premières Côtes de Bordeaux Contrôlée,* na margem direita do rio Garona. Seus 3,3 mil hectares produzem anualmente 24 milhões de garrafas de vinho tinto, branco doce e clarete, que devem ser consumidos entre três e sete anos.

Da esquerda para a direita, garrafas de Bordeaux branco Château Loubens, de Sainte-Croix-du-Mont, e dos tintos Château Vieux Laroque e Château Falfa.

CHAMPANHE

Champanhe, a zona de vinhedos mais ao norte da França, é uma região com muito poucas condições para o cultivo da videira: solos muito calcários numa terra cujos frios ventos invernais açoitam as cepas. O calor nunca é capaz de amadurecer por completo as uvas, o que dá origem a vinhos muito ácidos e com tão pouco sabor que, se fosse realizada uma fermentação convencional, acabariam sendo praticamente impossíveis de beber. Somente o solo, de gesso e com uma profundidade que atinge às vezes cem metros, é uma bênção para as suas uvas, pois concentra a umidade, reflete sobre as uvas os tíbios raios de sol, guarda o calor do dia para a noite e torna possível que as raízes das cepas se aprofundem às vezes até 20 metros.

Em 37 mil hectares de vinhedos cultivam-se três cepas de excepcional qualidade: Pinot Noir, Pinot Meunier e Chardonnay. São produzidos anualmente mais ou menos 300 milhões de garrafas por cerca de 30 mil vinhateiros, a metade dos quais produz seu próprio vinho.

Durante séculos, Champanhe produziu vinhos tintos não espumantes e até o século XVII não os elaborava com o hoje chamado *méthode champenoise*. Dom Pérignon, um monge que viveu de 1638 a 1715 e foi adegueiro da abadia de Hautvillers, propôs aproveitar a segunda fermentação do vinho para melhorar a qualidade final dele e evitar a sua perda. Essa fermentação era produzida quando o vinho já estava engarrafado e provocava a quebra de muitas garrafas. Pérignon propôs o emprego de garrafas muito fortes e rolhas de madeira e estopa reforçadas com cordões para evitar a quebra. Aconselhou também que fossem misturados diversos tipos de vinho para melhorar a qualidade.

Atualmente, para a elaboração do champanhe são selecionadas as melhores uvas após um amadurecimento incompleto. Depois, elas são classificadas e prensadas, e o mosto é submetido a uma fermentação que dura de 20 a 30 dias em tonéis de 205 litros. Os vinhos provenientes da primeira prensagem denominam-se *cuvée*, e os da segunda, *taille*. Após um primeiro trasfego, o vinho obtido, ainda muito ácido, é misturado com os de outras vinhas para chegar ao tipo desejado. Após mais duas mudanças, o vinho é engarrafado no

O *champenoise* é o método de vinificação mais usado no mundo para elaborar vinhos espumantes.

chamado *tirage* e recebe a adição de açúcar, para provocar uma segunda e lenta fermentação que o transformará em espumante e melhorará sua qualidade. Procede-se depois ao *remuage*, no qual as garrafas são sacudidas e giradas para que os sedimentos caiam sobre a rolha. Depois, quebra-se o gargalo da garrafa ou tira-se a rolha e joga-se fora uma pequena quantidade de vinho com as borras, no chamado *degorgement*.

Hoje esse procedimento é feito após o gargalo da garrafa ser congelado. A nova garrafa é preenchida com o chamado *liqueur d'expédition*, uma mistura de açúcar, champanhe e outros vinhos. É ele que irá determinar o tipo de champagne resultante. Um *Blanc de Blancs* é feito somente de uvas brancas; *Blanc de Noirs*, somente de uvas escuras, fermentadas sem as cascas; *Pink Champagne*, para o qual se costumam misturar vinhos brancos com uma pequena quantidade de tintos; *Crémant*, menos espumante; *Champagne Millésimé*, obtido das melhores uvas dos anos excepcionais; *Champagne Brut Zéro, Brut Integral*, sem nenhuma adição de açúcar; e espumantes de grande qualidade que são vendidos com nomes dados pelos seus produtores.

Os vinhedos de Champanhe dividem-se em quatro zonas de acordo com o tipo de uva mais plantada: Montagne de Reims, na qual predomina a Pinot Noir; Vallée du Marne, na qual predomina a Pinot Meunier; Côte des Blancs, na qual reina a Chardon-

Vinhos espumantes como estes são obtidos das uvas colhidas nas vinhas de Champanhe, que são as mais próximas de Paris. Muitas delas estão a menos de 100 quilômetros do centro da capital.

nay; e o Aube, sem nenhuma variedade em especial, mas que começa a produzir vinhos de qualidade e variedade.

A condição dos produtores de champanhe é assinalada por quatro grupos de letras: NM, *négociant-manipulants*; RM, *récoltant-manipulants*; CM, *coopératives-manipulants*; e MA, *marque-auxiliaire*.

Entre os grandes nomes que dão prestígio à produção de Champanhe, cabe citar Veuve Clicquot, Moët et Chandon, Pol Roger, Krug, Alfred Gratien, Charles Heidsieck, Piper Heidsieck, Perrier Jouët, Jacquesson, Bollinger, Billecart-Salmon, Louis Roederer, Jacques Selosse, Taittinger, Laurent-Perrier, Vilmart, Gosset e Ruinart. As últimas safras realmente importantes foram as de 1985, 1990 e 1996, mas também foram excepcionais as de 1979, 1982, 1983, 1988, 1989 e 1995.

BOUZY

Os vinhos de Bouzy são leves, ácidos, cortantes, com um leve aroma de morango e framboesa.

Situada na montanha de Reims, é uma zona vinícola que cultiva a melhor uva Pinot Noir da região, da qual é elaborado um ótimo champanhe branco, especialidade de Bouzy. Não obstante, lá também são elaborados vinhos tintos quando a colheita tiver sido excepcional.

As marcas Brice, Moët et Chandon e Veuve Clicquot estão presentes em Bouzy. Com elas, Jean-Marie Bandock, Christian Bannière, André Clouet, Bandock-Mangin, Bernard-Colson, Ernest Remy, Renaud Collard, Raymond Colson, François Dauvergne, André Mangin e Thérèse Warin. As últimas grandes safras de Bouzy foram as de 1990, 1995 e 1996.

CHAMPANHE

O vinho de Champanhe não tem obrigação de levar em seu rótulo a expressão *Appellation Contrôlée*, embora seja controlada, pois sua fama e características são aval suficiente. Os vinhos desta denominação são elaborados principalmente com a uva Chardonnay, mas às vezes também usam Pinot Noir e Pinot Meunier.

Embora alguns vinhos de Champanhe sejam elaborados com um único tipo de uva, como o *Blanc de Blancs* de

Chardonnay e o *Blanc de Noirs* de Pinot Noir, a maioria deles é o resultado da combinação adequada das três variedades citadas e, quando possível, procedentes de lugares diferentes.

Há 17 Grands Crus e 38 Premiers Crus atualmente vendidos sob esta denominação.

Entre os melhores produtores merecem destaque Veuve Clicquot, Roederer, Laurent-Perrier, Bollinger, Deutz, Gratien, Krug, Larson e Moët et Chandon. Foram ótimas as safras de 1989, 1990, 1995, 1996 e 1998.

Champagne Pommery 2005 Pop Art Collection. Design de Nad Wolinska.

COTEAUX CHAMPENOIS

Rótulo de um champanhe tinto de Regis Fliniaux.

A *Appellation Coteaux Champenois Contrôlée* abriga vinhedos distribuídos por toda Champanhe que produzem uvas para elaborar um champanhe branco muito seco e pálido de Chardonnay, e champanhe rosado e tinto, ambos de muito pouca cor, de uvas Pinot Noir e Pinot Meunier. Estas mal atingem o amadurecimento sob um clima tão duro, razão por que são pobres em açúcar e pouco coloridas, exceto quando se usam as uvas procedentes de Bouzy e Aÿ.

Entre os melhores produtores encontram-se Bara, Bollinger, Laurent-Perrier, Joseph Perrier e Moët et Chandon. Este último produz o seu famoso branco Château de Saran. As melhores safras foram as de 1987, 1988, 1989, 1990, 1995, 1997 e 1998.

À esquerda, rótulo de Epernay tinto, um dos mais conhecidos dos Coteaux Champenois.

ROSÉ DES RICEYS

O *Rosé des Riceys Appellation Contrôlée* é um vinho rosado que procede de cerca de 10 hectares de vinhedo na região de Riceys, ao sul de Champanhe. São elaboradas mais ou menos 7,5 mil garrafas, unicamente nos anos em que as condições climáticas permitem um bom amadurecimento e uma colheita de qualidade de Pinot Noir.

Os melhores produtores são provavelmente Morel e Bonnet. Foram ótimas as safras dos anos de 1990, 1993, 1995, 1996 e 1997.

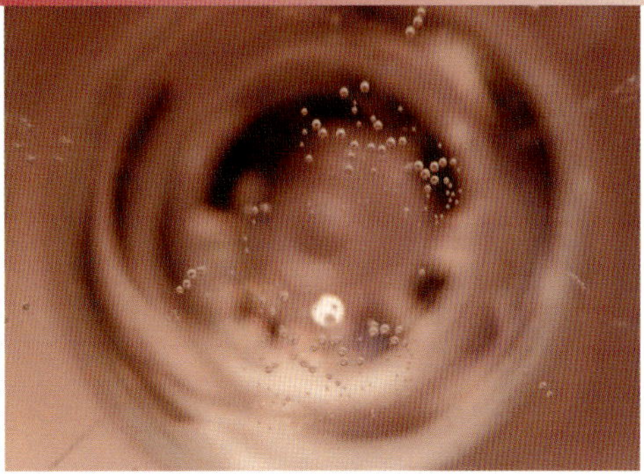

O Rosé des Riceys é um vinho rosa-escuro com toques dourados e um forte sabor de noz e, apesar de ser bastante caro, costuma ser consumido jovem, embora possa envelhecer bem.

CÓRSEGA

Na ilha de Córsega, L'Île de Beauté, à qual os gregos levaram a *Vitis vinifera* há 2.500 anos, os vinhedos cobrem mais ou menos 7,6 mil hectares onde são elaborados mais de 400 mil hectolitros de vinho. Apenas 15% desse volume se ampara na Appellation d'Origine Contrôlée; o restante é vendido como vinho de mesa, muitos deles sob o nome de Île de Beauté. As variedades cultivadas são as tintas Nielluccio e Sciacarello, e a branca Vermentino.

Os melhores vinhos corsos procedem das zonas costeiras, mas a qualidade melhorou notavelmente em Ajaccio, onde os vinhos tintos, graças aos esforços das duas cooperativas da zona, alcançaram boa qualidade.

Ajaccio conta com sua própria Appellation Contrôlée, o que ocorre também com Patrimonio, onde os vinhedos crescem em solo calcário e com condições climáticas ideais. Patrimonio produz vinhos rosados muito típicos, embora os brancos da cepa Vermentino ainda tenham mais fama.

Vinhedo do qual são elaborados moscatéis doces, como todos os da ilha, especialmente os do norte, como os de Cap Corse e Calvi.

Entre os produtores de Patrimonio, cabe citar Uval, a cooperativa Skalli, Clos Nicrosi, Clos Regina e Couvent d'Alzipratu.

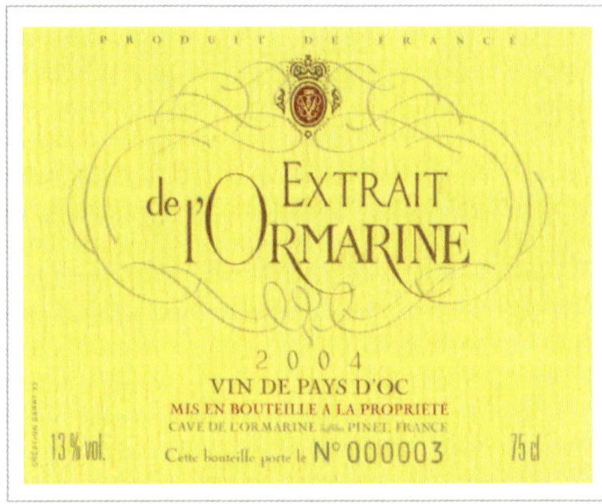

Os vinhos da Córsega devem ser bebidos jovens e frescos. São apropriados para aperitivos e para acompanhar comidas leves.

Côtes du Rhône

O vale do Ródano, do sul de Lyon até o Mediterrâneo, compreende os departamentos de Rhône, Loire, Ardèche, Drôme, Gard e Vaucluse. Neles há cerca de 70 mil hectares de vinhedos, plantados com 55% de uva tinta Grenache e 35% da branca Clairette, dos quais são obtidos anualmente por volta de 450 milhões de garrafas, 14% da produção de vinho da França. Desse total, pouco mais da metade é amparada pela denominação Côtes du Rhône AOC.

Na zona vinícola compreendida entre Vienne e Avignon são produzidos vinhos de tanta qualidade que essa é considerada uma das melhores e mais variadas regiões vinícolas francesas, especialmente por seus *Grands Crus*.

Os vinhos tintos, como este de Chantarel, fortes e frutados, são bons para acompanhar carnes vermelhas ou brancas na chapa.

Nas margens do Ródano há duas zonas de vinhedo com diferentes tipos de solo e clima: Côtes du Rhône do norte e Côtes du Rhône do sul.

CÔTES DU RHÔNE DU NORD

Nesta zona, a variedade de uva que goza de maior aceitação é a tinta Syrah, mas também são cultivadas Viognier, Marsanne e Roussanne para produzir vinhos brancos que às vezes são resultado da mistura entre elas. Há oito *Appellations d'Origine Contrôlées* para registrar os vinhos produzidos nesta zona:

– CHÂTEAU-GREILLET: nas Côtes du Rhône du Nord, possui três hectares amparados pela AOC de Condrieu e por sua própria *Appellation d'Origine Contrôlée*; elabora um vinho branco seco com a uva Viognier.

- CONDIEU: nas Côtes du Rhône du Nord, 60 hectares em que as uvas Viognier produzem vinhos brancos excepcionais. Os melhores produtores são Cuilleron, Guigal e Vernay.
- CÔTE RÔTIE: nas Côtes du Rhône du Nord, onde são cultivadas uvas tintas Syrah que amadurecem muito bem e uvas brancas Viognier em corte de quase 20%. Os melhores produtores são Burgaud, Chapoutier, Cuilleron, Delas, Famet, Rostaing e Vernay.
- CORNAS: na parte mais setentrional das Côtes du Rhône du Nord, produz a maior quantidade de vinho tinto de Syrah do vale do Ródano. Um vinho que deve ser consumido com pelo menos cinco anos de idade e atinge seu melhor momento com mais de dez anos. Os melhores produtores são Clape, Colombo, Verset e Jaboulet.
- CROCES-HERMITAGE: é a *Appellation d'Origine Contrôlée* mais extensa das Côtes du Rhône du Nord, com 1,2 mil hectares de vinhedos que produzem vinhos tintos de estimável qualidade com a uva Syrah. Suas melhores qualidades aparecem entre três e seis anos de idade. Os melhores e mais destacados produtores são Chapoutier, Delas, Graillot e Jaboulet.
- HERMITAGE AOC: essa AOC das Côtes du Rhône du Nord produz um vinho que foi considerado há muitos anos "o melhor da França" e atualmente não é muito valorizado. Os vinhedos ocupam 150 hectares. Seus melhores vinhos são os tintos, de uva Syrah, mas também são produzidos bons brancos de uvas Marsanne e Roussanne. Os melhores produtores de tinto são Chapoutier, Chave, Delas, Graillot, Guigal e Jaboulet. De vinho branco destacam-se Chave, Grippat e Chapoutier.

Garrafa de vinho da Appellation Crozes-Hermitage produzido por uma cooperativa.

- SAINT-JOSEPH: é talvez a subzona das Côtes du Rhône du Nord onde a uva Syrah atinge a plenitude e por isso os seus vinhos tintos tornam-se muito bons. São também elaborados vinhos brancos saborosos, mas de menor qualidade. O vinho tinto deve ser consumido quando tiver pelo menos um ano de idade, mas conserva-se bem por até dez anos. Os melhores produtores de tintos são Chapoutier, Chave, Cuilleron, Graillot e Jaboulet.
- SAINT-PÉRAY: nas Côtes du Rhône du Nord, produz com as uvas Marsanne e Roussanne um vinho branco ao qual se aplica o método *champenoise* para conseguir um vinho semiespumante de pouca qualidade. Elabora-se também um vinho branco seco, de melhor qualidade. Os melhores produtores são Clape, Delas e Juge.

O Château-Grillet é um vinho difícil de encontrar e por isso muito caro. O da imagem é de 1993.

CÔTES DU RHÔNE

Duas garrafas de vinhos da *Appellation Châteauneuf-du-Pape Contrôlée*: um branco Domaine de la Janasse e um tinto Château des Fines Roches.

Na parte sul do vale do Ródano há três tipos de denominações regionais: Côtes du Rhône, Côtes du Rhône Villages e Côtes du Rhône Premier. Nelas, as uvas autorizadas são as tintas Grenache, Cinsault, Syrah e Mourvèdre e as brancas Clairette, Picpoul, Bourboulenc e Roussanne. As três *Appellations d'Origine Contrôlées* de maior prestígio são:

- CHÂTEAU DU PAPE: a mais importante das Côtes du Rhône. Tem cerca de 3,2 mil hectares de vinhedos desde os tempos dos papas de Avignon. Na zona são autorizadas até 13 variedades de uva, tintas e brancas, destacando-se Syrah, Grenache e Mourvèdre entre as tintas, e Grenache Blanche, Clairette e Bourboulenc entre as brancas. Os melhores produtores são Beaucastel, Clos du Mont Olivier, Clos des Papes, Rayas, Jaboulet e Vieux Télégraphe.

Rótulo de vinho tinto do Domaine du Pesquier, da Appellation Gigondas.

- GIGONDAS: perto de Orange, 1,2 mil hectares de vinhedo dão origem a vinhos na maioria tintos, de enorme personalidade, mas também são produzidos vinhos rosados muito secos e fragrantes. Entre outras variedades são cultivadas Grenache, Cinsault, Syrah, Mourvèdre e Clairette. Os melhores produtores são Goubert, Guigal, Jaboulet, Santa-Duc e Roger Combe.
- TAVEL: denominação do melhor vinho rosado da França, um dos melhores do mundo. São cerca de 950 hectares de vinhedos nos quais se cultiva sobretudo a Grenache tinta. São vinhos que devem ser bebidos jovens. Os melhores produtores deixam as uvas amadurecerem por algumas horas após a colheita antes de permitir a fermentação para melhorar a cor, o aroma e o sabor do vinho resultante. Entre eles estão Aquéria, Genestière, Maby e Vieux Moulin. Foram excepcionais as colheitas de 1990, 1999 e 2000, muito boa a safra de 1996 e simplesmente boas as safras de 1991, 1992 e 1993.

JURA E SAVOIE

Jura, entre a Alsácia e o lago de Genebra, tem muito poucos vinhedos dispersos cujos melhores vinhos estão inscritos na denominação Côtes du Jura.

De seus vinhedos são elaborados vinhos tintos, rosados e brancos, que são os melhores, tanto secos quanto espumantes. Destaque especial ao Vinho Amarelo (Vin Jaune) e ao Vinho de Palha (Vin de Paille), ambos elaborados com a uva Chardonnay.

O vinho branco de Savoie costuma ser apresentado como espumante ou *perlant*, borbulhante.

Rótulo de Domaine Berthet-Bodet, da *Appellation Savagnin*, de Côtes du Jura, safra de 1996.

O *Vin Jaune* é produzido em muito pequena quantidade com um sistema parecido ao de Jerez, usando uvas amadurecidas ao máximo. O mosto é encerrado em barris que já tenham contido *Vin Jaune*, onde permanece durante seis anos protegido por uma levedura que se produz em sua superfície e evita a oxidação e a fermentação excessiva.

O *Vin de Paille* é obtido de uvas brancas colhidas tardiamente e guardadas em lugares muito ventilados antes de serem prensadas, para concentrar nelas o açúcar e reduzir a acidez. Quando já tiverem perdido a metade de seu peso, são prensadas, e o mosto passa por uma longa fermentação, que dá origem a um vinho doce de grande longevidade.

As denominações de origem são *Vin Jaune, Vin de Paille, Côtes du Jura, Arbois, Arbois-Pupillin, Château Châlon, l'Etoile* e *Crémant du Jura*.

Os melhores produtores de vinhos brancos no Jura são Arlay, Bourdy, Chalanard, Gréa, Morel-Thibault e a cooperativa Pupillin.

A região de Savoie tem 1,5 mil hectares de vinhedos que se estendem da margem sul do lago Léman (lago de Genebra) até o vale do Isère. Nela se cultiva a variedade local Mondeuse, com Pinot Noir e Gamay, para obter um vinho tinto que se torna mais agradável quando bebido frio. O vinho branco seco, especialidade da zona e de alto teor alcoólico, é elaborado de uvas Roussette, com Jacquère, Molette e Chasselas.

O *Vin Jaune* deve ser servido a temperatura ambiente e pode ser guardado durante muitos anos. O *Vin de Paille* é um vinho doce que pode ser conservado durante muitos anos. À direita, garrafa de Arbois.

Languedoc-Roussillon

Ao longo da costa mediterrânea, Languedoc-Roussillon é a maior das regiões vinícolas francesas, visto que vai do delta do Ródano até os Pireneus.

Em Languedoc-Roussillon são cultivados 160 mil hectares num clima mediterrâneo, sobre solos majoritariamente calcários, mas nos quais abundam arenito, cascalho e até granito. Cultivam-se as uvas tintas Carignan, Grenache, Syrah, Cinsault, Merlot, Cabernet Sauvignon e Mourvèdre, e as brancas Clairette, Roussanne, Marsanne, Ugni Blanc, Bourboulenc, Viognier e Cardona, para produzir mais de 2 milhões de garrafas anuais, dos quais 50% são de *Vins du Pays*, 25% de Vinhos de Mesa e o restante de vinhos AOC.

Esta região produz acima de 80% do *Vins du Pays* francês. Eles são vendidos como *Vins du Pays d'Oc*. São elaborados vinho tinto forte em Corbières e Saint-Chinian, vinho tinto médio em Costières, vinho tinto doce em Banyuls, Carthagène e Maury, vinho rosado leve e seco em Languedoc e Roussillon, vinho branco seco em Costières, Languedoc e Minervois, vinho branco doce de Muscat e vinho branco espumante em Limoux.

Os vinhos de Roussillon são amparados por seis denominações AOC: Rivesaltes, Banyuls, Collioure, Côtes du Roussillon, Côtes du Roussillon-Villages e Maury. No Languedoc há cerca de trinta *Appellations d'Origine Contrôlées*, quase todas elas com o nome de sua região de origem.

Para vinhos tintos, foi excelente a safra de 1998; foram muito boas as safras de 1995, 2000, 2001, 2003 e 2005; foram boas as safras de 1990, 1991, 1993, 1994, 1996, 1997 e 1999. Para vinhos brancos, foram muito boas as safras de 1995, 1998 e 2000; e apenas boas as safras de 1990, 1991, 1993, 1994, 1996, 1997 e 1999.

Um magnífico vinhedo no Languedoc do qual são obtidos vinhos vendidos como *Vins du Pays*, como a maior parte da produção do Languedoc-Roussillon.

BANYULS

Na região de Banyuls se produz um vinho doce natural bem ao gosto francês, mas de muito discutível qualidade perto de seus equivalentes ibéricos, apesar de ter certa semelhança com os vinhos da Madeira e do Porto. As vinhas são cultivadas em degraus feitos sobre terraços abertos para o Mediterrâneo. Nelas crescem Grenache, Cinsault e Syrah, especialmente, e tanto os tintos quanto os rosados e os rançosos devem ter pelo menos 50% da primeira, que é lá chamada de Grenache Noir. O Banyuls *Grand Cru* deve ter 75% de Grenache e amadurecer dois anos e meio em barricas de carvalho.

Os melhores produtores são Cellier des Templiers, la Rectorie, Mas Blanc, Clos de Paulilles, l'Etoile e Tour Vieille.

CORBIÈRES

Os vinhos tintos de Corbières, como o desta garrafa de Domaine de Villemajou, acompanham bem carnes vermelhas assadas, pratos de caça e queijos. Nesta zona também se produz vinho branco.

Entre as cidades francesas de Carcassone, Perpignan e Béziers, 15,5 mil hectares de vinhedos estendem-se entre as colinas e vales que dão forma à região sobre solos calcários, de marga e arenito. Os seus vinhos, pouco apreciados no passado, ganharam valor impondo em sua elaboração o sistema de maceração carbônica, que dota o vinho de maior corpo. Atualmente são produzidos 90 milhões de garrafas por ano de vinhos tintos, rosados e, em menor proporção, brancos, com as tintas Carignan, Grenache, Syrah, Mourvèdre e Cinsault, e as brancas Bourboulenc, Macabeo, Grenache Blanc e Marsanne.

Comercializa-se sob a *Appellation Corbières Contrôlée*. Os seus vinhos, de boa qualidade, devem ser bebidos jovens, embora os amadurecidos em carvalho aguentem bem certo envelhecimento. O Corbières clássico, pouco abundante hoje em dia, é forte, denso e doce.

Os melhores produtores de vinho tinto são Voulte-Gasparets e as cooperativas Camplong d'Aude, Mont Tauch e Les Vignerons d'Octaviana.

COSTIÈRES DE NIMES

Sob a *Appellation Costières de Nîmes Contrôlée*, entre Nîmes e Petit Rhône, cultivam-se 15 mil hectares de vinhedos. Os 21 milhões de garrafas elaborados são divididos quase meio a meio entre tintos e rosados, feitos de Gre-

À esquerda, tinto de Tardieu-Laurent. Os tintos da *Appellation Costières de Nîmes* devem ser bebidos entre dois e seis anos. À direita, vinho rosado do Château Silex. Os vinhos rosados devem ser bebidos jovens e são ideais para acompanhar saladas.

nache, Syrah e Carignan para os tintos, Carignan, Cinsault, Mourvèdre e Syrah para os rosados, e Bourboulenc para os poucos vinhos brancos que se elaboram na região.

Entre os melhores produtores estão L'Amarine, Blanc, Mourgues du Gres, Bages, Rouband e de la Tuillerie. Nos últimos anos foram boas as safras de 1998, 2000 e 2001.

COTEAUX DU LANGUEDOC

Os vinhos da *Appellation Coteaux du Languedoc Contrôlée* são produzidos em Saint-Georges d'Orques e Montpeyroux com uvas colhidas de 8,4 mil hectares de vinhas plantadas em solo calcário. Crescem ali as cepas tintas Grenache, Syrah, Mourvèdre, Carignan e Cinsault, e as brancas Grenache Blanc, Bourboulenc, Clairette, Picpoul, Roussanne, Marsanne e Rolle, com as quais são elaborados 55 milhões de garrafas, sendo 79% de vinho tinto, 12% de vinho branco e 9% de vinho rosado.

Os melhores produtores são Hostus, Mas Jullien, Prieuré e St. Jean de Bebian.

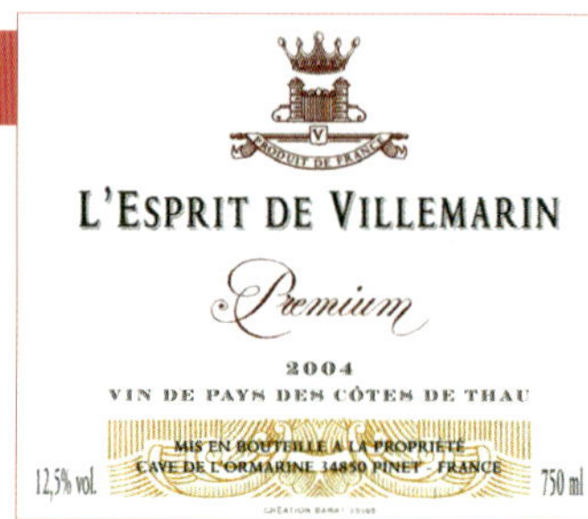

Rótulo do *Vin du Pays* Premium da L'Esprit de Villemarin, feito em Coteaux du Languedoc.

Os vinhos tintos, como o desta garrafa de Chantarel, podem ser bebidos com carnes vermelhas grelhadas, salsichão, salame e peru assado, ou acompanhando queijos de Pélardon, Saint-Nectaire, Cantal e Saint-Marcelin.

CÔTES DE ROUSSILLON

Os bons vinhos das *Appellation Côtes du Roussillon Contrôlée, Appellation Côtes du Roussillon Villages Contrôlée* e *Appellation Grand Roussillon Contrôlée* são colhidos em torno da cidade de Perpignan: são os 5,6 mil hectares de vinhedo que recebem maior número de horas de insolação na França. São cultivadas Cari-

Os tintos devem ser consumidos entre dois e cinco anos. Vão bem para acompanhar carnes vermelhas na chapa, caças de penas e queijos Cheddar, Comté e Epoisses. Os brancos devem ser consumidos antes de três anos.

gnan, Syrah, Lladoner Pelut, Grenache e Mourvèdre, para os vinhos tintos e rosados, e Macabeo, Malvasia e Grenache Blanc, para os brancos. São produzidos 27 milhões de garrafas anuais, 70% de vinho tinto, 28% de vinho rosado e o resto de vinho branco seco, que deve ser consumido antes de três anos de idade. *Côtes du Roussillon Villages* ampara unicamente vinhos tintos, de mais corpo que os *Roussillon* AOC. *Grand Roussillon* é de vinhos doces. Os produzidos em Banyuls, Rivesaltes, Maury e Collioure têm suas próprias denominações de origem.

Entre os melhores produtores encontram-se Cazes, des Chênes, Fontanel, Gauby e Piquemal. As melhores últimas safras de vinho tinto foram as de 2000, 2001 e 2003. De vinho branco foi muito boa a safra de 2004.

FITOU

Os 2 mil produtores de vinho de Fitou encontram-se em duas zonas, a Fitou marítima e a Fitou interior, nas Hautes Corbières. A principal zona encontra-se em torno da lagoa de Sales, perto do mar, entre Perpignan e Narbonne.

Os produtores de Fitou elaboram, com Carignan, Grenache e Lladoner Pelut, o melhor vinho tinto do Midi francês. A forte personalidade e o alto teor destes vinhos devem-se à alta insolação da zona e à uva Carignan.

Para poder ser incluído na *Appellation Fitou Contrôlée*, o vinho da zona deve amadurecer em barricas de carvalho de nove a 18 meses e outro tanto em garrafas.

O Fitou deve ser consumido, se possível, depois de ter envelhecido cinco ou seis anos.

Entre os melhores produtores encontram-se Bertrand-Bergé, l'Espigne, Lerys e a cooperativa Mont Tauch.

MINERVOIS

A maior parte das boas vinícolas de Minervois se situa no vale do Aude. Seus 5,2 mil hectares de vinhedos estão sobre terrenos planos açoitados pelo vento, nos quais as uvas Carignan, Syrah, Grenache e Mourvèdre permitem obter 30 milhões de garrafas anuais de vinho frutado de boa qualidade. Os melhores são amadurecidos em barricas de carvalho faz poucos anos, especialmente desde que, em 1998, os vinhos de La Livinière atingiram a categoria de *Crus*.

Os melhores produtores dessa região, que se tornou *Cru* em 1988, são Clos Centeilles, Clos l'Escandil, Fabas, La Grave, Nicolas Vassière e Violet.

Em geral, os vinhos de Minervois, como o desta garrafa de Jean d'Alibert, devem ser consumidos jovens, embora os amadurecidos em carvalho suportem bem o envelhecimento.

RIVESALTES

Situado ao norte de Perpignan, Rivesaltes é um pequeno povoado que dá nome a uma *Appellation d'Origine Contrôlée* que ampara 86 municípios dos Pireneus de Roussillon e nove da região do Aude. Sob a denominação Rivesaltes se produzem excelentes vinhos doces naturais, os melhores dos quais são obtidos da uva Moscatel e são profundos e dourados. O Muscat de Rivesaltes, de cor âmbar, é com certeza o melhor vinho da região.

A produção anual é de cerca de 5 milhões de garrafas de Rivesaltes VDN (*Vin Doux Naturel*) e alguns apreciáveis vinhos brancos de mesa. São também produzidos vinhos tintos e rosados de uvas Bombino e Montepulciano, variedades próprias da região.

Dentre os melhores produtores de vinho Rivesaltes podemos citar alguns como Gauby, Cave de Baixas, Casenove, Cazes, Sarda-Maler e Vignerons Catalans.

SAINT CHINIAN

Sob a *Appellation Saint Chinian Contrôlée*, uns vinte povoados do norte de Béziers cultivam 3 mil hectares de cepas Carignan, Syrah, Grenache, Mourvèdre e Cinsault sobre solos de composição arenítica e calcária. Eles elaboram 16 milhões de garrafas, dos quais mais de 90% são de vinho tinto, e o resto, de vinho rosado.

Os melhores produtores são Borie la Vitarèle, Canet-Valette, Cazal-Viel, Clos Bagatelle, Coujan, Fonsalade e as cooperativas de Berlou, Roquebrun e St. Chinian. As melhores safras recentes foram obtidas em 1998, 2000, 2001, 2003 e 2005.

Garrafa de Roquebrun Prestige, premiado na feira do vinho de Paris.

A Provença é considerada, com a Córsega, o berço da viticultura francesa. Acima, rótulo do vinho branco Château de Fontcreuse.

Provença

Os primeiros vinhedos da Provença, como recorda Júlio César em *De Bello Gallico* (Sobre as guerras das Gálias), foram plantados pelos fundadores de Marselha: os gregos. Hoje, os vinhedos da região se estendem de Sanary até Carnueles, em torno do vale de Var, numa área de cerca de 20 mil hectares.

Apesar da pequena extensão da área de cultivo vitícola, a Provença acolhe quatro *Appellations Contrôlées* de qualidade: Bandol, que tem 1,1 mil hectares, dos quais 500 estão plantados com Mourvèdre para vinhos tintos; Bellet, que obtém bons vinhos tintos, rosados e brancos de seus 32 hectares de vinhedo; Cassis, que produz vinhos brancos frutados bons e prestigiados, tintos de muito pouco valor e rosados discretos; e Palette, que elabora robustos vinhos tintos e refinados brancos de apenas 20 hectares de vinhedo.

Há três principais zonas de vinhedos: a área costeira entre Ste. Maxime e Toulon, a zona costeira entre Toulon e Marselha, e os grandes vinhedos ao norte do Massif des Maures, onde são produzidos os vinhos de menor qualidade.

São muito numerosas as cepas empregadas, embora se destaquem Carignan, Cinsault e Mourvèdre, entre as de uva tinta, e Ugni Blanc, Clairette e Rolle, entre as de uva branca. Alguns produtores estão começando a cultivar variedades bordalesas, como Cabernet Sauvignon ou Syrah, com a esperança de conseguir vinhos tintos, visto que até agora a especialidade da região tem sido o vinho rosado, com 80% da produção. Também se produz há séculos um vinho branco muito seco e faiscante, que representa apenas 5% do vinho engarrafado na Provença.

A maior zona de cultivo corresponde à *Appellation Côtes de Provence Contrôlée*: 18 mil hectares de vinhedos em solos silicosos e calcários situados ao sul da Costa Azul, de Aix-en-Provence a Nice. São produzidos anualmente cerca de 160 milhões de garrafas com as cepas Cinsault, Grenache, Mourvèdre, Syrah e Tibouren.

Os melhores produtores são La Bernarde, Domaine de la Courtade, Les Maîtres Vignerons de St. Tropez, Real Martin e Commanderie de Peyrassol. Os anos de 1990,

Os vinhos brancos da Provença, como La Ferme Blanche, vão bem com frutos do mar.

1998, 1999 e 2000 deram muito boas safras de vinho tinto. Também foram boas as safras de 1993 a 1996. Para os vinhos brancos, 1998 foi muito bom, e 1990, 1993, 1999 e 2000, bons.

BANDOL

Bandol situa-se nas colinas que se encontram entre La Ciutat e Toulon, em frente do Mediterrâneo. São os vinhedos mais antigos da França. Os 1,1 mil hectares reconhecidos pela *Appellation Bandol Contrôlée* situam-se a mais ou menos 15 quilômetros ao oeste de Toulon. De Mourvèdre (50%), Cinsault e Grenache são elaborados anualmente 5 milhões de garrafas de um vinho tinto forte, vinhos brancos vigorosos e de muito corpo e ótimos rosados. Esses vinhos tintos devem ser consumidos entre três e sete anos depois dos obrigatórios 18 meses de envelhecimento. Os melhores produtores de vinhos tintos e rosados são Pibarnon, Bastide Blanche, l'Hermitage, Ray-Jane e Vannières; os de vinhos brancos são Bastide Blanche, Pibarnon e Mas de la Rouvière.

Garrafa de vinho tinto da safra de 1990 do histórico domaine de La Laidière, uma grande empresa de Bandol.

BELLET

Mais de 30 hectares situados nas colinas a oeste de Nice produzem cerca de 80 mil garrafas do vinho da *Appellation Bellet Contrôlée*. São usadas as cepas Rolle, Chardonnay, Pignerol, Muscadet, Mallorquín e Bourboulenc, para os aromáticos vinhos brancos da zona, e Cinsault, Grenache e duas cepas locais, Fuella e Braquet, para os vinhos tintos e rosados. Dada sua pequena produção e discreta qualidade, são os turistas que consomem a maior parte desses vinhos.

Os melhores produtores são Château de Bellet e Château de Crémât.

O vinho Collet de Bovis, de Bellet, é produzido no *domaine* de Fogolar, situado junto a uma antiga vila romana.

SUDOESTE

Virgílio e Horácio cantaram há 2 mil anos as maravilhas dos vinhos da região situada entre Bordeaux e os Pireneus.

Os vinhos brancos doces da *Appellation Jurançon Contrôlée* são bons para o consumo entre cinco e 20 anos, como este Clos Uroulat.

Entre as *Appellations d'Origine Contrôlées* mais importantes da região encontram-se: *Appellation Cahors Contrôlée*, 4,2 mil hectares e 30 milhões de garrafas de vinho tinto robusto; *Appellation Jurançon Contrôlée*, 750 hectares e 4,5 milhões de garrafas de vinhos brancos doces e secos; *Appellation Madiran Contrôlée*, 1,3 mil hectares e 10 milhões de garrafas de vinho tinto forte; *Appellation Bergerac Contrôlée*, 8 mil hectares e 42 milhões de garrafas, 65% de vinho tinto, 30% de vinho branco e 5% de vinho rosado; e *Appellation Monbazillac Contrôlée*, 2,2 mil hectares e 6,5 milhões de garrafas de vinho branco doce.

Na região cultivam-se 16 mil hectares de vinhedos com Cabernet Sauvignon, Merlot, Malbec e Tannat, entre as uvas

Vinho tinto do Château d'Aydie 1993. Os tintos da *Appellation Madiran Contrôlée* devem ser consumidos entre quatro e oito anos.

tintas, e Millon, Sauvignon, Manseng, Ugni Blanc, Colombard, Petit Manseng, Gros Manseng, Moscatel e Clairette, entre as uvas brancas. Com elas são elaborados anualmente 270 milhões de garrafas, o que representa 3% do total de vinho produzido na França. Deles, 88% são de vinho tinto, muito tânico em Madiran e intenso em Cahors, 7% de vinho branco seco e 2% de vinho branco doce.

Os melhores produtores são Tour des Gendres, Clos Uroulat, Chappelle Lenclos, La Borderie, Grand Marsalet, Cauhapé, Belingard, Eyssard e Gouyat. As melhores safras foram as de 1995, 1996, 1997, 2000, 2001 e 2003.

Os vinhos doces da *Appellation Monbazillac Contrôlée* podem ser bebidos entre cinco e 30 anos de idade, como este Moulin de Bajac de garrafa.

Vale do Loire

Na região do Vale do Loire há 32 *Appellations d'Origine Contrôlées* reconhecidas e 15 VDQS para amparar os seus vinhos brancos, desde os mais doces até os secos. Os vinhos são feitos de Cabernet Franc, Chenin Blanc, Gamay de Saint-Pourçain, Melon de Bourgogne, Cabernet Sauvignon, Pinot Noir e Chasselas em 30 mil hectares de vinhedos, e a produção chega a 400 milhões de garrafas ao ano de vinhos brancos secos, semisssecos, doces e espumantes, além de variedades de vinhos tintos e rosados. Os principais vinhos do Vale do Loire são:

Dois vinhos do Vale do Loire: tinto da *Appellation Saumur* e branco da *Appellation Muscadet Sèvre et Maine*.

- Pouilly et Sancerre: na parte oriental do vale, vinho branco de Sauvignon Blanc, e de Touraine, mais a oeste e no centro do vale. De Chenin Blanc elabora-se vinho branco seco e espumante. A região é mais conhecida por seu vinho rosado, de Pinot, e por seus espumantes.
- Anjou-Saumur: no oeste, produz um vinho branco seco de fundo doce com a Chenin Blanc, e um vinho tinto melhor com a Cabernet Franc.
- Muscadet: com 12,5 mil hectares no oeste do vale, produz 100 milhões de garrafas de vinho branco pálido, seco, refrescante e leve, feito de uvas Moscatel e Melon. Deve ser bebido frio e antes de dois anos, e é muito bom para acompanhar mariscos. Vende-se sob quatro denominações: *Appellation Muscadet Contrôlée, Appellation Muscadet Coteaux de la Loire Contrôlée, Appellation Muscadet Côtes de Grandlieu Contrôlée* e *Appellation Muscadet Sèvre et Maine Contrôlée*, que é a mais importante e garante melhor qualidade. A safra de 1996 foi excelente para o vinho branco doce. Foram muito bons os anos 1990, 1997, 1999, 2000, 2003 e 2005, e bons os anos 1992, 1995 e 1998. Para os brancos secos foram anos excelentes 1990, 1992 e 1996, muito bom, 1997, e bons 1993, 1998, 1999, 2002 e 2005.

GRÉCIA

A República da Grécia ocupa a parte mais meridional da península dos Bálcãs e compreende numerosas ilhas, com uma superfície total de 131.957 quilômetros quadrados. Já havia nos tempos da Grécia clássica muitos e bem cuidados vinhedos. Atualmente, as vinhas ocupam cerca de 110 mil hectares em solos rochosos ou calcários, submetidos a um clima mediterrâneo extremamente seco, o que favorece a concentração de açúcar nas uvas. O país produz cerca de 5 milhões de hectolitros de vinho dos quais apenas 500 mil são destinados à exportação.

Na Grécia são cultivadas aproximadamente 300 variedades de uva, a maioria autóctone, algumas delas muito antigas, ainda que não faltem as variedades francesas Cabernet Sauvignon, Chardonnay, Merlot, Pinot Noir ou Sauvignon Blanc. Dentre as autóctones, destacam-se a Assyrtiko, Giorgitiko, Liatiko, Mandelaria, Mavrodaphne, Moschophilero, Robola, Rhoditis, Savatiano, Vilana, Xinomavro e vários tipos de moscatéis.

Existem na Grécia 26 denominações de origem e as seguintes regiões vitícolas: Creta, Cíclades, Dodecaneso, Grécia central, Épiro, Ilhas do Egeu, Ilhas Jônicas, Macedônia, Peloponeso, Tessália e Trácia.

CRETA

Tem 50 mil hectares de vinhedos e produz vinhos tintos de grande qualidade e brancos muito secos com uvas de velhas cepas cretenses. Um bom exemplo são os vinhos da casa Kourtaki.

CÍCLADES

Na mais bela de suas ilhas, Santorini — Thira —, o solo vulcânico permite o desenvolvimento da uva Assyrtiko, da qual são obtidos magníficos vinhos brancos, tanto secos quanto adocicados. Em outra de suas ilhas, Paros, é produzido um vinho tinto com denominação de origem Paros mesclando a uva branca Monemvassia com a tinta Mandelaria.

DODECANESO

Rodes e Kós ainda produzem vinho: tintos de uvas Amorgiano, brancos de Athiri e alguma coisa de moscatel.

ÉPIRO

Épiro (Ipiros) produz 500 mil garrafas de vinho ao ano e tem dois vinhos com denominações de origem controlada.

São denominados retsina os vinhos rosados ou brancos em que a adição de resina de pinho ao mosto no momento da fermentação modifica seu sabor. Costumam ser usadas as uvas Savatiano e Rhodotis. Estes vinhos são comercializados em garrafas pequenas.

Seus vinhos de maior qualidade são o branco de Zitsa e o tinto de Metsovo.

Grécia central

É uma zona situada entre os mares Jônico e Egeu e as terras do Épiro e da Tessália. Produz muitos vinhos de mesa e da terra, um espumante de qualidade, Hatzi Michalis, e muito bons topikos oinos, uma denominação de origem legalmente controlada. Alguns de seus vinhos, como os retsina, são conhecidos por seu sabor ancestral, e os de Tebas e Messoghia, pelo sabor frutado.

Ilhas do Egeu

Os vinhedos nestas ilhas são cultivados em terraços que baixam desde os 800 metros de altitude até o nível do mar. O mais famoso de seus vinhos e o de maior qualidade é o moscatel de Samos,

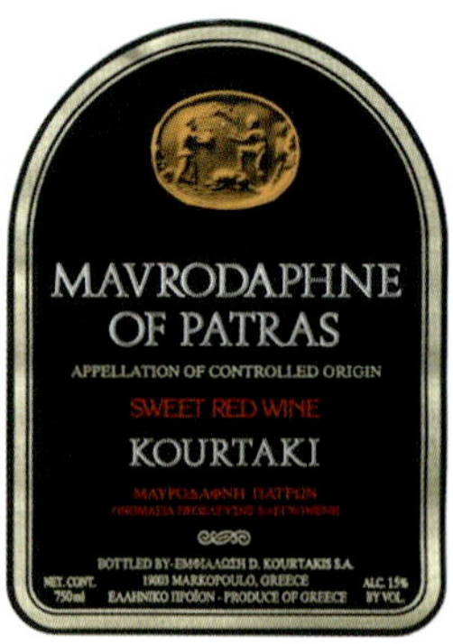

Rótulo de Mavrodaphne of Patras, um vinho tinto considerado leve.

ainda que o de Lemos seja também magnífico. Ambos são obtidos da uva Moscatel de Alexandria.

Os gregos da Antiguidade conservavam e transportavam seus vinhos nestas maravilhosas ânforas. Acrescentava-se ao vinho resina de pinho para melhorar sua conservação.

Ilhas Jônicas

Talvez o auge do turismo em Corfu tenha sido mais negativo aos vinhedos que a curta dominação turca no passado. Produzem-se vinhos brancos excelentes, muitos dos quais se cultivam sob uma capa de "flor", como em Jerez. São especialmente bons os vinhos brancos secos de uvas Robola e Kakotrychi, uma variedade autóctone. O Kafallina Mavrodaphne é um tinto doce de muito boa qualidade e de cor rubi. Também é produzido um bom moscatel.

Peloponeso

Aproximadamente 65 mil hectares de vinhedo permitem que o Peloponeso produza a quarta parte do vinho grego: 1,3 milhão de hectolitros. Seu grande

Rótulo de vinho da uva Assyrtiko, uma das variedades autóctones da Grécia.

centro vinícola é Patras, com quatro denominações de origem controlada, três das quais estão designadas pela variedade de origem: Mavradaphne, tinta, Patras e Rion, moscatéis brancas, ainda que Patras também dê origem a um vinho branco leve. Em Nemea é produzido um excelente vinho tinto escuro de Agoiorgitiko, que talvez seja o melhor da Grécia em seu tipo.

Tessália

Terra onde se eleva o Olimpo, a Tessália tem seus melhores vinhedos nas encostas das montanhas e bem próximo da costa. As vinhas que se encontram nas encostas têm certa qualidade; as que estão localizadas mais perto da costa produzem uvas de baixa qualidade, exceto aquelas destinadas aos vinhos de sobremesa.

Trácia e Macedônia

Tiveram no passado remoto uma bem merecida fama pela qualidade de seus vinhos. Hoje, infelizmente, produzem especificamente vinhos de mesa e da terra, comuns e de baixa qualidade, feitos da uva branca Zoumiatiko e das azuis Mavroudi e Pamidi. Em abundância, devido à maior pluviosidade da Macedônia, são produzidos vinhos da terra de boa qualidade.

HUNGRIA

Está documentado historicamente que as primeiras cepas viníferas no território da atual Hungria foram plantadas por ordem do imperador romano Probo, em 276. Desde então, em todos esses séculos, a vinicultura húngara tem vivido momentos de esplendor e decadência, o que tornou conhecido no mundo inteiro apenas o famoso tokaji, fora alguns poucos apreciadores de vinho que conhecem as distintas variedades de seus tintos Sangue de Touro. Porém é muito o que, por tradição, solos, clima e dedicação, a vitivinicultura húngara poderá nos oferecer no prazo de alguns poucos anos. Hoje, a Hungria conta com cerca de 125 mil hectares de vinhedo a partir dos quais produz 4,5 milhões de hectolitros de vinho ao ano. No que se refere à produção vinícola, o país se divide nas seguintes regiões:

Aszár-Nszmély

Os vinhedos estão nas abrigadas encostas meridionais das montanhas. As variedades de uvas são Tramini, Chardonnay, Irsai e Olaszrizling.

Badacsony

Os vinhedos se encontram nas encostas meridionais das vertentes que chegam até o lago Balaton. As variedades de uvas produzidas são Szürkebarat, Kékneyelü e Olaszrizling.

Os húngaros orgulham-se, com razão, dos vinhos da região de Tokaj, os tokaji. São tão admirados e copiados que, tal como ocorreu anteriormente com vinhos como os de Champanhe ou Jerez, têm sido protegidos pela União Europeia com uma Denominação de Origem Protegida.

Balatónfüred-Csopak

Situa-se na margem norte do Balaton. Seus vinhos já eram conhecidos na época dos romanos. As variedades da região são Olaszrizling, Tramini, Chardonnay, Cabernet Sauvignon, Merlot e Rislingszilváni.

Balatón-Mellék

Estes vinhos originam-se na bacia de Káli, uma zona muito apropriada ao amadurecimento das uvas. As variedades cultivadas são Olaszrizling, Rislingszilváni, Chardonnay e Zöldveltelini.

Bükkalja

Já na Idade Média a região tinha uma boa vinicultura. Produz vinhos brancos de excelente qualidade. As variedades são Olaszrizling, Kékfrankos, Leányka e Cserszegi Füszeres.

Csongrád

Recebe a mais quente e rica luz solar do país. As variedades de vide são Kadarka, Kékfrankos, Zweygelt e Olaszrizling.

Eger

São tintos que, acondicionados em barricas, convertem-se em vinhos aveludados, complexos, corpulentos e de rico aroma. Produz bons brancos, de delicioso aroma. As variedades são Olaszrizling, Kékfrankos, Leányka, Kékoportó e Cabernet Sauvignon.

Etyek-Buda

É uma zona de poucas precipitações, amplas e ensolaradas planícies e solos profundos. As variedades de uva são Chardonnay, Olaszrizling, Sauvignon Blanc e Királyleányka.

Hajós-Baja

Produz bons vinhos brancos e tintos de Cabernet Franc, Kékfrankos, Cabernet Sauvignon e Kadarka.

Kunság

É a zona de maior extensão da Hungria. Suas variedades são Kékfrankos, Olaszrizling, Ezerjo, Izsaki, Cserzegi e Füszeres.

Mecsekalja

Encontra-se em ensoladas vertentes que têm clima mediterrâneo. Suas variedades são Olaszrizling, Chardonnay e Cifandli.

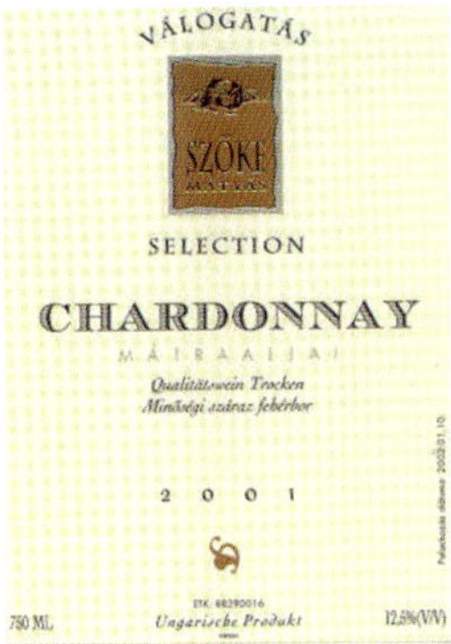

Rótulo de um vinho Chardonnay colhido e elaborado na região húngara de Mátraalja.

Sopron

Está nas vertentes pré-alpinas. Destacam-se os vinhos tintos. As variedades são Cabernet Franc, Zweigelt, Zöldveltelini e Sauvignon Blanc.

Sul do Lago Balaton

É uma zona com vinhos ricos em aromas e buquê, muito ao gosto moderno. As variedades são Cabernet Sauvignon, Kékfrankos e Muscat Ottonel.

Mátraalja

A zona se caracteriza pelo excelente cuidado que dedica aos vinhedos. Predominam os vinhos brancos. As variedades de uva são Olaszrizling, Hárslevelü, Chardornnay e Muscat Ottonel.

Mór

Encontra-se na escuras montanhas do sudoeste do maciço de Vértes. Suas variedades são Ezerjó, Tramini e Leányka.

Pannonhalma-Sokoróalja

Zona com excelentes vinhos brancos, ricos em aromas e buquê. As variedades são Tramini, Rajnai Rizling e Olaszrizling.

Somló-Sokoróalja

É a menor região da Hungria, porém com a maior história vinícola. Suas variedades são Hárslevelü, Furmint, Juhfark e Olaszrizling.

Szekszárd

Esta zona tem um clima mediterrâneo e, por isso, muita insolação. As variedades de uva que se cultivam são Cabernet Sauvignon, Kékfrankos e Merlot.

Um vinhedo e uma rolha de garrafa da região de Tokaj, onde predominam as variedades Hárslevelü, Muscat Lunel, Oremus e Furmint.

Tokaj-Hegyalja

É a região onde se elaboram os famosos tokaji. As variedades são Hárslevelü, Muscat Lunel, Oremus e Furmint.

Tolina

Nesta zona se produzem vinhos que alcançam uma excelente qualidade. Suas variedades são Olaszrizling, Tramini, Zödveltelini, Chardonnay e Sauvignon Blanc.

Villány-Siklós

Nesta região se produzem famosos vinhos tintos de cor rubi-escura. Os brancos de Siklós são definidos como fogosos. São elaborados outros vinhos com as uvas atacadas pela podridão nobre. Suas variedades são Olaszrizling, Cabernet Sauvignon, Cabernet Franc, Kékoportó y Hárslevelü.

Zala

Esta região se encontra nas suaves colinas de Zala. Elaboram-se vinhos muito distintos entre si em tipo e, sobretudo, em qualidade. As variedades de uvas cultivadas são Olaszrizling, Rizlingszilváni e Cserszegi Füszeres, que produzem bons vinhos.

TOKAJI

O tokay ou *tokaji* é um vinho branco, dourado, nitidamente doce, sem ser, porém, um vinho de sobremesa. É mais um acompanhamento para comidas muito condimentadas. A Hungria cuida bem de seus vinhos doces e o *tokaji* é a menina dos olhos. Ele é elaborado na região de Tokaj e possui uma gama que vai desde os mais simples e secos até aos mais doces e nectarizados. O melhor é o Essence, elaborado com o primeiro mosto que se prensa. A região de Tokaj localiza-se no nordeste da Hungria, na qual o clima favorece a formação do fungo *Botrytis cinerea* nas uvas muito maduras, como ocorre com o Sauternes francês. Os vinhos são envelhecidos em barricas de madeira em túneis subterrâneos que chegam a atingir quilômetros de comprimento e se encontram sempre entre 10 °C e 12 °C de temperatura.

São produzidos vinhos tipo *tokaji* em outros países, como França ou Itália, mas a partir de março de 2007, por um acordo da União Europeia, o nome Tokaj adquiriu a categoria de Denominação de Origem Protegida, e somente podem utilizá-lo produtores da região de Tokaj, tanto húngaros como eslovacos.

Os bons vinhos, especialmente os *tokaji*, são envelhecidos em adegas subterrâneas em forma de túnel, que chegam a alcançar 5 quilômetros de comprimento.

ITÁLIA

Quando os gregos chegaram à península Itálica há 2.800 anos e viram que a vinha frutificava por todo o território, batizaram-na com o nome de Enotria, que significa "terra do vinho".

A Itália poderia hoje continuar se chamando Enotria, pois nela são cultivadas mais de 2 mil variedades de uva nas 95 províncias em que se dividem suas 20 regiões administrativas. Apesar de sua pequena superfície, a Itália ocupa o segundo lugar em hectares de vinhedos plantados: cerca de 1 milhão. O grande rendimento de seus vinhedos em volume fez com que o país se tornasse em 2005 o maior produtor de vinho do mundo: 55,5 milhões de hectolitros. A Itália foi também o país que exportou a maior quantidade de vinho: 15,1 milhões de hectolitros. Em consumo da bebida, a Itália ocupa o segundo lugar: 70,8 litros por habitante ao ano. Estes números costumam aparecer notavelmente aumentados em muitas publicações especializadas.

Seguindo o modelo francês, a Itália estabeleceu, já há quase meio século, o sistema de denominações de origem. Após várias modificações, nos dias de hoje os vinhos italianos podem ser:

- *Denominazione di Origine Controllatta e Garantita* (DOCG): concedida a alguns vinhos DOC de qualidade e prestígio nacional e internacional. Eles têm de se submeter a um severo controle de qualidade, ser vendidos em recipientes com capacidade inferior a 5 litros e levar um selo de estado que garanta a origem, a qualidade e a numeração das garrafas produzidas.
- *Denominazione di Origine Controllatta* (DOC): é uma denominação atribuída a todos os vinhos italianos de certa categoria, mais de 300 em uma lista que cresce ano após ano. São vinhos que devem respeitar algumas regras com relação às variedades empregadas, localização dos vinhedos, produção, tipo de vinificação e formas de envelhecimento.
- *Indicazione Geografiche Tipici* (IGT): sujeitos a uma regulamentação similar à dos DOC.
- *Vino da Tavola* (VDT): são os vinhos de consumo diário e massivo.

É frequente encontrar também em alguns rótulos siglas como DOP *(Denominazione d'Origine Protetta)*, IGP *(Indicazione Geografica Protetta)* ou STG *(Specialità Tradizionale Garantita)*.

Com 2 mil variedades de uvas, vinhos elaborados com até 20 variedades distintas e uma imensa gama de vinificações, não é de estranhar que a Itália produza todo tipo de vinho. São tantos que serão apresentados de maneira distinta da que se fez com os vinhos espanhóis ou franceses, pois na Itália existem até 33 denominações DOCG, mais

de 300 DOC, cerca de 150 IGT e incontáveis VDT. Detalharemos as DOCG, que são as denominações mais conhecidas, e faremos referência aos vinhos do resto das regiões administrativas italianas, já que todas elas são regiões vinícolas.

ALBANA DI ROMAGNA

Este vinho, produzido entre Bolonha e Rímini, foi o primeiro a obter a classificação de DOCG em 1987, após conseguir a de DOC em 1967.

É um vinho de cor palha-dourado, elaborado com uma variedade que se cultiva somente na Romagna, a Albana, e é vendido nas versões Secco, Amabile, Dolce e Passito. O Albana di Romagna não requer envelhecimento e sua permanência na garrafa não deve superar três ou quatro anos.

Este vinho branco deve ser servido a uma temperatura de 10 °C a 12 °C. O Albadorata é bom para acompanhar peixes, crustáceos, sopas, caldos ou rosquinhas.

Os melhores produtores do vinho Albana di Romagna são com toda a certeza Humberto Cesari, Fattoria Paradiso e Tenuta Uccellina.

ASTI SPUMANTE

Nos últimos anos, o vinho elaborado em Asti, no Piemonte, está começando a substituir sua antiga fama de vinho industrial pela de vinho de qualidade. A DOCG premia o fato de que sua elaboração é mais natural do que aquelas normalmente usadas na produção de espumantes: mantém-se uma elevada proporção de açúcar natural, interrompe-se em um determinado momento o processo de fermentação com a redução da temperatura a 0 °C, e engarrafa-se o vinho sob pressão, com borbulhas naturais, depois de um rigoroso processo de filtragem.

Estas uvas brancas originam um vinho excelente para sobremesas e doces.

Sob a DOCG se elabora também um vinho branco não espumante, o Moscato d'Asti.

Entre os melhores produtores de Asti podemos citar Araldica Vini Piemontesi, Ariones, Bera, Vallebelbo e Vignaioli di Santo Stefano.

BARBARESCO

Apesar de ser um dos grandes vinhos da Itália, não tem a importância do Barolo, o grande vinho da mesma zona (Piemonte). O Barbaresco é um vinho leve, com teor alcoólico de 12,5°. Depois de permanecer nove meses em tonéis de madeira, os vinhos precisam apenas de 21 meses de amadurecimento, ou, no caso dos *riserva*, 45 meses.

O Barbaresco deve sua qualidade à variedade Nebbiolo, com a qual são elaborados outros vinhos piemonteses de prestígio, como Barolo, Gattinara, Boca, Fara, Ghemme, Sizzano e um não piemontês, o Valtellina Superiore. Outras cepas frequentes na zona são Michet, Lampia e Rosè.

Os Barbarescos devem ser servidos a uma temperatura entre 18 °C e 20 °C.

Vinhos Barolo e Barbaresco de Pio Cesare.

O Barbaresco tem um teor alcoólico mínimo de 12,5° e acidez total mínima de 0,5°. Ele deve passar um período de envelhecimento antes de sua venda de pelos menos dois anos, quatro para os reserva.

Os melhores produtores são Produttori di Barbaresco, Prunotto, Cigliuti, Pasquero e Bruno Rocca. Os melhores anos foram 1970, 1974, 1979, 1980, 1983, 1995, 2000 e 2003.

BARDOLINO SUPERIORE

Apesar de haver sido cantado em prosa e verso por Virgílio e Dante, o Bardolino, um dos grandes vinhos do Vêneto, é demasiado irregular, simples e leve para ser classificado entre as DOCG, mesmo que sua qualidade média tenha melhorado nos últimos anos. Quando é bom, destacam-se nele seu caráter vibrante e frutado e, ao mesmo tempo, um agradável amargor amendoado em sua juventude.

O Bardolino é elaborado com Corvina Veronese, Rondinella, Molinara, Rossignola, Barbera, Sangiovese, Marzemino, Merlot e Cabernet Sauvignon. É um vinho tinto, grená quando envelhece, com teor alcoólico mínimo de 12° e acidez total mínima de 4,5 gramas por litro. O período de amadurecimento deve ser de pelo menos um ano. Os melhores produtores são Cavalchina, Corte Gardoni e Guerrieri-Rizzardi.

Garrafa de grappa, uma aguardente obtida da destilação do bagaço de uva e que contém de 40% a 50% de álcool.

BAROLO

Tinto Barolo engarrafado pela própria DOCG. Deve ser servido a 20 °C. É estupendo para acompanhar assados e caça.

Quando se bebe pela primeira vez, o Barolo (de Piemonte) parece um vinho diferente por sua dureza e forte sabor tânico, mas sua personalidade impõe-se até o ponto de ser considerado, quando dos bons, o melhor vinho da Itália e o melhor dos obtidos da Nebbiolo. Suas uvas não amadurecem até o final de outubro e são de um azul tão intenso que reluzem como se fossem de cera.

Para ser DOCG, o vinho Barolo, tinto grená, deve ter teor alcoólico mínimo de 13°, acidez total máxima de 5 gramas por litro e deve passar por um período de envelhecimento de pelo menos três anos, dois deles em tonel de madeira. Esse período amplia-se para cinco anos para os vinhos *riserva*.

Os melhores produtores são Aldo Conterno, Giacomo Conterno, Bruno Giacosa, Giuseppe Mascarello, Prunotto e Sandrone. Foram magníficas as safras de 1990 e 1997.

BRACHETTO D'ACQUI

O tinto Balbisoprani, como bom Brachetto, é um vinho que deve ser bebido jovem, pois dificilmente se conserva por mais de um ano.

O Brachetto d'Acqui, em Piemonte, é um vinho frisante, tinto leve, doce, aromático e de sabor suave que é muito apreciado nos Estados Unidos. Os vinhedos da uva Brachetto costumam estar localizados em montes e colinas. Esta uva é cultivada exclusivamente no Piemonte e na Argentina e tem um grão de tamanho médio, azul violáceo, muito bom para a vinificação.

O Brachetto d'Acqui deve ter um teor alcoólico mínimo de 11,5°, e uma acidez total mínima de 0,5%. Deve ser servido entre 10 °C e 14 °C de temperatura.

Os melhores produtores são Banfi, Braida e Viticultori dell'Acquese.

BRUNELLO DI MONTALCINO

Este vinho DOCG é produzido em Montalcino, região da Toscana. Em algumas de suas encostas estão perfilados vinhedos plantados com Brunello, uma variedade da Sangiovese.

As cepas cultivadas na parte voltada para o sudoeste originam um vinho de cor vermelha intensa, quase grená, de grande corpo, carnudo, cálido e com muita capacidade de evolução. As cepas orientadas ao nordeste originam um vinho mais elegante e delicado; as orientadas ao sudeste, um vinho de maior firmeza. Isso tudo faz com que sejam muitos os tipos de Brunello produzidos na zona, tanto tintos como brancos.

Os DOCG devem ter teor alcoólico mínimo de 12,5°, acidez total mínima de 5 gramas por litro e precisam envelhecer cinco anos, ou seis para os reserva, sendo dois deles em barrica de carvalho. Quando são de boa safra, podem durar, segundo seus produtores, até um século, melhorando dia após dia ao envelhecer em garrafas. Os melhores produtores são Castelgiocondo, Piere S. Restituta, Banfi e Casanova di Neri. São recomendados, por sua qualidade, os anos 1975, 1985, 1988, 1990, 1995, 1997 e 2004.

Garrafa de vinho de Brunello di Montalcino. Esses tintos são muito bons para acompanhar carne vermelha, assada ou na brasa.

CARMIGNANO

Situada a oeste de Florença, na Toscana, a zona de produção de Carmignano tem uma tradição vinícola que remonta aos etruscos. Graças a isso, seus vinhos se tornaram DOC, primeiro, e DOCG mais tarde, apesar de usarem na elaboração a Cabernet, uma uva que não é considerada da zona, mesmo sendo cultivada na Itália desde os tempos dos Médicis.

O Carmignano é um vinho de cor rubi intenso que tende a grená ao envelhecer. Elegante e com muita personalidade, melhora notavelmente após um período de envelhecimento em barrica de carvalho: um ano para o Carmignano e pelos menos dois anos para o *riserva*, mais um ano engarrafado. Este vinho é muito mais conhecido no exterior do que na Itália.

Os DOCG precisam ter um mínimo de 12,5° alcoólicos. O Carmignano é um vinho magnífico para acompanhar assados de carne vermelha, caças e carnes grelhadas. Deve ser servido

De vinhedos como este se elabora o Carmignano, um vinho magnífico para acompanhar carnes, que deve ser servido entre 18 °C e 20 °C.

numa temperatura entre 18 °C e 20 °C para que seu sabor fique perfeito.

O vinho é obtido das variedades Sangiovese, 40% a 70%, Canaiolo Nero, 10% a 20%, Cabernet Franc e Cabernet Sauvignon, 6% a 15%, Trebbiano Toscano, Canaiolo Bianco, e Malvasia del Chianti Fino, 10%.

Os melhores produtores são Ugo Contini Bonocossi, Ambra, Bacheretto, Il Poggiolo e Villa di Trefiano.

CERASUOLO DI VITTORIA

A zona de produção do Cerasuolo di Vittoria, na ilha da Sicília, se estende por muitas comunidades: cinco na província de Ragusa, duas na Caltanissetta e duas na Catânia. Produzem-se dois tipos de vinho: o Cerasuolo di Vittoria, tinto acerejado, seco, harmônico e frutado, e o Cerasuolo di Vittoria Classico, mais grená e com aroma de cerejas. Devem ser servidos em temperatura ambiente. Ambos os vinhos são elaborados das uvas Nero d'Avola e Frappato, com ligeira predominância da primeira variedade. Devem ter teor alcoólico mínimo de 13°. Os vinhos Cerasuolo di Vittoria devem permanecer em garrafa por três meses, no mínimo, antes de serem consumidos; os Cerasuolo di Vittoria Classico, oito meses. Não podem ser vendidos antes de 31 de março do segundo ano depois da vindima.

Garrafas de vinho tinto Planeta, elaborado com uvas colhidas no vinhedo Dorilli, no município de Acate. É um bom vinho para acompanhar assados e queijos fortes.

CHIANTI

O vinho que se vende como Chianti, produzido na região da Toscana, sem outra denominação, é elaborado com uvas procedentes de vários distritos. Geralmente de cor púrpura, este vinho deixa um retrogosto amargo e deve ser bebido jovem.

O Chianti é feito das uvas Sangiovese, de 75% a 100%, Canaiolo Nero, com um máximo de 10%, Trebbiano

Toscano e Malvasia del Chianti, mescladas ou individualmente, com um limite de 10%.

Os Chiantis de Colli Aretini, Colli Senesi, Colline Pisane e Montalbano devem ter um grau mínimo de álcool de 11,5°; os Chiantis Colli Fiorentini, Rufina e Montespertoli, assim como os que têm classificação Superiore, de 12°.

Os *riserva* têm de envelhecer dois anos no mínimo, com três meses de afinamento, amadurecimento em garrafa.

Garrafa de Chianti Villa Albergueti. Os Chiantis começam a mostrar sinais de deterioração já a partir da metade do segundo ano de fabricação, mas, se bem conservados, podem permanecer algum tempo mais na garrafa.

Ao ser feito isso, sua cor torna-se grená. Os melhores produtores são Villa Cilnia, Fattoria Lucignano, Fattoria Montellori, Castello di Poppiano e Borghese.

CHIANTI CLÁSSICO

O Chianti é um vinho conhecido em todo o mundo graças à facilidade que tem de ser encontrado nos restaurantes italianos que existem em todos os países O Chianti Classico se cultiva em cerca de 7,2 mil hectares de uma extensa região da Toscana, da qual adquire seu nome, Chianti. Essa área está situada entre Florença e Siena e produz vinho desde os tempos dos etruscos. É um altiplano em que se sucede uma série de colinas com clima de tipo continental e precipitações de 850 milímetros distribuídos entre 80 e 90 dias de chuva ao ano. Cultivam-se as cepas Sangiovese, com mais de 80% da área; Canaiolo Nero, 10%; Trebbiano Toscano e Malvasia, uns 6% entre ambas. O vinho deve ter um mínimo de 12° alcoólicos e 12,5° para os reserva. Exporta-se 70% do total da produção da zona.

Garrafa de Chianti Classico de Rufino Aziano, um dos vinhos com maior êxito de venda nos Estados Unidos.

Os melhores produtores são Castello di Ama, Antinori, Badia a Cultibuono, Fattoria di Felsina, Castello di Brolio, Castello di Fonterutoli, Fontodi, San Felice, Castello di Volpaia, Montretine e Querciabella.

São muitos os excelentes anos deste vinho: 1970, 1971, 1978, 1985, 1988, 1990, 1995, 1997 e 1999.

CHIANTI (OUTROS)

- Colli Aretini: pertence à província de Arezzo. É um vinho fresco, um pouco ácido, que deve ser bebido jovem e se adapta a todo tipo de comida.
- Colli Senesi: na província de Siena há três vinhos com a denominação DOCG e cinco com a DOC, entre eles, dois Chiantis. Aproximadamente 3,5 mil hectares de vinhedos dão origem a uma produção anual em torno de 200 mil hectolitros de vinho, a metade de Chianti Classico DOCG e outro tanto de Chianti dei Colli Senesi DOC.
- Colli Fiorentini OCG: procedente de Florença. É um vinho de cor púrpura intenso, transparente, produzido com uvas Sangiovese, 88%; Canaiolo, 8%; Malvasia Rossa e Bianca, 4%. Deve conter teor alcoólico mínimo de 12,5° e ser servido a uma temperatura em torno dos 16 °C.
- Colli Pisani: da província de Pisa. Do vinho Bianco Pisano di San Torpè DOC, elaborado com uvas de 25 hectares de vinhedos, são produzidos anualmente cerca de 10 mil hectolitros. É um vinho elegante, equilibrado, da tutto pasto, e com 11,5° alcoólicos como mínimo, devendo ser bebido em sua juventude.
- Montalbano: das províncias de Florença, Pistoia e Prato. É um Chianti magnífico, cujos melhores centros de produção são Carmignamo, Artimino, Bacchereto, Lamporecchio, Vinci e Larciano. Cerca de 500 hectares de vinhedos permitem obter anualmente 25 mil hectolitros de vinho, mais da metade classificado como DOCG e o restante como DOC.
- Montespertoli: origina-se de Pisa. Tem boa acidez, um perfume medianamente intenso, é bastante saboroso e amadurece rapidamente.
- Rufina: procedente de Florença. O Chianti desta coli-

O Colli Aretini, à direita, e o Colli Senesi, rótulo no alto, são vinhos que devem ser servidos a mais ou menos 16 °C, ainda que os de maior qualidade fiquem melhores a 18 °C. Outra variedade é o Colli Fiorentini, rótulo à esquerda.

na é o que mais se assemelha ao Classico, e como tal envelhece muito bem. Rufina é a menor das zonas de produção do Chianti, porém uma das mais conhecidas no mundo, pois foi a primeira que exportou seu vinho para a América. Por volta de 600 hectares de vinhedos produziam anualmente 25 mil hectolitros de vinho, mas esta cifra está diminuindo em favor de uma melhor qualidade.

O vinho Chianti, como o desta garrafa de Corbinelli, de 2003, em geral é uma agradável bebida para acompanhar todo tipo de comida, tanto peixes quanto carnes, apesar de os jovens irem especialmente bem com carnes brancas.

DOLCHETTO DI DOGLIANI

A Dolcetto é uma variedade de uva tinta italiana que ao amadurecer adquire um maravilhoso sabor adocicado, apesar de o vinho obtido ser sempre seco, ainda que frutado.

Dos muitos dolcettos produzidos na Itália, o de Dogliani (produzido no Piemonte) é sem dúvida o de maior qualidade. Isso talvez ocorra porque as vinhas da região se localizam em encostas orientadas ao poente. O Dolcetto é um vinho tinto de cor rubi com aromas de amora e violeta. Deve ter um teor alcoólico mínimo de 13° e uma acidez total mínima de 4,5 gramas de ácido tartárico por litro.

Deve ser servido entre 16 °C e 20 °C e, como bom vino da pasto, vai bem com qualquer tipo de comida.

Garrafa de Poderi, de Dolcetto di Dogliani. É um bom *vino da pasto*.

Rótulo de Dolcetto di Dogliani. Os especialistas aconselham destampar a garrafa em temperatura ambiente, manejando-a com cuidado para evitar que a borra se movimente.

Os melhores produtores na região são Abbona, Boschis, Chionetti, Gillardi, San Romano e San Fereolo.

FIANO DI AVELLINO

A província de Avellino, na Campânia, produz vinhos que já eram enaltecidos na Idade Média. O vinho desta região é elaborado com uma variedade de uva muito doce, a Fiano, a mesma da qual Carlo d'Angiò mandou plantar 16 mil cepas na vinha real.

O vinho desta DOCG deve ter um mínimo de 85% de uva Fiano, que pode ser completada com Greco, Coda di Volpe Bianco e Trebbiano Toscano. É um vinho branco de cor amarelo-palha, mais ou menos intenso, forte de sabor e de aroma, que deve conter pelo menos 11,5° de álcool e 5 gramas de acidez por litro. Junto à denominação de origem Fiano di Avellino, pode figurar a menção tradicional Apianum.

Os melhores produtores são Colli di Capio, Feudi di San Gregorio, Terre Dora di Paolo e Vadiaporti.

FRANCIACORTA

A zona que abriga os vinhos da DOCG Franciacorta está localizada na província de Brescia, na Lombardia, em um terreno de origem glaciar em que as pedras escuras acumulam durante o dia o calor do sol e o desprendem pela noite. Até meados do século XX, a qualidade de seus vinhos, todos tintos, era apenas discreta, mas desde então iniciou-se a elaboração de vinhos espumantes, o que representou uma revolução positiva na produção de vinho na zona.

Os vinhos Franciacorta DOCG, com um mínimo de 11,5° de álcool, são elaborados com uvas Pinot Bianco, Chardonnay e Pinot Nero, individualmente ou combinadas entre si. Os de Franciacorta levam a indicação VSQPDR, *Vini spumanti di qualità prodotti in regioni determinate*. Quando no rótulo não constar o ano da vindima, os vinhos foram obtidos da mescla de várias safras, mas sempre após 18 meses de amadurecimento em garrafa e não antes de 25 meses após a vindima.

O Franciacorta rosado é elaborado com uma quantidade mais ou menos relevante de Pinot Nero, mas nunca inferior a 15%. O Satin, equivalente ao francês Cremant, não pode ter em sua formulação Pinot Nero e é o tipo mais delicado dos *spumantis*. Os melhores produtores são Bellavista, Cà del Bosco e Cavalleri. Foram excelentes os anos de 1979, 1984, 1985, 1990, 1991, 1995, 1997 e 2004.

Rótulo do Franciacorta Ca'del Bosco.

GATTINARA

A zona de produção deste vinho ocupa cerca de 95 hectares no município de Gattinara, no Piemonte. A uva Nebbiolo, chamada aqui de Spanna, é a majoritária, e são permitidas pequenas proporções de Vespolina e Bonarda di Gattinara. Obtém-se anualmente uma produção de aproximadamente 4,6 mil hectolitros de um vinho tinto, grená alaranjado, seco, com fundo amargo e que desprende um aroma de violetas quando envelhece. Deve ter, ao menos, 12,5° de álcool e 5,5 gramas de acidez por litro.

Os Gattinara reserva têm que superar 13° de teor alcoólico.

GAVI / CORTESE DI GAVI

Este vinho da zona do Piemonte se elabora com a uva Cortese, uma variedade que já se encontrava descrita em um diretório da Società Agraria di Torino no ano de 1798. São produzidos três tipos de Gavi, também chamado Cortese de Gavi: *tranquillo*, *frizzante* e *spumante*. É um vinho que se costuma beber jovem, ainda que o melhor seja conservá-lo em garrafa até um máximo de três anos, momento em que atinge a plenitude. Sua graduação alcoólica deve ser de no mínimo 10,5°, e sua acidez, de mais de 5 gramas por litro. O vinho deve ser límpido, seco, de cor palha mais ou menos intensa, delicado de aroma e fresco no paladar.

Garrafa de vinho branco Cavianca, de Gavi.

É um bom vinho para se tomar como aperitivo, e neste caso deve ser servido muito frio, de 6 °C a 8 °C. Quando acompanhar comida, especialmente peixes, aperitivos ou primeiros pratos que o levam como base, deve ser servido a 12 °C.

Os melhores produtores são La Battistina, Bergaglio, Broglia, La Chiara, San Pietro, La Scolca e Villa Sparina.

GHEMME

Os vinhedos de produção de Ghemme, no Piemonte, ocupam cerca de 50 hectares e, como todos os grandes vinhos de Piemonte, vem sendo cultivados desde os tempos dos romanos.

Na zona são produzidos anualmente cerca de 2 mil hectolitros de vinho de Ghemme com uvas Nebbiolo, que, em algumas ocasiões, são misturadas à Vespolina e a outras variedades, sem que estas superem 25% do total. É um vinho tinto de cor rubi e reflexos grená, com aroma etéreo, saboroso na boca, seco e com um agradável fundo amargo.

O Ghemme DOCG tem de ter ao menos 12° de álcool e 5 gramas de acidez por litro e precisa passar por um período de envelhecimento mínimo de três anos. Os *riserva* devem passar no mínimo 24 meses em barris de madeira e nove meses amadurecendo em garrafa e têm de superar os 12,5° alcoólicos.

GRECO DI TUFO

A Greco é uma variedade que, como indica seu nome, foi levada pelos gregos à Itália. Naqueles anos chegaram da Grécia três variedades de uva branca distintas daquelas batizadas com o mesmo o nome e outras duas que receberam um parecido: Grechetto. A mais conhecida é a Greco di Tufo, que se cultiva na Alta Campânia, onde são elaborados três vinhos importantes: El Greco di Tufo, o Taurasi e o Fiano.

O Greco di Tufo da Campânia tem de conter um mínimo de 85% de Greco e o restante de Coda di Volpe Bianca. O vinho deve ter teor alcoólico mínimo de 11,5° e acidez mínima de 0,5%. Há uma variedade *spumante* que se obtém fermentando o mosto na garrafa e deixando-o amadurecer dentro dela por pelo menos 36 meses.

O Greco di Tufo Spumante, brut ou extrabrut, tem borbulhas finas e persistentes e uma cor amarelo-palha com reflexos esverdeados ou dourados.

Rótulo do vinho branco Nova Serra. Todos os brancos da região são vinhos de cor amarelo-palha, aroma forte e seco.

MONTEFALCO SAGRANTINO

Este vinho é o melhor da Úmbria e se obtém de uvas colhidas nos limites do município de Montefalco e em partes de outros territórios. O cultivo da uva Sagrantino iniciou-se nos monastérios beneditinos na Idade Média, e ela é hoje quase a única variedade empregada nesta região da Úmbria. Dela se obtém um vinho seco, vermelho-rubi, que adquire reflexos violáceos com o envelhecimento e que deve conter, ao menos, 13° alcoólicos e 5 gramas de acidez por litro.

Garrafas de vinho passito de Montefalco Sagrantino, de cor violácea.

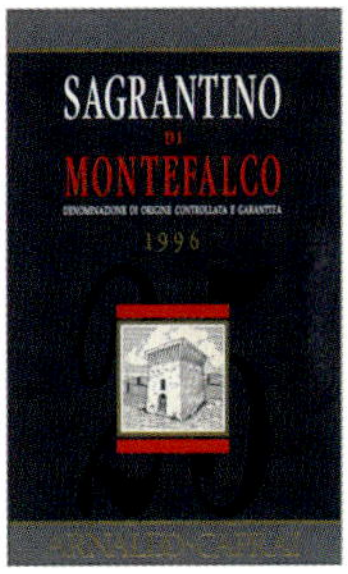

Rótulo de Montefalco Sagrantino do ano 1996.

São cultivadas também duas derivadas da Sagrantino, das quais são produzidos o Montefalco Rosso DOC e o Montefalco Bianco DOC.

Elabora-se também um vinho *passito* com uvas secas ao sol. É um vinho que deve superar os 14,5° de álcool com um resíduo de 30 gramas por litro de açúcar. Tem um aroma delicado, característico, que lembra amoras. Há alguns anos esse tipo de vinho somente era produzido em Tufo.

Os melhores produtores são Avanti, Antonelli e Caprai. Foram superiores as safras de 1985, 1990, 1993, 1997 e 1998.

MONTEPULCIANO D'ABRUZZO

São muitos os vinhedos de Abruzzo em que se cultiva a uva Montepulciano, desde a costa adriática até os pontos do interior em que as condições climáticas não permitem o amadurecimento da uva. O Montepulciano d'Abruzzo DOCG deve ter no mínimo 90% de uva Montepulciano, que pode ser complementada com Sangiovese.

São elaboradas duas variedades de vinho, tinto e rosado. Ambos têm de conter, ao menos, 12,5° alcoólicos, acidez de 4,5 gramas por litro e precisam passar por um período mínimo de envelhecimento de dois anos, um deles em tonéis de carvalho ou de castanheira. Para o DOCG Montepulciano d'Abruzzo Colline Teramane deve-se ampliar o período de envelhecimento até os três anos para poder ostentar em seu rótulo a menção *Riserva*.

Garrafa (à esquerda) e rótulo (acima e à direita) de dois vinhos tintos Itynera. São vinhos de boa qualidade e capacidade de envelhecimento. Devem ser servidos a 18 °C.

Os melhores produtores são Umani Ronchi, La Valentina, Barine Cornacchia, Filomusi Guelfi e Masciarelli. Entre os melhores vinhos de Abruzzo se destacam: Edizione Cinque Autoctoni 2003 (05), Montepulciano d'Abruzzo 2000, Montepulciano d'Abruzzo Binomio 2002, Montepulciano d'Abruzzo Colline, Teramane Pieluni Riserva 2001, Montepulciano d'Abruzzo Dante Marramiero 1999, Montepulciano d'Abruzzo Margae 2001, Montepulciano d'Abruzzo Plateo 2001, Montepulciano d'Abruzzo Villa Gemma 2001 e Trebbiano d'Abruzzo Marina Cvetic 2003.

MOSCATO D'ASTI

Os vinhedos que produzem o Moscato d'Asti estão distribuídos entre as províncias de Asti, Cuneo e Alessandria, no Piemonte. Nesta zona são muitos os pequenos e médios produtores e adegas cooperativadas que elaboram vinhos com uvas de suas próprias vinhas.

Sob esta denominação se produzem dois vinhos: o Asti Spumante e o Moscato d'Asti, não espumante. Ambos são brancos, de cor amarelo-palha mais ou menos intensa, e têm o inimitável aroma, delicado e intenso, próprio da uva Moscato Bianco. O mosto, limpo mediante decantação, centrifugação ou filtragem, é refrigerado a 0 °C para evitar uma fermentação indesejada durante certo tempo. Ao final desse período, o mosto fermenta ao ser aquecido até 18 °C. Quando atinge de 4,5% a 5,5% de álcool, a fermentação é interrompida, resfriando-se o vinho a -3 °C. Esse vinho é esterilizado por microfiltragem antes de ser engarrafado.

Já na garrafa, ao se aquecer, sofre uma nova fermentação que lhe permite atingir teor alcoólico de 11°, dotando-o das borbulhas gasosas características dos vinhos espumantes.

Os melhores produtores são Bera, Caudrina, Incardi e as cooperativas Arnaldina Vini Piamontesi e Viticoltori dell'Acquese.

NOBILE DI MONTEPULCIANO

Na Toscana, os vinhedos que dão origem a este vinho se localizam em solos de origem pliocênica*, em altitudes entre 250 e 580 metros acima do nível do mar. Além da DOCG Nobile, são produzidos na zona DOC Rosso di Montepulciano, Vino Santo, Chianti Colli Senesi e Bianco Vergine Val di Chiana. Todos os vinhos procedem da uva Sangiovese, que é denominada aqui Montepulciano Prugnolo Gentile, numa porcentagem mínima de 70%,

Garrafa de vinho tinto Carpineto.

Rótulo de Fanetti, Vino Nobile di Montepulciano, que acompanha muito bem carnes brancas assadas e de caça nobre. São vinhos que se conservam bem durante anos.

* Época pliocênica: período em que surgiram os primeiros hominídeos. (N. do E.)

complementada com cerca de 20% de Canaiolo Nero e os 10% restantes de variedades brancas que não sejam Malvasia del Chianti.

Estes vinhos devem superar 12,5° alcoólicos, 13° para os de guarda, e devem ter acidez total mínima de 4,5 gramas por litro. Devem envelhecer pelo menos durante dois anos, três para os *riserva*. As safras de 1978, 1985, 1990, 1995, 1997, 1999 e 2001 foram excelentes

RAMANDOLO

Garrafas de branco Il Longhino, de Dario Coos. O Ramandolo é uma verdadeira raridade tanto por suas características como pela dificuldade de obtê-lo, apesar de ter mais de 100 anos de existência.

Recebe este nome de uma pequena zona no município de Nimis (no Friuli, da Veneza Juliana) e se produz a partir de uma variedade única: Verduzzo Friulano. A vindima inicia-se normalmente na última semana de outubro. As uvas são rapidamente prensadas — ou pisadas — em local termicamente adaptado, com uma ventilação forçada para secá-las e favorecer a concentração de maior quantidade de açúcar.

O vinho, amarelo-dourado mais ou menos intenso e com agradável sabor doce, tem de alcançar um teor alcoólico mínimo de 14° e uma acidez total mínima de 4,5 gramas por litro. É um vinho ideal para ser desfrutado sem nenhum acompanhamento, para não ter o sabor desvirtuado.

São produzidas apenas 150 mil garrafas de Ramandolo por ano.

RECIOTO DI SOAVE

Em Verona, no Vêneto, chamam-se as orelhas de recie, e o Recioto é um vinho que, pelo menos antigamente, era elaborado somente com as orelhas, ou seja, a parte superior e exterior dos cachos de uvas, que mais sol recebem e, portanto, mais amadurecem.

Os vinhos devem levar ao menos 70% de Trebbiano di Soave, com Pinot Bianco, Chardonnay e outras variedades brancas não aromáticas que não devem superar 5%. Após a vindima, a uva permanece em repouso de quatro a seis meses antes de ser prensada ou pisada, para que se enriqueça de açúcar e se forme nela o mofo nobre que dará ao vinho um aroma característico. Ou seja, é um vinho *passito*, e foi o primeiro do Vêneto a obter a qualificação DOCG. É um vinho amarelo-dourado de aroma intenso e frutado e sabor doce, que às vezes apresenta toques de baunilha. O vinho tem de superar os 12° alcoólicos. A menção *classico* está reservada ao Recioto di Soave DOCG, exceto em sua versão *spumante*. O Recioto não espumante combina muito bem com queijos do tipo Monte Veronese e doces.

Garrafa de vinho branco La Piccola Botte, dos Fratelli Giuliari, de Reciotto di Soave.

ROERO

É produzido nas ensolaradas colinas junto ao rio Tanaro, na província de Cuneo, em Piemonte. Roero e Roero Riserva são vinhos tintos de cor grená, frutados, obtidos de uvas Nebbiolo e Arneis colhidas nos vinhedos da zona. Eles têm de superar 12,5° alcoólicos e 4,5 gramas de acidez por litro.

Roero Arneis é um vinho branco obtido exclusivamente de uvas Arneis. De cor palha, é delicado, fresco e um pouco tânico. Deve ter, ao menos, 11° de álcool e 4,5 gramas de acidez por litro. É também elaborado um DOCG *spumante*: o Roero Arneis Spumante, de espuma fina e consistente e 11,5° de teor alcoólico.

O Roero Arneis branco, mais conhecido que o tinto, é muito bom para acompanhar pratos de peixes.

Os melhores produtores são Almondo, Ascheri, Corregía, Malvirà e Rabbino.

ROSSO CONERO RISERVA

O Rosso Conero Riserva é o melhor vinho tinto das Marcas (Marche) e se elabora quase exclusivamente com a saborosa uva Montepulciano, ao menos uns 85% do total. A uva Sangiovese completa a porcentagem, o que faz o vinho ter uma sabor frutado um pouco condimentado, com um toque agradável de acidez. O Rosso Conero deve ter teor alcoólico mínimo de 12,5° e acidez de pelo menos 4,5 gramas por litro. Tem de passar um período de en-

Três garrafas de vinho Rosso Conero Riserva. Este vinho tinto é muito bom para acompanhar todo tipo de massas condimentadas com carne, caça, assados, carnes na brasa, e é perfeito com queijo de ovelha.

velhecimento de dois anos no mínimo, exatamente a partir do primeiro dia de novembro posterior à vindima; o controle sobre essa data é férreo.

Os melhores produtores são Dittajuti, Marcheti, Moncaro, Garafoli, Umani Ronchi e La Vite.

SFORZATO DELLA VALTELLINA

O Valtellina é um vinho tinto, vermelho bem vivo, que se torna grená ao envelhecer. Ele nasce na vertente orientada para o sul do vale do rio Adde, na zona dos Alpes da Lombardia, entre 600 e 700 metros acima do nível do mar. É produzido com a uva Nebbiolo, cepa que na zona é chamada Chiavennasca, com 10% no máximo de outras cepas autóctones, como Pignola, Tossola e Prugnola, quando não Pinot Nero ou Merlot.

O Sforzato é feito com uma parte das uvas destinadas à produção de Valtellina Superiore, selecionando-se nos melhores anos aquelas que dispõem de um elevado grau de açúcar. Os cachos, cujo rendimento máximo deve ser de 120 kg por hectare, devem

Garrafa de Fascino, vinho branco de barrica. É um vinho que pode ser bebido sem nenhum acompanhamento de comida, o que os italianos chamam de *vino da meditazione*.

amadurecer no tempo justo, sem sofrer os calores de verão nem as geadas matutinas. A colheita deve ser manual, de modo que se concentre o açúcar sem eliminar as cascas para sua maceração. O vinho deve atingir 14° alcoólicos e passar por um período de envelhecimento e amadurecimento de pelo menos 20 meses, 12 deles em tonéis de madeira. As melhores vinícolas são La Castellina, Negri, Sertori Salis e Rainoldi.

SOAVE SUPERIORE

Com uma produção anual de mais de 65 milhões de garrafas em uma zona de média extensão, o Soave, a leste de Verona (no Vêneto), dá boa amostra de que se trata de um vinho importante, não quanto à qualidade, como nos casos do Superiore e do Classico, mas no que tange ao rendimento de seus vinhedos. As vinhas situadas em subzonas planas são responsáveis pela maior parte desta elevada produção, e em uma região montanhosa encontram-se aquelas destinadas a elaborar o denominado Classico. É de Soave que provém o vinho Recioto di Soave DOCG, ao qual dedicamos uma destas entradas.

Garrafas de vinho branco Sagramoso, do ano 2003, e Gini, de Salvarenza, de 1998. O Soave Superiore é um bom vinho para acompanhar qualquer tipo de comida.

O Soave Superiore é elaborado com no mínimo 70% de uvas Garganega, além de Trebbiano di Soave, Pinot Bianco, Chardonnay e até 5% de uvas precedentes de outras cepas brancas não aromáticas. É um vinho de coloração amarelo-palha, floral e delicadamente amargo, que tem de superar 12° alcoólicos, 12,5° para os de reserva, e ter um grau de acidez mínimo de 4,5 gramas por litro. A especificação Classico junto à de Soave Superiore se reserva ao vinho obtido das uvas recolhidas em uma zona muito restrita de vinhedos bastante antigos e pouco produtivos. O Soave Superiore só pode ser vendido depois de um período de amadurecimento de pelo menos três meses e nunca antes de 1° de abril do ano seguinte à vindima. O *riserva* deve passar por um período de afinamento (amadurecimento) obrigatório de pelo menos dois anos, sendo que três meses têm de ser na garrafa.

Mesmo que 80% da produção seja controlada por uma cooperativa local e vendida depois de engarrafada por diferentes companhias ou a granel, há produtores que cuidam da sua qualidade. Dentre eles, Pioropan, Coffele, Gini, La Capucina, Bertani, Masi e Montresor.

TAURASI

A zona de produção do vinho Taurasi encontra-se em uma grande quantidade de municípios da província de Avellino, na Campânia, com terras frias, montanhosas e de solo vulcânico de boa drenagem. É considerado um dos grandes vinhos do Sul da Itália, ainda que algumas de suas variedades sejam de qualidade discutível. O vinho tem o mérito inicial de ser elaborado com uma uva de qualidade, a Aglianico, a que, em alguns casos, podem-se acrescentar uvas tintas não aromáticas

Garrafa de Selve di Luott, de Feudi di San Gregorio, de 1998. O Taurasi é um vinho apropriado para acompanhar pratos feitos à base de caça ou de carnes vermelhas e queijos fortes.

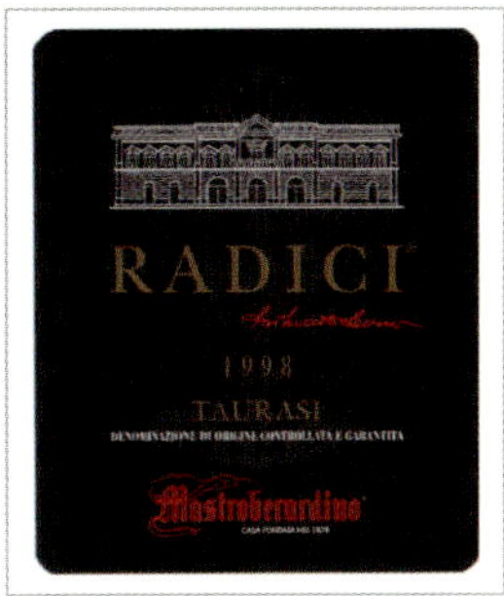

Rótulo do vinho Radici, de Mastroberardino, do ano 1998.

em proporção inferior a 15%. A bebida tem uma cor rubi intensa que tende ao grená quando envelhece, um aroma agradável, etéreo e muito característico, e um sabor seco, cheio, equilibrado e que deixa um retrogosto persistente. Deve ser vendido com teor alcoólico mínimo de 12° e envelhecimento obrigatório de três anos no mínimo e oito no máximo; para o *riserva*, o período é de quatro a dez anos, e o teor tem de superar 12,5°.

Os melhores de seus vinhos são o Radici, da adega Mastroberardino, e o Salae Domini, de Caggiono. Foram superiores os anos 1990, 1993, 1997, 1999 e 2000.

TORGIANO ROSSO RISERVA

Este vinho procedente da Úmbria recebeu a DOCG sob a condição de ser submetido a um período de envelhecimento de três anos. Mas isso porque seu melhor produtor, Lungaroti, estende este período para até nove anos no caso do vinho elaborado com as uvas Sangiovese das vinhas denominadas "Vigna Monticchio".

Atualmente, além da Sangiovese, que representa sempre entre 70% e 100% da uva empregada, incluem-se uvas de outras cepas, como Cabernet Sauvignon, Pinot Nero ou Chardonnay. O vinho elaborado tem de conter teor alcoólico mínimo de 12,5° e superar 4 gramas de acidez por litro. Dessas uvas é obtido um vinho vermelho rubi, brilhante e de corpo justo. O tipo mais importante é o tinto, o Rosso, conhecido popularmente como Rubesco.

VALTELLINA SUPERIORE

Apesar de sua localização alpina, na Lombardia, um microclima local extremamente favorável tem contribuído extraordinariamente para as vinhas desta zona. Situada na vertente superior e orientada para o sul do vale do rio Adda,

Garrafa de vinho tinto Efesto, feito de uvas colhidas em vinhedos que gozam de muitas horas de sol e de tanta umidade que é preciso empregar métodos de cultivo elevado.

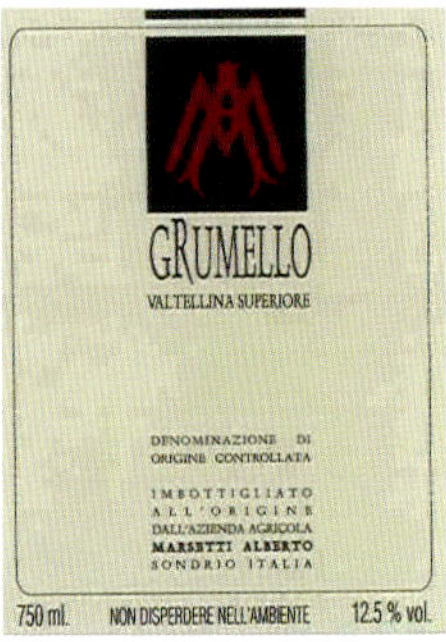

Rótulo de Grumello, da empresa Alberto Marsetti, de Valtellina Superiore. Este tipo de vinho vai muito bem com massas, em especial com os talharins, especialmente os da região, feitos com trigo comum e sarraceno.

possui boa insolação, está protegida do frio do norte e recebe suaves ventos úmidos, ótimas condições para um adequado amadurecimento.

Muitos desses vinhedos são cultivados em terraços que têm de ser lavrados manualmente e cujos cachos, após a colheita, são transportados pelos próprios colheiteiros. Além disso, a cepa principal é a Nebbiolo — a que localmente chamam Chiavennasca —, 90% como mínimo a se usar, o que permite a obtenção de um vinho de qualidade, de muito boa qualidade no caso do Valtellina Superiore, obtido de uvas colhidas em uns poucos vinhedos cuidadosamente definidos no regulamento da DOCG.

A DOCG Valtellina Superiore subdivide-se em subzonas que dão origem aos vinhos DOCG Valtellina Superiore, Valtellina Superiore Maroggia, Valtellina Superiore Sassella, Valtellina Superiore Grumello, Valtellina Superiore Inferno, Valtellina Superiore Valgella e Valtellina Superiore Riserva. Todos esses vinhos devem conter, no mínimo, 12° de teor alcoólico e 5 gramas de acidez por litro, e precisam ter passado por um período de envelhecimento e amadurecimento de 24 meses, 12 deles em tonéis de madeira.

Todos os Valtellina Superiore alcançam o amadurecimento depois de um período de envelhecimento de três a cinco anos e podem ser conservados em garrafa por muitos anos, como ocorre, por exemplo, com o magnífico e surpreendente Sfursat. Elabora-se ainda uma variedade de vinho *passito*, que supera os 14,5°, também seco.

Os melhores produtores são La Castellina, Negri, Pelizzatti, Sertoli Salis e Rainoldi.

VERMENTINO DI GALLURA

O Vermentino di Gallura, da ilha da Sardenha, é um vinho branco elaborado com uvas da variedade Vermentino, colhidas em numerosas localidades da província de Sassari e nos municípios da província de Nuoro, no extremo nordeste da Sardenha. Os cachos de Vermentino têm forma alongada, grãos meio grossos e cascas amarelo-acinzentadas. O vinho resultante tem de conter 12° alcoólicos e no mínimo 4,5 gramas de acidez por litro; a cor é amarelo-palha com reflexos esverdeados, aroma muito sutil e sabor que deixa um retrogosto ligeiramente amargo.

Os vinhos brancos de Vermentino não precisam de envelhecimento, e os classificados como superiore devem superar os 13° alcoólicos. Esses vinhos devem ser servidos a uma temperatura de 8 °C. Obtiveram a DOC em 1975 e a DOCG em 1996.

VERNACCIA DI SERRAPETRONA

A zona de produção desta DOCG compreende todo o município de Serrapetrona e parte dos municípios de Belforte del Chienti e San Severino Marche, na província de Macerata (no Marche). Ela se baseia no cultivo da cepa Vernaccia, da qual são cultivadas no mínimo três variedades na Itália.

O Vernaccia di Serrapetrona é considerado uma joia da enologia sobretudo por sua antiguidade, pois existem documentos da Idade Média que dão notícia de seu prestígio. É um vinho espumante tinto, que deve superar o teor alcoólico de 11,5°. É oferecido nas variedades seco e doce e para sua elaboração leva-se a cabo uma vindima peculiar, após a qual metade das uvas são secas antes de serem prensadas. Assim, pode-se obter delas um mosto enriquecido em açúcar para ser acrescentado ao vinho obtido após a primeira fermentação da outra metade da colheita. O vinho conseguido dessa maneira é de cor entre grená e rubi, tem borbulhas finas e persistentes e deixa um agradável retrogosto amargo.

Este vinho, em sua versão seca, é considerado um vinho da meditazione, um vinho para beber sem comidas. Sua versão doce é indicada para acompanhar sorvetes e doces.

VERNACCIA SAN GIMIGNANO

Feito com a uva Vernaccia, como o vinho da DOCG anterior, este é produzido no município de San Gimignano (na Toscana), perto da turística cidade das torres: Siena. É um vinho branco suave, de cor amarelo-dourada, menos intenso que há algumas décadas, porém mais transparente e refrescante sem que tenha perdido qualidade nem o agradável retrogosto amargo. Apesar disso, atualmente é autorizado o emprego de até 10% de outras uvas brancas não aromáticas na sua elaboração. O vinho tem de conter, ao menos, teor alcoólico de 11° e acidez de 5 gramas por litro, com um resíduo de açúcar máximo de 4 gramas por litro.

O Vernaccia San Gimignano é muito bom para acompanhar peixes, primeiros pratos com molho branco, frituras, ovos e carnes brancas. Pode-se tomar como aperitivo e com antipasti.

Os vinhos de Vernaccia di San Gimignano são muito antigos, como os de Vernaccia di Serrapetrona. Ainda que nenhum documento permita conhecer com certeza a sua origem, supõe-se que remonta ao ano de 1200, data em que foi importada a atual uva Vernaccia de outras regiões italianas. Alguns acreditam que Vernaccia provém da palavra vernaculus, com que era designado nos tempos de Roma o vinho de cada região.

Depois da fermentação, o vinho branco da DPCG Vernaccia San Gimignano repousa alguns meses em barricas antes de ser engarrafado, como o Carpinetto.

Dante Alighieri faz referência aos vinhos de Vernaccia em sua obra *A Divina Comédia*, quando o Papa Martinho IV, estando no purgatório, fala dele com saudade. Alcançaram máximo prestígio nos tempos de Lorenzo, o Magnífico.

Apúlia

Entre os Apeninos e o Adriático, a Apúlia é uma região de planícies, mesetas e vales em que os vinhedos se acomodam entre extensos olivais e campos de trigo. Anualmente são produzidos aproximadamente 11 milhões de hectolitros de vinho em suas três regiões vinícolas. Na do norte, predomina a uva Montepulciano e se encontram as denominações de origem San Severo e Cacc'e Mitte di Lucera; a do centro da alongada região produz vinhos poucos conhecidos, exceto uma de suas DOC, o Castel del Monte; na mais importante das três regiões, a península de Salento, ao sul, sob um sol abrasador, as uvas Negroamaro e Primitivo, cultivadas em vasos (albarello), produzem vinhos de qualidade como o Primitivo de Manduria ou o Salice Salentino, de uva Negroamaro. Na Apúlia, ao sul de Bari, também é produzido um vinho tinto doce e um bom vinho branco, o Locorotondo, que, junto com Aleático di Puglia, San Severo, Moscato di Trani, Castel del Monte e Primitivo de Manduria, são as DOC da região.

O vinho nobre da Apúlia deve ser servido a mais ou menos 20 °C. É um vinho especialmente adequado para acompanhar carnes brancas e aves assadas. À direita, vinho branco Vitae.

Basilicata

A antiga Lucana é uma das regiões mais montanhosas, a segunda menos povoada e a mais pobre da Itália meridional. Nela se produzem dois vinhos de certa importância: o Aglianico del Vulture e o Terre dell'Alta Val d'Agri.

O vinho de Basilicata é um tinto rubi que tende a grená, frutado e de sabor redondo, com um mínimo de 12° de álcool, como esta garrafa de tinto Socravite, de Aglianico.

Apesar de sua situação meridional, os invernos são surpreendentemente frios. Ainda assim, felizmente prospera a variedade de uva dominante na região, a Aglianico, acompanhada em alguns vinhedos de Muscat e da Malvasia.

Nas encostas do Monte Vulture, com a Aglianico, se elabora o melhor vinho da região, o Aglianico del Vulture, um tinto que envelhece muito bem e alcança a categoria de vecchio aos três anos e de *riserva* aos cinco. É de cor vermelho-rubi, tem aromas vinosos que melhoram com o envelhecimento e é agradavelmente tânico. Deve conter pelo menos 11,5° de teor alcoólico e ser servido a mais ou menos 18 °C. Esse vinho é muito bom para acompanhar carnes grelhadas, carnes vermelhas, aves de caça, ragu e, quando envelhecido convenientemente, caças vermelhas e assados.

O outro vinho da terra, de menor qualidade, é o Terre dell'Alta Val d'Agri, elaborado em dois tipos: tinto e rosado. Ambos têm 50% de Merlot e mínimo de 30% de Cabernet Sauvignon, que no caso do rosado tem de ser rebaixado para 20%. Em ambos os casos são complementados com outras uvas tintas, para o tinto, e brancas, para o rosado, sempre não aromáticas.

Calábria

Apesar de a Calábria ser uma das zonas mais pobres e montanhosas da Itália, ela é uma importante região vinícola, onde frutificam vinhedos em terrenos vulcânicos aptos para seu cultivo. Seu melhor vinho, o único com DOC, é o Cirò Classico. A uva principal em seus vinhedos é a Glaglioppo, com 60%, uma variedade da Nebbiolo, sendo Librandi o seu maior produtor.

Para os brancos, magníficos vinhos dourados e muito aromáticos, emprega-se a variedade Greco, da qual é elaborado um bom vinho branco doce no município de Bianco. O Greco di Bianco passa pelo processo de deixar que as uvas se convertam em passas, passito, para assim incrementar sua proporção de açúcar. Outros tipos de vinho da região são Arghilla, tinto ou rosado, Armaca Bianco, Armaca Tinto, Dioscuro, tinto de uva Alicante, Nerello e Malvasia, Malvasia di Pellaro, branco, Pellaro, tinto, Moscato di Regio, Rubino di Calabria e Trebbiano.

Na Calábria se afirma que seu vinho é o mais antigo do mundo, talvez porque essa região tenha recebido no passado o nome de Enotria, "a terra do vinho".

Os melhores vinhos da Calábria são Cirò Rosso Classico Ronco dei Quattroventi 2003, Gravello 2003 e Scavigna Vigna Garrone 2002.

Ligúria

Garrafa de Marina Cvetic, de Cabernet Sauvignon, 1990. O vinho de Abruzzo tem um sabor muito intenso, mas esse sabor, como o resto de suas qualidades distintivas, pode variar de uma garrafa para outra, e não apenas de um produtor para outro.

A Ligúria, com Gênova como centro do arco costeiro e uma série de escarpadas montanhas em seus limites interiores, conta com poucos vinhedos. Eles produzem menos de 500 mil hectolitros por ano de um vinho de qualidade muito discreta. Boa parte dessa produção origina-se na Riviera Ligure di Ponente, uma DOC que abarca vinhedos situados a oeste de Gênova e na qual as variedades de uvas mais presentes são a branca Pigato e as tintas Ormeasco e Rossese. Ainda na região há vinhos de outras denominações de origem, o Colli di Luni DOC, elaborado em sua maior parte de Vermentino e algumas variedades toscanas, e o Rossese di Dolceacqua DOC, algo assim como um beaujolais italiano. Um bom vinho lígure é o branco da zona de Cinqueterre, elaborado de uvas Bosco e Vernaccia, que tem uma bela cor âmbar e apresenta-se como seco e semisseco. O melhor desses vinhos é o Sciacchetrà DOC, um vinho que costuma alcançar 17° de teor alcoólico, e que é muito agradável para se tomar como aperitivo ou com sobremesas.

Para os vinhos tintos, a temperatura de serviço fica em torno dos 18 °C. Ficam perfeitos depois do terceiro ano após a colheita. Os vinhos brancos devem ser servidos a 11 °C.

Molise

Molise é uma pequena região localizada entre os Abruzzi e a Apúlia, na costa adriática. Até meados da década de 1980 era a única região da Itália que não possuía nenhum vinho DOC. Isso apesar de grande parte da região ser formada por zonas situadas em meio a montanhas ou em colinas altas, terreno bastante propício para o cultivo da videira no que se refere à qualidade, mas não a um rendimento competitivo com relação a outras regiões italianas. A injustiça que seu vinho — piccolo e forte — estava sofrendo foi corrigida quando os produtos de Biferno e Pentro alcançaram nessa época a distinção de vinhos de Denominação de Origem Controlada.

As melhores vinícolas de Molise são: Cantine Cipressi, uma vinícola moderna que se distingue pela qualidade de seus vinhos e pelo extremo cuidado com seus vinhedos; Cliternia, que tem aproximadamente 1,1 mil hectares de vinhedo; Il Dolci Grappoli, uma nova adega voltada para o agroturismo; e Santa Lucia, uma empresa que, além de vinhos e licores, produz azeite extravirgem de oliva e massas de muito boa qualidade.

Os vinhedos desta região costumam ser cultivados em terraços que recebem o sol em um ângulo de 90°, o que dá vitalidade às videiras e às uvas e qualidade aos vinhos resultantes. Eles costumam se situar entre 300 e 1.200 metros de altura, dependendo da localização no Bassa Valle ou no Alta Valle, onde estão localizados os vinhedos mais altos da Europa. O clima da região é seco, mas o orvalho da noite deposita umidade suficiente na planta, e a diferença térmica entre o dia e a noite é forte.

Valle d'Aosta

As condições climáticas do Valle d'Aosta, a menor das regiões italianas, e a variedade de suas terras, sob os altos picos dos Alpes, têm dado origem a uma grande diversidade de cepas em seus vinhedos. Como consequência disso, a região produz até 15 vinhos diferentes, ainda que todos se amparem na DOC Valle d'Aosta.

É muito frequente na zona, pelo escarpado de suas colinas, o cultivo em terraços. Nos terrenos úmidos, como os desta zona, se cultivam as cepas com técnicas que separam seus frutos do solo, para que não apodreçam. À esquerda, garrafa de 1966 do tinto Vino de Donnaz, o mais característico da zona.

Dentre as variedades de uva, destacam-se a Nebbiolo, chamada na região de Picotener, e Petit Rouge; dentre seus vinhos, vale citar Donnaz e Enfer d'Arvier. Outros vinhos da pequena região são: Blanc de Morgex — um branco elaborado com a uva desse nome —; Nus, um branco passito elaborado com uvas Pinot Grigio, similar à Malvasia; Chambave, branco passito elaborado com uvas Moscato; Chambave Rosso e Torette, ambos elaborados, como o Enfer d'Arvier, com uvas Petit Rouge; e Arnaud-Montjovet, um tinto feito, como o Donnaz, com uvas Nebbiolo.

O Institut Agricole Régional elabora um bom vinho, Vin du Prévot, com uvas Cabernet e Merlot. Uma peculiaridade desta zona é que os rótulos são escritos tanto em francês quanto em italiano.

PORTUGAL

O cultivo da vide em Portugal teve início com a chegada dos navegantes fenícios e gregos às suas costas. Durante a dominação romana os vinhedos aumentaram, para decrescer durante a conquista islâmica e voltar a crescer com os monastérios medievais. Desde então, o cultivo vem sofrendo períodos de expansão e recessão com a variação dos gostos gastronômicos, da expansão colonial e das alianças políticas. O comércio vinícola sofreu duas graves crises no final do século XIX e entre as décadas de 1970 e 1980. A entrada de Portugal na Comunidade Econômica Europeia permitiu que fossem arrancadas as cepas dos terrenos menos adequados ao seu cultivo, para em troca plantá-las em outros onde era possível conseguir maior rendimento e melhor qualidade.

Em Portugal são cultivadas 300 cepas distintas em um pouco mais de 300 mil hectares de vinhedos. São produzidos anualmente cerca de 10 milhões de hectolitros de vinho, sendo que pouco mais de 2 milhões destinam-se à exportação. Junto aos tradicionais vinhos de mesa, em Portugal são produzidos vinhos espumantes e vinhos fortificados, os *vinhos do Porto*.

Em Portugal o enoturismo está se desenvolvendo com força, pois seguindo as rotas dos vinhos portugueses pode-se conhecer muito bem o país, ao mesmo tempo que se visitam regiões onde são cultivados vinhedos há mais de 2 mil anos. Nessas rotas podem ser admiradas a zona do Minho, verde e exuberante; a do Douro, com seus velhos portos; as do centro, com povoados e cidades impregnados de história; as ribeirinhas do Tejo, fertilizadas pelas inundações do rio, ou as planícies do Alentejo, de terras fortes e muito ensolaradas. No Alentejo e na Bairrada, os anos 1990 e 1995 tiveram safras excepcionais, e a colheita foi de muito boa qualidade em 1986, 1987, 1989, 1991, 1997, 1999, 2000, 2001, 2002, 2003 e 2005. No Dão, em 1985 e em 2003 foram muito boas. Para os vinhos do Porto, 1994 foi excepcional, e foram de muita boa qualidade 1985, 1987, 1992, 1996, 2000, 2001 e 2003. No Douro, foram muito boas as safras de 1985, 1995 e 2003. Para os *vinhos verdes*, as melhores safras foram as de 1989, 1990, 1991, 1992, 1993, 1994, 1995, 1997, 1998, 2000 e 2003.

O *vinho verde* é quase sempre branco, ainda que às vezes seja tinto, pois o adjetivo "verde" refere-se a sua juventude. Este vinho provém da região ocidental do Douro.

ALENTEJO

No sul de Portugal, no extenso Alentejo dos olivais, há uma série de pequenas zonas vinícolas, cada uma das quais vende seus vinhos como uma subcategoria dentro do Alentejo DOC. Há ainda vinhos genéricos da DOC Alentejo, como o Alentejo Branco (fresco, frutado e com um mínimo de 11° alcoólicos) e o Alentejo Tinto (frutado e carnudo). Em cerca de 13 mil hectares de vinhedos são cultivadas cerca de 20 variedades de uva, entre as quais se destacam as variedades brancas Roupeiro, Rabo de Ovelha e Antão Vaz, e as tintas Periquita, Trincadeira e Aragonez. Predominam os vinhos tintos, ainda que em Vidigueira e Reguengos sejam produzidos vinhos brancos secos muito apreciados.

Garrafa de vinho tinto português Terras de Monforte. Os vinhos do Alentejo devem ser servidos de 12 °C a 14 °C quando são jovens e de 14 °C a 17 °C depois de amadurecerem.

Os melhores tintos do Alentejo são produzidos no norte da região, nas cercanias de Portalegre. À direita, garrafa do tinto Península.

Cooperativas que incorporaram técnicas modernas, tanto no cuidado dos vinhedos como no processo de vinificação, elaboram a maior parte dos vinhos do Alentejo. Destacam-se os produtores Esporão, nos vinhos brancos, e José Maria da Fonseca e J. P. Vinhos, nos tintos.

ALGARVE

Em um clima subtropical, entre o Atlântico e a Espanha, existe uma região de solo arenoso onde são produzidos vinhos brancos e tintos. Os vinhos brancos são apenas de discreta qualidade e os tintos de nenhuma qualidade.

Apesar disso, no Algarve há quatro denominações de origem controladas, as VQPRD Lagoa, Lagos, Postimão e Tavira, e em cada uma delas uma cooperativa recolhe as uvas dos pequenos viticultores e elabora vinhos de baixa acidez e bom teor alcoólico: 11° os brancos e 11,5° os tintos. É elaborado também um tinto licoroso com 19° de teor alcoólico adquirido, além de um licoroso branco de 15,5°.

Estes vinhos são obtidos com muitas variedades de uva, tanto tintas quanto brancas. Das primeiras, Alfrocheiro, Alicante Bouschet, Aragonez, Baga, Bastardo, Cabernet Sauvignon, Castelão, Merlot, Monvedro, Moreto, Moscatel Galego Tinto, Negra Mole, Pau Ferro, Pexem, Pinot Noir, Syrah, Tinta Caiada, Tinta Carvalha, Touriga Franca, Touriga Nacional e Trincadeira. Das uvas brancas, Arinto, Chardonnay,

Crato Espanhol, Diagalves, Fernão Pires, Manteúdo, Malvasia Fina, Malvasia Rei, Moscatel Graúdo, Perrum, Rabo de Ovelha, Sauvignon, Síria, Tamarez, Terrantez e Viognier.

Os vinhos brancos do Algarve devem ser servidos entre 8 °C e 10 °C; os tintos, entre 14 °C e 16 °C.

AÇORES

Houve um tempo em que o vinho do arquipélago dos Açores gozou de certa fama. Hoje em dia é praticamente impossível beber vinho proveniente dessas ilhas sem estar nelas. São produzidos vinhos em três ilhas, Terceira, Pico e Graciosa, de vinhedos que são herança daqueles plantados pelos franciscanos no século XV.

Três dos vinhos que são produzidos nos Açores estão amparados por uma IOR (*Indicação de Procedência Regulamentada*), sendo eles Pico, Graciosa e Biscoitos, todos brancos.

Nos Açores também é produzido o chamado Vinho de Cheiro, elaborado com uvas da variedade americana Isabelle, um vinho chamado morangueiro, de cor violácea, intenso aroma de fruta e baixo teor alcoólico, de 6° a 10°. Deve ser consumido no ano da sua produção.

Garrafas de vinho dos Açores, uma de vinho branco e outra do vinho de aperitivo Pico. O vinho dos Açores, de enorme êxito nas ilhas e entre os turistas que as visitam, não tem nenhuma fama fora delas.

BAIRRADA

Bairrada é uma região bastante plana, frequentada pelas brumas atlânticas, em que uma variedade de uva, a Baga, reina absoluta nos vinhedos cujo solo define o nome da região: o barro. Nesta região também são cultivadas em pequenas proporções outras uvas tintas e brancas.

Em Bairrada são produzidos ótimos vinhos tintos, muito tânicos, que melhoram consideravelmente com o envelhecimento e são muito bons para acompanhar leitão assado, a especialidade da região. São elaborados também vinhos tintos frisantes muito agradáveis de se beber, obtidos por fermentação

Garrafa do vinho Messias, uma empresa fundada em 1926 por Messias Baptista. O tinto de Bairrada deve ser servido a uma temperatura de 12 °C a 14 °C quando jovem e de 14 °C a 17 °C quando maduro.

em garrafa, que são comercializados como *brutos, secos e meio-secos*, de acordo com o teor de açúcar. Os consumidores ingleses monopolizam os vinhos brancos, cerca de 10% da produção total, feitos de uvas Biscal e Rabo de Ovelha. São produzidos vinhos rosados na mesma proporção que os brancos. O Bairrada tinto é muito aromático, forte e de retrogosto prolongado. O Bairrada branco, realmente delicioso após seu amadurecimento em tonéis, deve ser bebido numa temperatura entre 8 °C e 10 °C, tanto jovem quanto com alguns anos. O Bairrada rosado, menos importante que os outros dois, é servido entre 10 °C e 12 °C. São vinhos com aproximadamente 11° de teor alcoólico, exceto o tinto Clássico, que ultrapassa 12,5°.

Grande parte do vinho da região é elaborada em cooperativas. Os produtores mais importantes são as *adegas* Aliança e Sogrape e os produtores Luis Pato e Caves São João. Foram realmente excepcionais as safras de 1985, 1990, 1995 e 2001 e de ótima qualidade 1994, 1996, 1997 e 2000.

DÃO

A região situa-se no Centro-Norte de Portugal, na província de Beira Alta. Divide-se em subzonas, cada uma delas produzindo vinhos com personalidade própria, utilizando-se das denominações Dão Nobre, Dão Novo e Dão Clarete. As variedades recomendadas são, entre as tintas, Alfrocheiro, Alvarelhão, Aragonez, Bastardo, Jaén, Rufete, Tinto Cão, Touriga Nacional e Trincadeira, e entre as brancas, Barcelo, Bical, Cercial, Encruzado, Malvasia Fina, Rabo de Ovelha, Terrantez, Uva Cão e Verdelho.

Dão produz especialmente vinhos tintos, com 12° de teor alcoólico e uma deslumbrante cor rubi. Quando envelhecem, o tempo os torna mais elegantes e suaves, adornando-os com reflexos aveludados. Os vinhos brancos, de 12° alcoólicos, apresentam uma cor ligeiramente esverdeada, são muitos frutados e frescos e envelhecem bem. Na região é produzido também um espumante que segue o procedimento tradicional de fermentação na garrafa.

Garrafa de vinho tinto reserva Primavera, uma das empresas mais importantes de Dão além de Ferreira Malaquias, Fundação, Novo e Pipas

Os vinhos tintos podem necessitar de 48 meses de envelhecimento antes de serem vendidos.

Sogrape, o maior produtor vinícola de Portugal, é também o maior do Dão. Além dele, podemos destacar Quinta

Rótulos de vinhos branco e tinto da Quinta do Cerrado, de Dão. Os tintos devem ser servidos entre 12 °C e 14 °C, e a uns 3 °C a mais quando são de reserva; os brancos, entre 8 °C e 10 °C.

das Maias, Quinta dos Roques e Quinta de Saes. Foram excelentes as safras de 1985, 2001 e 2003.

DOURO

A bacia hidrográfica do Douro está situada no Nordeste de Portugal, rodeada por montanhas que lhe dão um clima peculiar. Divide-se em três subzonas que são distintas tanto em fatores climáticos como socioeconômicos: Baixo Corgo, 13.492 hectares; Cima Corgo, 17.036 hectares; e Douro Superior, com apenas 8.060 hectares de vinhedos, apesar de ser a maior das três. Estes vinhedos são cuidados por cerca de 33 mil viticultores, cada um dos quais possui aproximadamente um hectare de vinhedo.

Na região são produzidos vinhos tintos e brancos de muito boa qualidade com as variedades brancas Malvasia Fina, Rabigato, Viosinho, Donzelinho e Verdelho, entre outras, e as tintas Bastardo, Mourisco Tinto, Tinta Roriz, Tinta Francisca, Touriga Nacional e Tinta Cão.

Garrafa de vinho da Quinta Roriz.

O vinho branco é fresco e aromático, com um mínimo de 11° alcoólicos. Tem de passar nove meses em garrafas antes de ser comercializado. O vinho tinto pode ser frutado e leve quando jovem, e tende a se tornar mais robusto quando envelhece. Os tintos devem passar pelo menos 18 meses engarrafados antes de serem comercializados e ter, no mínimo, 11° de teor alcoólico. Devem ser servidos entre 12 °C e 14 °C quando jovens e entre 14 °C e 17 °C quando envelhecidos.

Os melhores produtores do Douro são Quinta do Côtto, Quinta da Rosa, Nieport, Quinta do Castro, e as grandes companhias produtoras do vizinho Porto, como Barros Almeida, Noval ou Burmester. Foram excelentes as safras de 1985, 1995, 2001 e 2003.

O transporte dos barris de vinho do Porto é feito por meio de barcos até a cidade.

MADEIRA

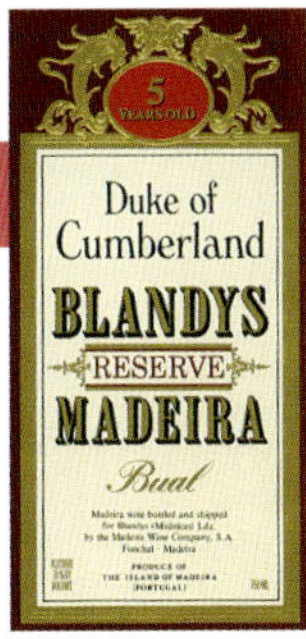

Muitos madeiras destinam-se ao mercado anglo-saxão.

Na ilha da Madeira há 1,7 mil hectares destinados à produção do VLQPRD Madeira, um vinho que já era exportado no século XVII. Os melhores vinhos são obtidos com a Tinta Negra Mole, que se impõe às quatro variedades tradicionais da ilha: Sercial, Bual, Verdelho e Malvasia. Os vinhedos situados nas zonas altas estão direcionados para o sul e para o oeste. Neles, cultiva-se a videira alta, enquanto nos vinhedos próximos do mar cultiva-se a baixa.

O vinho madeira é, como o porto, um vinho fortificado. Seu sabor depende das variedades de uvas empregadas, que são detalhadas no rótulo da garrafa. Seu teor alcoólico fica entre 18° e 20°. Na ilha da Madeira, diferentemente do Porto, as distintas variedades de uva são conservadas separadas nas adegas; depois da prensagem, o vinho fica fermentando em grandes tonéis de madeira entre 18 °C e 35 °C, sem as cascas no caso das uvas tintas e com elas durante um par de dias no caso das uvas brancas. Na maioria das vezes, adiciona-se álcool para deter a fermentação quando for atingido o grau de doçura desejado. O madeira jovem é fortificado para atingir 17% de álcool. Os melhores madeiras são envelhecidos em velhas cubas de madeira armazenadas sob o sol. Quando isso não é feito, o madeira é submetido ao processo de *estufagem*, mantendo-o mais de 90 dias a 45 °C de calor artificial.

Os grandes produtores da ilhas são Madeira Wine Company, Henriques & Henriques, d'Oliveira e Artur Barros.

Estes vinhos da Madeira têm sua origem nas cepas do Malvasia levadas da Grécia para a ilha em 1418 por ordem do Infante Dom Henrique.

PORTO

Assim como na Espanha, a região do Duero/Douro é em Portugal uma das mais importantes áreas vinícolas, se não a mais. E é no Alto Douro, distante menos de 100 quilômetros do Porto, onde se produz o mais famoso dos vinhos portugueses: o *vinho do Porto*. Em siste-

Licor de vinho Royal Oporto, de 40 anos, e Royal Oporto extrasseco branco. Estas duas bebidas são de coleção.

ma de terraços, com um par de fileiras de cepas de largura, são cultivadas as seguintes variedades de uva: Aragonez, Bastardo, Castelão, Cornifesto, Donzelinho Tinto, Malvasia Preta, Marufo, Rufete, Tinta Barroca,Tinta Francisca, Tinto Cão, Touriga Franca, Touriga Nacional e Trincadeira, entre as tintas, e Arinto, Donzelinho Branco, Folgazão, Gouveio, Malvasia Fina, Moscatel Galego Branco, Rabigato, Samarrinho, Semillon, Sercial, Síria, Verdelho, Viosinho e Vital, entre as uvas brancas.

Até a segunda metade do século XVIII, os vinhos da região, a que se denominam *vinhos de embarque*, eram elaborados seguindo o procedimento habitual, e apenas uma pequena quantidade deles era submetida ao processo de *aguardentação*, acrescentando-lhes álcool vínico depois da fermentação.

O porto atual é um vinho licoroso, fortificado. Seu atual processo de elaboração deve-se ao desejo dos consumidores ingleses de que tivesse maior teor alcoólico.

Os portos mais econômicos costumam amadurecer durante três anos, mas os *tawny* chegam a passar 40 anos em um processo de amadurecimento que os suaviza mais e mais a cada ano.

Os vinhos do Porto são em geral de colheitas de vários anos misturadas, mas os das melhores safras são vinificados separadamente para elaborar o porto vintage. Esse vinho passa dois anos em tonéis e vários anos mais em garrafas até adquirir a tonalidade avermelhada e o sabor e o aroma complexos que o caracterizam.

Os *vinhos do Porto* classificam-se em duas grandes categorias segundo o modo de envelhecimento: o estilo *ruby* e o *tawny*.

O estilo ruby origina vinhos em que se procura manter a cor original, o aroma frutado e o vigor dos vinhos jovens. Em ordem crescente de qualidade podem ser Ruby, Reserva, Late Bottled Vintage (LBV) e Vintage.

O estilo *tawny* é usado em vinhos cuja cor torna-se bem avermelhada, cor de telha ou um pouco menos que isso. Os aromas são de frutas secas ou madeira, uma característica que se acentua mais e mais com o passar dos anos. As categorias são: Tawny, Tawny Reserva, Tawny com indicação de idade (10 anos, 20 anos, 30 anos ou 40 anos) e Colheita.

Há também um porto branco que é vendido em vários tipos, normalmente associado ao tempo de envelhecimento e quantidade de açúcar. O teor alcoólico destes vinhos deve ser de no mínimo 16,5°.

Os melhores produtores são Dow, Ferreira, Fonseca, Graham, Niepoort, Ramos Pinto e Warre. As melhores safras foram em 1985, 1994, 1997, 2000 e 2003.

Em vinhedos como este são produzidas as uvas das quais se origina o porto, o mais famoso dos vinhos portugueses.

VINHOS VERDES

A região produtora do *vinho verde* é a mais extensa de Portugal e situa-se no Noroeste do país, ao norte do Porto. Seus vinhedos produzem mais de 12% do vinho do país e ocupam cerca de 35 mil hectares, 15% das terras destinadas à vinicultura em Portugal. Suas zonas de maior produção se encontram em Viana do Castelo, Porto e Braga.

Nesta região, as vides são cultivadas mantendo-se as parreiras a mais de 2 metros de altura, para impedir que apodreçam com a constante umidade do terreno. Elas são conduzidas sobre espaldares, pérgulas ou estruturas de concreto em forma de cruz.

Os três sistemas de condução tradicionais são em *aveiras, arjões e ramadas*. A eles foram acrescentados nos últimos anos outros três: *bardo, cruzeta e cordão*.

Para alguns a terminologia verde refere-se à juventude do vinho, para outros à cor da uva, mas nunca à cor do vinho.

As cepas recomendadas na zona são: Alvarinho, Avesso, Azal Branco, Batoca, Loureiro, Pedernã e Trajadura brancas, e Azal Tinto, Borraçal, Brancelho, Espadeiro, Padeiro de Basto, Pedral, Rabo de Ovelha e Vinhão tintas.

Para que seus mostos se convertam em *vinhos verdes*, eles têm de passar por uma dupla fermentação: a alcoólica e a malolática.

Há discrepâncias sobre a razão de se dar o nome verde a um vinho que não tem essa cor. Uns acham que esse termo faz referência ao verdor da zona de origem, muito próxima da Galícia espanhola. Outros acreditam que faça uma alusão à tenra idade em que o vinho deve ser consumido. Como nós, muitos acreditam que o nome se deve ao grau de acidez que remete ao gosto das uvas verdes.

Os melhores produtores são Aveleda, Sogrape, Quinta de Tamariz, Palácio da Brejoeira e Quinta da Franqueira. E os melhores anos foram os de 1989, 1995, 2000 e 2003.

Os vinhos verdes, exceto os feitos da uva Alvarinho, devem ser bebidos em plena juventude, de preferência antes de passarem mais de dois anos desde a sua colheita.

REINO UNIDO

As únicas zonas vitícolas dignas de menção no Reino Unido da Grã-Bretanha e da Irlanda do Norte se encontram na Inglaterra e no País de Gales, onde existem cerca de 400 vinhedos que ocupam uma extensão de 800 hectares. Quase todos eles têm entre 40 ares e 2 hectares, embora alguns deles cheguem a 10 ou 20, e o maior deles, Denbies, no condado de Surrey, atinja 80 hectares.

Rótulo do vinho rosado inglês Chapel Down, produzido em 2004.

Na Inglaterra há vinhedos nos condados de Berkshire, Buckinghamshire, Cambridgeshire, Cornwall, Devon, Dorset, Essex, Gloucestershire, Hampshire, Herefordshire, Ilha de Wight, Kent, Leicestershire, Oxfordshire, Somerset, Suffolk, Surrey, Sussex do Leste, Sussex do Oeste, Wiltshire e Worcestershire; no País de Gales, em Monmouthshire, Pembrokeshire e País de Gales do Norte. Por razões climáticas, na Inglaterra são cultivadas muito poucas cepas tintas, basicamente a Pinot Noir. Das variedades brancas, as mais frequentes são Müller-Thurgau e Reichensteiner, dando também bons resultados as cepas Seyval Branco, Chardonnay, Triomphe e Schomburger.

Garrafa do vinho que talvez seja o melhor vinho inglês: o branco de Downland Oak.

O vinho inglês costuma ter teor alcoólico de 11,5°, mas a denominação British Wine é concedida apenas àqueles que atingirem 15°, tendo sido elaborados na Grã-Bretanha com uvas secas, nativas ou importadas.

Entre os produtores destacam-se, junto ao citado Denbies, Carr Taylor, Staple Vineyard, East Mersea, Bruisyard, Pulham, Wickham, Thames Valley, Oatley e Astley.

Nos vinhedos ingleses, como os da fotografia, predominam as variedades de uva branca, especialmente a Müller-Thurgau.

ROMÊNIA

Localização geográfica adequada, influência benéfica do mar Negro, abundante insolação e boas condições climáticas fizeram a viticultura nos atuais territórios da Romênia se tornar conhecida desde 4 mil anos atrás. Os vinhos da Dácia eram muito conhecidos em toda a Europa desde o século II de nossa era. Séculos mais tarde, como ocorreu com o restante da Europa, a praga da filoxera no fim do século XIX destruiu grande parte de seus vinhedos, onde eram cultivados quase exclusivamente variedades autóctones de uvas. Para replantar esses vinhedos foram usadas variedades nobres enxertadas em mudas americanas, resistentes à praga. Sob o regime comunista, a superfície dedicada à vinicultura cresceu consideravelmente, assim como as cifras de exportação.

O declínio econômico do país no final dos anos 1970 afetou os vinhedos uma década mais tarde. Apesar disso, a Romênia ocupava em 1995 a nona posição mundial na produção de vinho e a 20ª na lista de países exportadores. Atualmente, o país tem cerca de 200 mil hectares de vinhedos destinados à vinificação — há muitos destinados à produção de uvas de mesa —, que produzem anualmente 5,5 milhões de hectolitros, a maioria de vinho branco.

Na Romênia continuam sendo cultivadas variedades autóctones, entre as quais destacam-se Feteasca Alba, Feteasca Regala e Grassa de Cotnari, seguidas por Feteasca Neagra, Babeasca Neagra, Galbena de Odobesti, Francusa, Muscat Ottonel e Tamâioasa Romaneasca. Das estrangeiras, as mais cultivadas são Cabernet Sauvignon, Chardonnay, Merlot, Pinot Gris, Pinot Noir, Riesling, Sauvignon Blanc e Traminer.

Garrafa de vinho romeno de uva Feteasca. Para vender melhor seu vinho no exterior, os viticultores estão substituindo suas cepas autóctones por cepas francesas.

A Romênia produz uma grande variedade de vinhos: seco, semisseco, semidoce, de sobremesa e espumante. Os melhores entre eles são classificados em: Vinhos de Qualidade Superior (VS), Vinhos de Qualidade Superior com Denominação de Origem (DOC) e Vinhos de Qualidade Superior com Denominação de Origem e Graus de Qualidade (DOCC). As regiões produtoras de vinho na Romênia são:

Uma garrafa de Tamâioasa, elaborada em Cotnari, ao norte da Moldávia, onde há plantações de antigas espécies autóctones.

Dobroudja

Um altiplano calcário, no qual Murfatlar destaca-se como uma das mais importantes zonas produtoras de vinho. Ela conta com 2 mil hectares de ensolarados vinhedos, com outonos temperados e longos e umidade suficiente para que ocorra a podridão nobre. A zona destaca-se por seus vinhos de Chardonnay e Pinot Gris assim como pelos licorosos e de sobremesa de Tamâioasa Romaneasca e Muscat Ottonel. São produzidos também bons tintos de Cabernet Sauvignon, Merlot e Pinot Noir.

Moldávia

É uma região situada no Nordeste da Romênia. Cotnari é a zona da Moldávia onde são produzidos os melhores vinhos licorosos do país, além de outros vinhos de qualidade. As vindimas se realizam no mês de novembro. A variedade de uva mais utilizada é a Grassa de Cotnari, além de Tamâioasa, Francusa e Feteasca Alba.

Muntenia e Oltenia

Formam a grande planície da Valáquia, na bacia fluvial do curso baixo do Danúbio. Dealu Mare é uma das mais importantes regiões vitivinícolas e produz tintos aromáticos e suavemente tânicos. Prosperam aqui Cabernet Sauvignon, Merlot e Pinot Noir, ainda que sejam feitos também tintos de Feteasca Neagra com Cabernet Sauvignon; brancos secos, frutados e ligeiros de Riesling, Sauvignon Blanc e Feteasca Regala, e também bons vinhos doces de Muscat. Em Drobeta-Turnu Severin-Corcova, há tintos elaborados com Pinot Noir, Cabernet Sauvignon, Merlot e Feteasca Neagra.

Transilvânia

É um lugar onde o clima limita a presença de vinhedos. Eles são cultivados posicionados para o sul, na base dos Cárpatos Meridionais. Lá se produzem vinhos brancos secos de boa qualidade. Seus melhores vinhos são os obtidos da Fateasca Alba e da Riesling. Os melhores produtores da Romênia são Angelli, Arvinex, Cotnari, Competir Vin-Murfatlar, Focsani, Jidvei, Panciu, Sarica Niculitel, Vidisamp, Vinaria, Vinarte, Vinexport Trading Company Ltd. e Zarea.

SUÍÇA

Há 15 mil hectares de vinhedos distribuídos nos 25 cantões da Confederação Helvética, que produzem anualmente cerca de 1,2 milhão de hectolitros de vinho, com ligeiro predomínio de tintos sobre os brancos. Ainda que exporte parte de seus vinhos a países europeus, Japão e Estados Unidos, o país impor-

Garrafas de vinho tinto, de 1998, e branco, de 1999, produzidos na Suíça Oriental.

ta quase outro tanto porque seus habitantes consomem em média 40 litros por ano. As condições climáticas nos cantões suíços são muito duras e os vinhedos costumam estar em lugares muito altos e em encostas que forçam o cultivo em terraços, o que eleva o custo de produção e exige esforço redobrado dos viticultores.

A maior parte dos vinhedos está concentrada nos cantões de língua francesa. Neles predomina a uva branca Chasselas, cultivada também em alguns cantões de língua alemã e no Ticino, onde se fala italiano. Apesar do apego ao cultivo tradicional, os vitivinicultores suíços começam a experimentar novas variedades de uva para melhorar a qualidade e a produtividade dos tintos cultivados em zonas muito úmidas e frias. As melhores safras obtidas na Suíça foram em 1996, 1997, 2000 e 2003. As principais zonas produtoras são:

Suíça do Leste

Com 17 cantões, tem apenas 2,3 mil hectares de vinhedos. A maior parte das uvas é tinta; abundam a Blauburgunder e a Riesling-Sylvaner, mas também são cultivadas Chasselas, Completer, Elbling, Freisamer, Gamaret, Gewürztraminer, Granoir, Kerner, Pinot Gris e Pinot Blanc.

Suíça do Oeste

Com os cantões de Genebra, Vaud, Neuchâtel, Fribourg, Berna e Jura, é a maior região vitícola da Suíça, assim como a de maior produção. Um de seus cantões, Vaud, é a segunda região vinícola mais importante do país, muito conhecida por seus frutados vinhos brancos feitos com a Chasselas.

Ticino

O mais meridional dos cantões suíços, Ticino, de língua italiana, divide-se em dois distritos: Sopraceneri e Sottoceneri. Mais de 2 mil horas de sol por ano e 1,8 mil milímetros de chuva proporcionam excelentes condições para o amadurecimento das uvas. A Merlot ocupa 80% dos vinhedos, complementados com tradicionais cepas francesas e alemãs.

Valais

Região localizada no vale do rio Ródano. Tem 2,1 mil horas de sol por ano, o máximo na Suíça, e uma precipitação média de 600 milímetros. Há 5 mil hectares de vinhedos que produzem 40% do vinho suíço. Para os tintos são usadas preferencialmente Pinot Noir e Syrah. Para os brancos, Chasselas e Sylvaner. Os vinhedos de Visperterminen, a 1,1 mil metros sobre o mar, são dos mais altos da Europa. Neles se cultiva a uva Savagnin, que produz brancos com personalidade, aromáticos e levemente frisantes.

Um vinhedo no outono no cantão de Vaud, a segunda região vinícola mais importante da Suíça.

OCEANIA

A Oceania é composta por uma enorme ilha, Austrália, e muitas outras que se encontram no oceano Pacífico entre a Ásia e a América: as da Nova Zelândia, Bornéu, Sumatra, Java, Nova Guiné, Nova Caledônia e os arquipélagos das Filipinas, Havaí, Celebes, Malásia, Melanésia, Micronésia, Polinésia... Uma infinidade de ilhas que somam 11,4 milhões de km^2 de superfície e são povoadas por 34 milhões de habitantes. Delas, somente a Nova Zelândia e uma parte da Austrália são aptas ao cultivo da vide, quase impossível para o restante por causa de um clima demasiadamente quente, com chuvas em excesso nas costas orientais e fortes estiagens nas ocidentais.

Apesar de a exportação de vinho australiano atingir cerca de 14 milhões de hectolitros por ano, toda a Oceania detém apenas 1% da produção mundial de vinho e importa uma quantidade quase idêntica à que exporta.

A Austrália vitivinícola conta com 90 mil hectares de vinhedos cujo produto destina-se quase exclusivamente à elaboração de vinhos. Apesar de produzir somente 3% da uvas que são colhidas anualmente em todo o mundo, sua produção de vinho representa quase 5% do total.

Vinicultores japoneses levaram a Palau, um pequeno estado da Oceania, 30 mil garrafas de vinho e as deixaram submersas durante um ano nas cristalinas águas que abrigam atóis de coral. Eles tinham a esperança de acelerar o processo de envelhecimento do vinho em um meio com temperatura constante e ideal para tal fim.

AUSTRÁLIA

Antes da chegada dos europeus, não existia na Austrália nenhum tipo de *Vitis*. Apesar disso, nos dias atuais o país produz anualmente 14 milhões de hectolitros de vinho, dos quais exporta a metade. Essa quantidade a coloca no terceiro lugar na lista de países exportadores de vinho. Isso foi possível pela combinação de uma série de fatores que seus vitivinicultores souberam explorar desde 1980: conhecimentos técnicos avançados, aplicação da últimas inovações enológicas, irrigação adequada, muito sol, clima favorável nas regiões próximas da costa sul e escolha adequada das variedades a serem cultivadas.

Tal foi o êxito na década de 1980 que, no final do século XX, a Austrália começou a ter dificuldades para atender a demanda exterior, especialmente a dos vinhos de baixo preço produzidos em Riverina e no Vale de Murray. Diante disso, viticultores e vinicultores optaram por melhorar a qualidade de suas uvas e de seus vinhos. Em vez de aumentar a produção, reforçaram as características regionais e concentraram esforços nas plantações de Cabernet Sauvignon em Coonawarra e de uvas híbridas no Vale de Barossa, as zonas mais importantes de vinhedos além de Victoria e Nova Gales do Sul. Além disso, eles procuram evitar que seus vinhos tenham altos níveis de acidez. Apenas parcialmente e diante de muitas safras ruins, eles utilizam a técnica na qual o mosto fermenta em contato com as cascas.

Até 1975, a variedade de uva mais plantada era a Riesling, da qual se obtinham bons vinhos doces. Porém, o cultivo da Riesling foi sendo substituído pelo da Chardonnay, porque os vinhos desta cepa conseguiam melhores vendas no exterior. Atualmente, é a uva mais empregada na Austrália; também são cultivadas as brancas Verdelho, Sémillon, Sauvignon Blanc, Chenin Blanc, Colombard, Muscadelle e Traminer, ao mesmo tempo que começam a se espalhar as tintas Syrah (aqui chamada Shiraz), Cabernet Sauvignon, Cabernet Franc, Malbec, Merlot, Pinot Noir e Ruby Cabernet.

Diferentes tipos de vinho da Penfolds, a empresa vitivinícola mais importante da Austrália.

Na Austrália há cinco grandes regiões vitícolas: Austrália Ocidental (com Lower Gart Southern Region, Margaret River, Perth Hills, South West Coastal Plain e Swan Valley), Austrália Meridional (com Adelaide Metropolitan, Adelaide Hills, Barossa Valley e Eden Valley, ambas em Clare Valley, Coonawarra, Langhorne Creek, McLaren Valley, Padthaway, Riverland e Southern Wales), Victoria (com Bendigo, Drumborg, Central Victoria,

Great Western, Greelong, Gippsland, Gouburn Valley, Macedon, Murray River, península de Mornington, Pyrenees, North Eastern Victoria e Yarra Valley), Nova Gales do Sul (com o distrito de Camberra, Cowra, Lower Hunter Valley, Mudgee, Riverina, Tumbaruma, Upper Hunter Valley e Young) e Queensland (com Granite Belt).

Quando os rótulos de vinho australiano somente indicam *product of Australia*, isso significa que o vinho é para consumo massivo. Nos vinhos de melhor qualidade deve aparecer *South-Eastern Australia*, e os de verdadeira qualidade devem indicar o estado de origem, a zona, a região, até mesmo a subregião em que as uvas foram colhidas e processadas, e ainda o anagrama LIP *(Label Integrity Program)*.

Austrália Meridional

South Australia é o estado que domina a indústria do vinho australiano, pois é responsável por 40% do total da produção, e conta com alguns dos vinhedos mais antigos do país. Algumas das cepas são até, consideradas individualmente, as mais velhas do mundo, no vale de Barossa e nas colinas de Adelaide. A distância e o isolamento lhes permitiram escapar da praga da filoxera, que arrasou os vinhedos da Europa e da América do Norte, além de algumas regiões da Austrália. Além disso, conta com zonas de diferentes climas: temperado e relativamente quente no vale de Barossa, marítimo em McLaren Valley, meridional na península de Fleurieu, fresco nas colinas de Adelaide e muito quente na região de Riverland. Na Austrália do Sul, a maior parte das vinhas é propriedade de grandes cooperativas, como Gran Burge ou Penfolds.

Adelaide Hills

Seus vinhedos estão em colinas situadas entre 400 e 500 metros de altitude. Com suas uvas são produzidos espumantes muito apreciados e vinhos de mesa de qualidade superior. Prosperam adequadamente Cabernet Sauvignon, Chardonnay, Pinot Noir, Sauvignon Blanc e Shiraz. Entre seus produtores estão Ashton Hills Vineyard, Battunga Vineyards, Birdwood Estate Wines, Grove Hill Vineyards, Knappstein Lenswood Vineyards, Leabrook Estate, Leland Estate, Longview Vineyard, Morialta Vineyard, Mount Torrens Vineyard, Perrini Estate Winery, Tilbrook Estate, Totino Estate Wines e Whisson Lake.

Barossa Valley

É a zona vinícola mais conhecida da Austrália, tanto em antiguidade, pois é de 1847, como pela peculiaridade de seus vinhos. Colonizada em grande parte por alemães, nela

Garrafa de vinho branco de Cheviot Bridge, de Adelaide Hills.

Rótulo do vinho Crabtree of Watervale, de Clare Valley, do ano 2003.

ainda se fala um dialeto germânico. Em um clima quente, ensolarado e com pouca umidade, prospera principalmente a Riesling. As cepas são cultivadas a baixa altura, sendo baixo também o rendimento obtido pelas trinta empresas vitivinícolas do vale. Nele se encontra Penfolds, a empresa vinícola mais importante da Austrália. Outras são Vineyards, Barossa Valley Estate, Barossa Ridge Wine Estate, Basedow Wines, Burge Family Winemakers, Château Dorrien, Château Tanunda, Domaine Day, Dorrien Estate, Elderton, Gnadenfrei Estate, Greenock Creek Vineyards and Cellars, Hentley Farm, Liebichwein, Ross Estate Wines, Stanley Brothers, Torbreck, Turkey Flat, Twin Valley Estate, The Willows Vineyard, Wolf Blass Winery e Yaldara Estate.

Clare Valley

Suas primeiras vinícolas são de 1852. Produz vinhos de alta qualidade, aptos para o envelhecimento e muito bem estruturados. A uva mais cultivada é a Riesling. Entre as *vineries* mais importantes estão Adelina Wines, Annie's Lane at Quelltaler, Barletta Bros, Cardinham Estate, Claymore Wines, Clos Clare, Crabtree of Watervale, Kirrihill Estate, Mintaro Cellars, Neagles Rock Vineyards, Olssens of Watervale, Pycnantha Hill Estate, Sevenhill Cellars, Stringy Brae, The Wilson Vineyard e Wendouree Cellars.

Coonawarra

Tem certo prestígio porque possui vinhedos e adegas desde o final do século XIX. Em Coonawarra são obtidos os melhores vinhos australianos de Cabernet Sauvignon, cultivadas em um clima marítimo. Entre seus produtores, destacam-se Balnaves of Coonawarra, The Blok Estate, Bowen Estate, Brand's of Coonawarra, Highbank Vineyards, Jamieson's Run, Katnook Estate, Lawrence Victor Estate, Leconfield Coonawarra, Lindemans, Parker Coonawarra Estate, Penfold's, Penley Estate, Pentaluma, Punters Corner, Redman, Reschke, Rymill Coonawarra, Wynns Coonawarra Estate Vinery, Yalumba e Zema Estate.

Um maravilhoso vinhedo em Coonawarra.

McLaren Valley

É uma das zonas vitivinícolas australianas que produzem bons vinhos e que tem a maior variedade tanto de tipos de uva quanto de vinhos. Entre seus mais importantes produtores encontram-se Andrew Garret & Ingoldby Wines, Birchwood Lane, Blown Away, Boar's Rock, Cascabel, Chapel Hill Winery, Claredon Hills, Classic McLaren Wines, Di Fabio Estate, Dogridge Vineyard, Dowie Doole, Edwards & Chaffey Winery, Fern Hill Estate, Grancari Estate, Hastwell & Lightfoot, Hawker's Gate, Kendall Jackson Australia, Middlebrook Estate, Morgan Simpson, Needham Estate, Patritti & Co., Parri Estate, Pennys Hill, Pirramimma, Rockbare, Rogue's Gallery, Rosemount Estate Shingleback, Sylvan Springs, Tinlins, Torresan Estate e Twelve Staves.

Austrália Ocidental

As zonas de vinhedos deste gigantesco estado se concentram na região sudoeste, perto de Perth, e no sul, perto de Albany, nas regiões de Geographe, Blackwood, Pemberton, Manjimup e Margaret River. Seus vinicultores produzem anualmente 50 mil hectolitros de vinho em Arlewood, Birdwood, Blackwood, Cosham, Evans & Tate, Fox River Wine Company, Goundrey, Killerby, Leeuwin, Rivendell, Salitage, Zumbar-Madeira e WoodSmoke.

Margaret river

Esta região encontra-se entre os cabos Naturaliste e Leeuwin e nela abundam pequenas zonas com microclimas que dotam seus vinhos de personalidade própria. O clima é muito influenciado pela proximidade do Pacífico, e os vinhedos estão plantados sobre solo de cascalho, com subsolo de granito. As variedades de uvas mais empregadas são Cabernet Sauvignon, Hermitage, Pinot Noir, Sémillon e Zinfandel. Entre seus produtores destacam-se Devil's Lair, Lancaster, Lenton Brae, Moss Wood e Bushtucker Winery. Uma curiosidade para enoturistas: a praia de Busselton tem o maior embarcadouro de madeira do hemisfério meridional.

Vinhedos na região vitivinícola de Margaret River, que produz 20% do vinho fino da Austrália, apesar de ter apenas 3% da população do país.

Swan Valley

É um vale de clima muito seco em que as temperaturas atingem 45 °C nos meses de janeiro e fevereiro. Seus vinicultores produzem vinhos tintos tipo Borgonha com Cabernet Sauvignon, Malbec, Merlot, Pinot Noir e Shiraz, e também alguns brancos de tão boa qualidade que seu Honghton, feito com Chenin Blanc, Muscadelle e Chardonnay, foi considerado durante anos o vinho branco mais conhecido da Austrália. Entre seus produtores, destacam-se Hardy e Stanford.

Nova Gales do Sul

Nova Gales do Sul foi o primeiro estado da Austrália colonizado pelos europeus e o primeiro a ter plantações de *Vitis vinifera*. Está situado ao sul de Camberra e se estende até 180 quilômetros ao norte de Sydney.

Nova Gales do Sul é o estado mais importante da Austrália do ponto de vista vitivinícola e, dentro dele, os vales, alto e baixo, de Hunter. Em 1828 foram plantadas as primeiras vinhas nos vales de Hunter, e o vinho produzido era tão doce que o chamavam de "mel de Hunter". Durante muito tempo, as variedades preferidas foram Shiraz e Sémillon, mas a Chardonnay foi ganhando terreno e hoje pode-se afirmar que o vinhos feitos com Chardonnay e Sémillon nos vales de Hunter estão entre os melhores do mundo em seu estilo. Entre os grandes produtores de Nova Gales do Sul estão Draytons Family, Lindemans, McWilliams, Sutherland, Tulloc e Wuindlan.

A qualidade de seus vinhos, tanto brancos quanto tintos, permite aos vinicultores de Nova Gales do Sul envelhecer a maior parte deles em tonéis como estes.

Cowra

A região de Cowra está localizada nos arredores de Sydney e sua atividade vitivinícola iniciou-se no final da década de 1970. Os vinhedos situam-se às margens do rio Cowra, em um clima continental com verões quentes e secos, e uma primavera suficientemente chuvosa para que não necessitem de irrigação. Seus melhores vinhos são os brancos, especialmente os de uvas Chardonnay, com um preço inferior à sua qualidade. Dentre os maiores produtores podemos citar Catherine's Ridge, Chiverton, Cowra Estate, Danbury Estate, Falls Wines, Hamiltons Bluff, Nassau Estate e Wallington & Windowrie Estate.

Hunter

A região de Hunter se divide em dois vales: Upper Hunter Valley, ao norte, e Lower Hunter Valley, próximo da desembocadura do Hunter no Pacífico. No Hunter superior, quente e seco, são produzidos excelentes vinhos de Chardonnay e Sémillon, especialmente nas vinícolas de Roxburg de Rosemount. No Hunter inferior, mais úmido, seus magníficos brancos são obtidos de Chardonnay, e os tintos, de Shiraz. Da extensa lista de produtores, citamos aqui Beaumont Estate, Bimbadgen Estate, Château François, Elsmore's Caprera Grove, First Creek Wine Centre, Hunter TAFE Winery, Rosebrook Estate, Rosemount Estate, Sandalyn Wilderness Estate, Southern Grand Estate, Thalgara Estate, The Rothbury Estate, The Vineyards Estate, Vincent Estate Wines, Wandin Valley Estate e Warraroong Estate.

Mudgee

Nas encostas ocidentais da cordilheira australiana encontram-se os vinhedos de altura de Mudgee, recentemente plantados, mas que já possuem uma das primeiras denominações da Austrália. Abundam os vinhos de qualidade de Chardonnay e Shiraz, que em Mudgee são especialmente aromáticos. Também há Sémillon e Cabernet Sauvignon. Como em outras zonas de Nova Gales do Sul, Mudgee conta com muitos microclimas que permitem a obtenção de vinhos variados, assim como bons vinhos fortificados. Entre seus produtores estão Blue Wren, Burnbrae, Burrundulla, Clearview Estate Mudgee, Elliot Rocke Estate, Huntington Estate, Knights Eurunderee, Knowland Estate, Lawson Creek, Lawson Hill Estate, Montrose, Red Clay Estate e Woolshed Wines.

Riverina

Situada no interior, Griffith-Riverina tem um clima quente e úmido no verão, muito adequado para a obtenção de colheitas tardias. Isso lhe permite, também, elaborar vinhos brancos com uvas Sémillon atacadas pela podridão nobre. O cultivo da *Vitis vinifera* nesta zona de forma industrial iniciou-se em 1912, com ajuda de irrigação. Entre seus produtores estão Beelgara Estate, Charles Sturt University Winery, Clancy's of Conargo, Cranswick Estate, Lillypilly Estate, McWilliam's Hanwood, Nugan Estate, Riverina Estate, Terrel Estate Wines, Toorak Estate, Westend Estate e Zappacosta Estate.

Tumbarumba

A região tornou-se muito conhecida pela qualidade de seus espumantes. Como na Champanhe francesa, a rigidez dos invernos, o excesso de chuvas e os solos muito ácidos obrigaram os vinicultores de Tumbarumba a destinar a maior parte de suas colheitas à produção de espumantes. De Chardonnay, Pinot Noir e Sauvignon Blanc eles também obtêm vinhos brancos e tintos aceitáveis. Entre seus melhores produtores estão Excelsior Peak, Glenburnie Vineyards e Lighthouse Peak.

Um ótimo Chardonnay de Tumbarumba.

QUEENSLAND

Até bem pouco tempo, Queensland não era conhecida como zona de vinhedos por considerar-se que seu clima era excessivamente tropical para a produção de vinhos de qualidade. Apesar disso, um grupo de viticultores e vinicultores planejaram estabelecer seus cultivos de uva em zonas mais altas, sobre solos vulcânicos e sob temperaturas mais frias, copiando assim procedimentos de outros viticultores do hemisfério sul. Foi nestes vinhedos, plantados entre 700 e mil metros de altitude, que prosperaram Cabernet Sauvignon, Shiraz, Chardonnay e Viognier, originando vinhos mais que aceitáveis. As duas zonas de cultivo da vide em Queensland são South Burnett e Granite Belt.

Um vinhedo de altura em Queensland. Dadas as altas temperaturas da região, o cultivo da videira somente é viável quando elevado do chão.

GRANITE BELT

Os primeiros vinhedos em Granite Belt surgiram em 1925 graças aos esforços de um grupo de camponeses italianos que fizeram prosperar nesta zona cepas de Cabernet Sauvignon, Chardonnay, Sémillon e Shiraz. Aqui proliferam os colheiteiros familiares, pois o vinho é produzido por pequenos e médios produtores. Entre eles, cabe citar Ballandean Estate Wines, Boireann, Casley Mount Hutton, Castle Glen Vineyard, Catspaw Farm, Coolvale Country Wines, Golden Grove Estate, Granite Ridge Wines, Heritage Wines of Stanthorpe, Robinsons Family Vineyards, Rumbalara Estate, Severn Brae Estate e Witches Falls & Bungawarra Wines.

VICTORIA

Victoria situa-se no extremo sudeste australiano. Nela, as regiões de clima quente ao longo do rio Murray produzem bons vinhos fortificados de uvas Muscat, que atingem seu esplendor graças aos outonos longos e secos. A região mais importante do ponto de vista vinícola é o vale de Yarra, a meia hora de Melbourne. Neste vale são produzidos vinhos magníficos com Chardonnay e Pinot Noir. Há outras zonas mais frias em Victoria, onde os viticultores têm de fazer as uvas amadurecerem antes da chegada das geadas. Seus esforços são recompensados, porque o vinho obtido dessas uvas, de muita boa qualidade, atinge preços bastante altos. As zonas vitivinícolas mais importantes de

Victoria são Glenrowan, Pyrenees e o já mencionado vale de Yarra.

Glenrowan

A filoxera devastou a região de Glenrowan na última década do século XIX, porém, no começo do século XX, os vinhedos foram replantados com cepas resistentes e as colheitas de uva voltaram a ser boas e abundantes. O vinhedo mais importante e antigo, Bundarra, passou a ser de Mildara Blass e desde 1996 pertence à Beringer Blass. Outros produtores importantes são Wineries Auldstone Cellars, Bailey of Glenrowan, Booth's Taminick Cellars e Judd's Warby Range Estate.

Pyrenees

Esta região está localizada na zona central de Victoria e tem vinhedos desde 1848. Há alguns anos conseguiu se converter numa importante região vinícola graças aos vinhos tintos que consegue obter de uvas Cabernet Sauvignon e

Garrafas de vinho tinto de Kellybrook, produzidas no vale de Yarra, em Victoria.

Na península de Mornington, em Victoria, prosperam vinhedos como este, vindimado quase no final do longo e seco outono daquela região.

Shiraz. Também são feitos bons vinhos de Chardonnay em corte com Sauvignon Blanc. Este duplo êxito fez aumentar o número de vinícolas, assim como a área dedicada aos vinhedos. A maior dessas vinícolas, Pyrenees Estate, tem 177 hectares de videiras. Outros produtores importantes são Amherst Wines, Berrys Bridge Wines, Blue Pyrenees Estate, Dalwhinnie, Horvat Estate, Kara Kara Vineyard, Mount Avoca Vineyard, Mountain Creek, Peerick Vineyard, Pyrenees Ridge Vineyard, Redbank Winery, St. Ignatius Vineyard, Summerfield Vineyard, Taltarni Vineyards e Warrenmang Vineyard Resort.

Vale de Yarra

Localizado perto de Melbourne, o vale de Yarra é a zona vitivinícola mais conhecida de Victoria e quase a única deste estado que é conhecida fora da Austrália. Em decorrência da falta de chuva, torna-se imprescindível a irrigação das videiras. Seu clima, porém, é bastante fresco e muito adequado à obtenção de bons vinhos, especialmente de Pinot Noir, que encontra ali condições ideais.

É tão extensa a lista de produtores do vale de Yarra que a seleção dos melhores torna-se necessariamente numerosa: All Saints Estate, Anderson, Avonmore Estate, Ashworths Hill, Austin's Barrabool, Arthurs Creek Estate, Barfold Estate, Bristol Farm, Blue Pyrenees Estate, Burramurra, Bailey of Glenrowan, Booth's Taminick Cellars, Arundel, Bald Spur, Barak Estate, Box Stallion, Bendigo TAFE, Baarrooka, Castagna, Ciavarella Oxley Estate Wines, Cathedral Lane, Château Leamon, Coldstream Hills, Delatite, Eppalock Ridge, Farrel Estate Wines, Garden Gully, Giant Steps, Hanson-Tarrahill Vineyard, Irymple Estate Winery, Innisfail Vineyards, Immerse in the Yarra Valley, Jallukar Ridge Vineyard, Kancoona Valley Wines, Murrindindi, Rees Miller Estate, Avoca Vineyard, Mountain Creek, Miceli, Montalto Vineyards, Naked Range Wines, Oak Dale Wines, Península Baie, Peregic, R.L. Buller & Son, Rutherglen, Roundstone, Seville Estate, Seppelt Great Western, Seppelt Drumborg, Scotchmans Hill, Shadowfax, Staughton Vale Vineyard, Tokar Estate, Train Trak, Warrabilla Wines, Warramate, Wedgetail Estate, Whispering Hills, Wonga Estate, Yarra Burn Vineyards, Yarra Ridge Vineyard, Yarra Track Wines, Yarra Valley, Yarra Yarra Vineyard, Yarra Yering, The Yarra Hill, Yeringberg, Yengari e Zig Zag Wines.

NOVA ZELÂNDA

Nova Zelândia, *New Zealand*, Aotea-roa — terra da branca nuvem — é um estado composto por duas grandes ilhas, a do Norte e a do Sul, e muitas outras de menor tamanho, além de algumas como as ilhas Cook, que são territórios autônomos livremente associados à Nova Zelândia. Tem uma superfície total de 270.500 km² e um clima normalmente suave e úmido, com poucas diferenças entre as estações. Como acontece no hemisfério sul, as terras situadas ao norte têm um clima mais quente. O índice de chuvas é de 550 milímetros ao ano, mas em alguns lugares próximos ao estreito de Milford as precipitações torrenciais elevam essa cifra a 5,6 mil milímetros.

A viticultura na Nova Zelândia começou nos princípios do século XIX, mas a praga da filoxera praticamente arruinou todos os vinhedos. As cepas foram replantadas quando a Segunda Guerra Mundial forçou os neozelandeses a depender economicamente de seus próprios recursos, porém a vitivi-

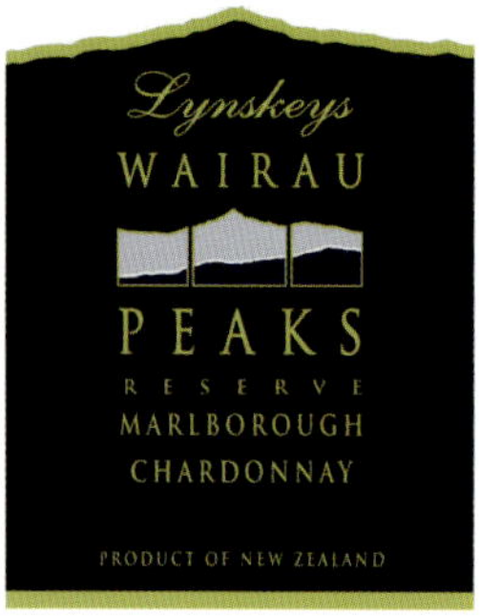

O Certificado de Origem garante que ao menos 85% das uvas empregadas procedem da área geográfica citada no rótulo. Seu nome deve figurar junto ao de New Zealand.

nicultura não alcançou um porte industrial até a década de 1980. De lá para cá, em pouco mais de um quarto de século, conquistaram grande prestígio internacional pela qualidade de seus vinhos brancos, intensamente frutados e muito aromáticos. Os elaborados com a Sauvignon Blanc — especialmente os de Marlborough, no extremo norte da ilha do Sul — são considerados por muitos especialistas os melhores do mundo em seu tipo.

Ainda que a Sauvignon Blanc represente 33% das uvas plantadas, na Nova Zelândia também são cultivadas Cabernet Sauvignon, Chardonnay, Gewürztraminer, Pinot Noir e Merlot. Existem aproximadamente 24 mil hectares de vinhedos, mais de 500 vinícolas, uma produção anual de 150 milhões de quilos de uva e 110 milhões de litros de vinho. Desta quantidade de vinho, mais da metade destina-se à exportação, pois o consumo de vinho por habitante ao ano ronda os 12 litros.

O clima marítimo e temperado da Nova Zelândia, sua forte insolação e claras diferenças de temperatura entre o dia e a noite fazem o período de amadurecimento da uva ser lento, o que acentua os sabores varietais dos seus vinhos brancos. As zonas vitícolas da Nova Zelândia estendem-se dos 36° aos 46° de latitude ao longo de 1,6 mil quilômetros, nos quais há grande variedade de microclimas.

Na Nova Zelândia destacam-se oito regiões vitivinícolas: Auckland, Baía de Hawke, Canterbeury, Gisborne, Marlborough, Martinborough-Wairarapa, Nelson e Otago.

Os produtores neozelandeses elaboram vinhos tintos varietais ou cortes de Cabernet Sauvignon com Merlot, vinhos brancos varietais de Sauvignon Blanc e Chardonnay, vinhos espumantes varietais de Chardonnay, misturas de Pinot Noir e Pinot Meunier ou em coupage das três variedades, e vinhos fortificados tipo jerez ou porto, porém de inferior qualidade.

Seus prestigiosos vinhos brancos são exportados especialmente para Grã-Bretanha, Estados Unidos e Austrália, mas podem ser encontrados em todo o mundo. A Allied Domecq NZ comercializa 40% das exportações, com rótulos da adega Montana, possuidora de 3 mil hectares de vinhedos. Outras adegas de grande prestígio internacional são Babich Wines, Cloudy Bay, Giesen Wine State, Morton State e Wairau River.

Auckland

Nos últimos anos do século XIX, imigrantes europeus, especialmente croatas, plantaram os primeiros vinhedos na região de Auckland, dos quais ainda se

Os vinhedos em Auckland prosperam em um clima quente e úmido, muito bom para variedades tintas como Merlot e Cabernet Sauvignon, como este da Villa Maria.

conservam alguns em Babich e Delegat. Auckland é uma região quente e de clima úmido, onde se dão bem variedades tintas como Cabernet Sauvignon e Merlot. Seus vinhedos representam apenas 4% do total do país, mas suas adegas elaboram 20% do vinho produzido, importando uvas de outras regiões.

Babich, importante em outras zonas da Nova Zelândia, como Marlborough, foi a primeira produtora de vinho de Auckland e continua produzindo muito e com boa qualidade.

Os distritos tradicionais de vinhedos na região têm sido Henderson, Kumeu e Huapai, com cultivos de Cabernet Sauvignon, Merlot e, especialmente, Chardonnay. Nos últimos anos têm aumentado as plantações de Sauvignon Blanc e Sémillon, ao mesmo tempo que vêm crescendo em importância novos distritos vinícolas: a ilha de Waiheke esteve na moda na década de 1980 por seus vinhos tintos de qualidade, oriundos de Cabernet Sauvignon, Merlot e Cabernet Franc; Matakana, no norte da costa de Auckland, ganhou reputação pela qualidade da Cabernet Sauvignon; e Clevedon tem ganhado importância pelo cultivo de uvas de qualidade em pequenos vinhedos situados ao sul da cidade.

As maiores companhias vinícolas de Auckland são Montana, Nobilo e Villa Maria, as três de origem croata. Das 107 vineries restantes, destacamos Babich, Fenton, Goldwater, Mata-kana, Morton, Mudbrick, Okahu, Saratoga, Stonyridge e Vinhedo de Te Whau.

Baía de Hawke

Com um clima quente e mais de 2,2 mil horas de sol por ano, a baía de Hawke está localizada na costa leste da ilha do Norte. É a mais antiga região vitivinícola do país e sua principal produtora de vinhos tintos. Segunda região mais extensa da Nova Zelândia, a baía de Hawke tem uma topografia variada e uma enorme diversidade de tipos de solo. A variedade de uva mais cultivada é a Chardonnay, mas as condições climáticas da zona fazem aumentar, ano após ano, a presença de uvas tintas como Cabernet Sauvignon, Merlot,

Cabernet Franc, Shiraz e Pinot Noir. Na baía de Hawke há 55 *vineries*, dentre as quais destacam-se Brookfield, C.J. Pask, Clearview, Esk Valley, Kim Crawford, Matariki, Ngatarawa, Sileni, Stonecroft, Te Awa Grange e Vidal Estate.

GISBORNE

Os neozelandeses consideram Gisborne a capital da Chardonnay pelo predomínio do cultivo dessa variedade de uva, cerca de 50% dos vinhedos locais, e também porque o Gisborne Chardonnay 1998, um reserva branco da casa Montana, obteve um grande prêmio em um concurso internacional realizado em Londres em 1999. Apesar disso, os primeiros grandes vinhos da zona foram produzidos na década de 1970 por Matawhero com a uva Gewürztraminer. Os vinicultores também estão obtendo bons vinhos de Chenin Blanc, Semillon e Riesling, e o futuro é bastante promissor para Malbec, Merlot, Pinotage, Pinot Gris e Viognier. Na região prospera adequadamente uma grande diversidade de cepas, em decorrência da enorme variedade de solos e microclimas que a caracterizam.

Rótulo de vinho Chardonnay, variedade que ocupa quase a metade dos vinhedos de Gisborne: 40% deles se dedicam a variedades de uva branca e o restante a uvas tintas.

Esta garrafa de Pinot Gris produzida por Amor-Bendall prova que em Gisborne são elaborados bons vinhos além de Chardonnay.

Em Gisborne há 20 *vineries*; dentre elas destacam-se Amor-Bendall, Corbans, Kirkpatrick, Milton, Montana, Revington e Wrights.

MARLBOROUGH

Situada na costa leste com as montanhas ao oeste, Marlborough é uma das áreas mais ensolaradas e secas de Nova Zelândia. A temperatura média no verão é de 23 °C, mas o frio das noites eleva o nível de acidez das uvas e ajuda a realçar o sabor dos vinhos de Pinot Noir.

Mesmo estando comprovada a existência da *Vitis vinifera* na região em 1870, até um século mais tarde não se iniciou de fato a plantação da cepa que deu fama a Marlborough no mundo do vinho: a Sauvignon Blanc. Apoiados naquele sucesso, os vinicultores estão produzindo atualmente, além dela, bons vinhos brancos das cepas Chardonnay e Riesling, e desenvolvendo o cultivo da variedade tinta Pinot Noir. Em Marlborough também são produzidos vinhos espumantes de boa qualidade, elaborados pelo sistema tradicional *champenoise*.

Na região existem aproximadamente 10 mil hectares de vinhedos, grande parte deles no vale de Wairau, ainda que nos últimos dez anos eles tenham se alas-

Uma garrafa de Braided River e outra de Kim Crawford. O êxito internacional dos vinhos brancos da Sauvignon Blanc de Marlborough foram o principal motor de uma indústria vitivinícola que encontrou na variedade de solos da zona o seu grande aliado.

trado para Awatere, um outro vale, menor e mais fresco. Mais recentemente, os vinhedos também começaram a se estender mais para o sul, nos vales de Fairhall, Hawkesbury e Waihopai. As diversas variedades de uvas são cultivadas nas seguintes proporções: Sauvignon Blanc, 60%; Pinot Noir, 15%; Chardonnay, 13%; e Riesling, 4%.

Em Marlborough há 70 *vineries*, dentre as quais Allan Scott, Clifford Bay, Braided River, Fairhall, Forrest, Framinghan, Fromm, Isabel, Jackson, Kim Crawford, Lawsons, Montana Brancott, Mud House, Omaka, Santo Clair, Seresin, Stoneleigh, Vavasour e Wairau.

Este vinhedo está localizado em Marlborough. Fora as experiências pouco produtivas no século XIX, as primeiras vides foram plantadas na região em 1973. Ninguém poderia imaginar então que em apenas 20 anos Marlborough se transformaria na maior e mais conhecida área vitícola da Nova Zelândia.

Índice